“八五”普法随身记

《“八五”普法随身记》编写组　编

法律出版社
LAW PRESS · CHINA
—— 北京 ——

图书在版编目(CIP)数据

"八五"普法随身记 /《"八五"普法随身记》编写组编. -- 北京 : 法律出版社, 2023
ISBN 978 - 7 - 5197 - 8112 - 5

Ⅰ. ①八… Ⅱ. ①八… Ⅲ. ①法律 - 基本知识 - 中国
Ⅳ. ①D920.4

中国国家版本馆 CIP 数据核字(2023)第 138616 号

"八五"普法随身记
"BAWU" PUFA SUISHENJI

《"八五"普法随身记》编写组 编

策划编辑 沈小英
责任编辑 陈 妮 刘晓萌 毛镜澄 常 锋 任 娜 王 鸿 张思婕
装帧设计 汪奇峰

出版发行 法律出版社
编辑统筹 法治与经济出版分社
责任校对 晁明慧
责任印制 吕亚莉
经 销 新华书店

开本 710 毫米 × 1000 毫米 1/16
印张 14.5 字数 177 千
版本 2023 年 8 月第 1 版
印次 2023 年 8 月第 1 次印刷
印刷 天津嘉恒印务有限公司

地址:北京市丰台区莲花池西里 7 号(100073)
网址:www.lawpress.com.cn
投稿邮箱:info@lawpress.com.cn
举报盗版邮箱:jbwq@lawpress.com.cn
销售电话:010 - 83938349
客服电话:010 - 83938350
咨询电话:010 - 63939796

书号:ISBN 978 - 7 - 5197 - 8112 - 5
定价:59.90 元
凡购买本社图书,如有印装错误,我社负责退换。电话:010 - 83938349

撰稿人

张　翔	王海洋	周　俊	侯邦恒
朱晓峰	贺　剑	凌骏达	袁治杰
徐柏夷	郭理蓉	许译丹	程雪阳
张　颖	许彤彤	伍　智	于楚涵
阎　天	姚海放	吴凯杰	赵仙凤
李映斌	吕可欣	刘哲玮	张　弛
夏志毅	李晓璇	肖至俏	

全国人民代表大会常务委员会关于开展第八个五年法治宣传教育的决议

（2021 年 6 月 10 日第十三届全国人民代表大会常务委员会第二十九次会议通过）

2016 年至 2020 年，全国第七个五年法治宣传教育决议顺利实施，取得重要成果，全社会法治观念明显增强，社会治理法治化水平明显提高。当前，我国已开启全面建设社会主义现代化国家新征程，进入新发展阶段，为深入学习宣传贯彻习近平法治思想，使法治成为社会共识和基本准则，夯实全面依法治国的社会基础，有必要从 2021 年至 2025 年在全体公民中开展第八个五年法治宣传教育。通过开展第八个五年法治宣传教育，使公民法治素养和社会治理法治化水平显著提升，形成全社会尊法学法守法用法的良好氛围。特作决议如下：

一、以习近平法治思想引领全民普法工作。坚持习近平新时代中国特色社会主义思想，全面贯彻落实习近平法治思想，在党中央集中统一领导下推进全民普法工作。突出学习宣传习近平法治思想，推动习近平法治思想入脑入心、走深走实，引导全社会坚定不移走中国特色社会主义法治道路。紧紧围绕服务“十四五”时期经济社会发展，推动普法工作守正创新、提质增效、全面发展，为全面建设社会主义现代化国家营造良好法治环境。

二、大力弘扬社会主义法治精神。突出重点内容，深入宣传宪法和宪法相关法，全面落实宪法宣誓制度，加强宪法实施案例宣传，阐释好宪法精神和“中国之治”的制度基础；深入宣传民法典，全面提升民法典普法质量，让民法典深入人心。深入宣传促进科技创新、优化营商环境、加强生态环境保护等与推动高质量发展密切相关的法律法规；深入宣传加强国家安全体系和能力建设、推动更高水平平安中国建设等与社会治理现代化密切相关的法律法规。加强社会主义法治文化建设，弘扬社会主义核心价值观，推动中华优秀传统法律文化创造性转化、创新性发展，坚持依法治国与以德治国相结合，让人民群众感受到正义可期待、权利有保障、义务须履行，引导全社会树立权利与义务、个人自由与社会责任相统一的观念。

三、持续提升公民法治素养。实行公民终身法治教育制度，把法治教育纳入干部教育体系、国民教育体系、社会教育体系，不断提升全体公民法治意识和法治素养。落实国家工作人员学法用法制度，把法治素养和依法履职情况纳入考核评价干部的重要内容，引导国家工作人员树立社会主义法治理念，提高依法办事的意识和能力。重点抓好“关键少数”，发挥领导干部带头示范作用，建立领导干部应知应会法律法规清单制度，让尊法学法守法用法成为领导干部自觉行为和必备素质。大力加强青少年法治教育，全面落实《青少年法治教育大纲》，推动法治教育进课堂，教育引导青少年从小养成尊法守法习惯。

四、推进普法与依法治理有机融合。加强基层组织和部门、行业依法治理，深化法治乡村（社区）建设和依法治企、依法治校、依法治网，加大普法力度，完善预防性法律制度，推动形成办事依法、遇事找法、解决问题用法、化解矛盾靠法的法治环境。开展公共卫生安全、突发事件应急管理等方面的法治宣传教育，提高全社会应急状态下依法治理能力和水平，促进依法行动、依法行事。坚持依法治理与系统治理、综合治理、源头治理有机结合，深入开展多层次多形式法治创建活动，大力提高社会治理法治化水平。

五、着力提高普法工作的针对性和实效性。注重把普法深度融入立法、执法、司法和法律服务全过程，开展实时普法。加大以案普法、以案释法力度，使典型案事件依法处理过程成为全民普法的公开课。充分运用社会力量开展公益普法，健全社会普法教育机制。充分运用新技术新媒体开展精准普法，提高普法产品供给质量，使普法更为群众喜闻乐见。注重分层分类，坚持集中宣传教育与经常宣传教育相结合，重在常态化、制度化，把普法融入法治实践、基层治理和日常生活。

六、加强组织实施和监督检查。落实党政主要负责人推进法治建设第一责任人职责，进一步完善国家机关“谁执法谁普法”等普法责任制，全面落实普法责任清单制度，促进各社会团体、企事业单位以及其他组织履行普法责任，推动形成党委领导下的大普法工作格局。健全和落实媒体公益普法制度，加大融媒体普法力度。推动制定法治宣传教育法，为全民普法工作提供有力法律保障。健全普法工作评估指标体系和奖惩制度，做好中期评估和终期检查，加强检查结果的运用。各级人民政府要积极开展第八个五年法治宣传教育工作，向本级人民代表大会常务委员会报告工作开展情况。各级人民代表大会及其常务委员会要加强对法治宣传教育工作的监督检查，促进本决议有效实施。

《中央宣传部、司法部关于开展法治宣传教育的第八个五年规划（2021—2025 年）》

全民普法是全面依法治国的长期基础性工作。在习近平新时代中国特色社会主义思想特别是习近平法治思想的科学指引下，在党中央、国务院正确领导下，全国第七个五年法治宣传教育规划（2016—2020 年）顺利实施完成，取得重要成果。以宪法为核心的中国特色社会主义法律体系学习宣传深入开展，“谁执法谁普法”等普法责任制广泛实行，法治文化蓬勃发展，全社会法治观念明显增强，社会治理法治化水平明显提高。

我国开启全面建设社会主义现代化国家新征程，进入新发展阶段，迫切要求进一步提升公民法治素养，推动全社会尊法学法守法用法。为深入学习宣传贯彻习近平法治思想，做好第八个五年法治宣传教育工作，进一步加大全民普法力度，制定本规划。

一、以习近平法治思想引领全民普法工作

习近平法治思想是顺应实现中华民族伟大复兴时代要求应运而生的重大理论创新成果，是马克思主义法治理论中国化最新成果，是习近平新时代中国特色社会主义思想的重要组成部分，是全面依法治国的根本遵循和行动指南。必须用习近平法治思想武装头脑、指导实践，推动普法工作守正创新、提质增效、全面发展。

（一）指导思想

坚持以马克思列宁主义、毛泽东思想、邓小平理论、“三个代表”重要思想、科学发展观、习近平新时代中国特色社会主义思想为指导，全面贯彻党的十九大和十九届二中、三中、四中、五中全会精神，深入贯彻习近平法治思想，增强“四个意识”、坚定“四个自信”、做到“两个维护”，坚定不移走中国特色社会主义法治道路，紧紧围绕服务“十四五”时期经济社会发展，以使法治成为社会共识和基本准则为目标，以持续提升公民法治素养为重点，以提高普法针对性和实效性为工作着力点，完善和落实“谁执法谁普法”等普法责任制，促进提高社会文明程度，为全面建设社会主义现代化国家营造良好法治环境。

（二）主要目标

到 2025 年，公民法治素养和社会治理法治化水平显著提升，全民普法工作体系更加健全。公民对法律法规的知晓度、法治精神的认同度、法治实践的参与度显著提高，全社会尊法学法守法用法的自觉性和主动性显著增强。多层次多领域依法治理深入推进，全社会办事依法、遇事找法、解决问题用法、化解矛盾靠法的法治环境显著改善。全民普法制度完备、实施精准、评价科学、责任落实的工作体系基本形成。

（三）工作原则

——坚持党的全面领导。把党的领导贯彻到全民普法全过程各方面，始终坚持正确政治方向。

——坚持以人民为中心。树立以人民为中心的普法理念和工作导向，做到普法为了人民、依靠人民、服务人民，依法保障人民权益，促进人民高品质生活，夯实全面依法治国的社会基础。

——坚持服务大局。紧紧围绕党和国家中心工作，有针对性地组织开展普法，促进依法维护社会公平正义，促进在法治轨道上推进国家治理体系和治理能力现代化。

——坚持与法治实践深度融合。坚持全民普法与科学立法、严格执法、公正司法一体推进，坚持依法治国与以德治国相结合，弘扬社会主义核心价值观，把普法融入法治实践、融入基层治理、融入日常生活，融入全面依法治国全过程。

二、明确普法重点内容

（一）突出学习宣传习近平法治思想

深入学习宣传习近平法治思想的重大意义、丰富内涵、精神实质和实践要求，引导全社会坚定不移走中国特色社会主义法治道路。把习近平法治思想作为党委（党组）理论学习中心组学习重点内容，列入党校（行政学院）和干部学院重点课程，推动领导干部带头学习、模范践行。把习近平法治思想融入学校教育，纳入高校法治理论教学体系，做好进教材、进课堂、进头脑工作。通过多种形式，运用各类媒体和平台，发挥好各类基层普法阵地作用，推动习近平法治思想入脑入心、走深走实。

（二）突出宣传宪法

在全社会深入持久开展宪法宣传教育活动，阐释好“中国之治”的制度基础，阐释好新时代依宪治国、依宪执政的内涵和意义，阐释好宪法精神。加强国旗法、国歌法等宪法相关法的学习宣传，强化国家认同。全面落实宪法宣誓制度。加强宪法实施案例宣传。结合“12·4”国家宪法日，开展“宪法宣传周”集中宣传活动。加强宪法理论研究，推动宪法类教材和图书的编写、修订、出版。在新市民仪式、青少年成人仪式、学生毕业仪式等活动中设置礼敬宪法环节，大力弘扬宪法精神。在“五四宪法”历史资料陈列馆基础上建设国家宪法宣传教育馆。

（三）突出宣传民法典

广泛开展民法典普法工作，阐释好民法典中国特色社会主义的特质，阐释好民法典关于民事活动平等、自愿、公平、诚信等基本原则，阐释好民法典关于坚持主体平等、保护财产权利、便利交易流转、维护人格尊严、促进家庭和谐、追究侵权责任等基本要求，阐释好民法典一系列新规定新概念新精神。推动各级党和国家机关带头学习宣传民法典，推动领导干部做学习、遵守、维护民法典的表率，提高运用民法典维护人民权益、化解矛盾纠纷、促进社会和谐稳定的能力和水平。把民法典纳入国民教育体系，加强对青少年民法典教育。以“美好生活·民法典相伴”为主题，组织开展民法典主题宣传，让民法典走到群众身边、走进群众心里。

专栏 1 “美好生活·民法典相伴”主题宣传
1. 组织编写民法典通俗读物，创作民法典公益广告、短视频等优质普法产品。 2. 成立民法典宣讲团，面向基层开展宣讲。 3. 充分利用全媒体、运用案例宣传民法典，开展民法典知识竞赛。 4. 鼓励有条件的地方建设民法典公园。

（四）深入宣传与推动高质量发展密切相关的法律法规

继续把宣传中国特色社会主义法律体系作为基本任务，大力宣传国家基本法律，强化“十四五”期间制定和修改的法律法规宣传教育。适应立足新发展阶段、贯彻新发展理念、构建新发展格局需要，大力宣传有关平等保护、公平竞争、激发市场主体活力、防范风险的法律法规，推动建设市场化法治化国际化营商环境。适应实施创新驱动发展战略需要，大力宣传知识产权保护、科技成果转化等方面法律法规，促进科技强国建设。适应统筹推进国内法治和涉外法治需要，大力宣传我国涉外法律法规，促进依法维护国家主权、安全、发展利益。围绕国家发展战略和区域重大战略，组织开展专项法治宣传教育，加强区域性普法与依法治理合作。

（五）深入宣传与社会治理现代化密切相关的法律法规

适应统筹发展和安全的需要，大力宣传总体国家安全观和国家安全法、反分裂国家法、国防法、反恐怖主义法、生物安全法、网络安全法等，组织开展“4·15”全民国家安全教育日普法宣传活动，推动全社会增强国家安全意识和风险防控能力。适应更高水平的平安中国建设需要，继续加强刑法、刑事诉讼法、治安管理处罚法等宣传教育，促进依法惩治和预防犯罪。围绕生态文明建设、食品药品安全、扫黑除恶、毒品预防、社区管理服务、构建和谐劳动关系、防治家庭暴力、个人信息保护等人民群众关心关注的问题，开展经常性法治宣传教育，依法保障社会稳定和人民安宁。

（六）深入宣传党内法规

以党章、准则、条例等为重点，深入学习宣传党内法规，注重党内法规宣传同国家法律宣传的衔接协调。突出学习宣传党章，教育广大党员以党章为根本遵循，尊崇党章、遵守党章、贯彻党章、维护党章。把学习掌握党内法规作为合格党员的基本要求，列入党组织“三会一课”内容，在考核党员、干部时注意了解相关情况，促进党内法规学习宣传常态化、制度化。

三、持续提升公民法治素养

（一）加强教育引导

实行公民终身法治教育制度，把法治教育纳入干部教育体系、国民教育体系、社会教育体系。

加强国家工作人员法治教育。落实国家工作人员学法用法制度，引导国家工作人员牢固树立宪法法律至上、法律面前人人平等、权由法定、权依法使等基本法治观念。重点抓好“关键少数”，提高各级领导干部运用法治思维和法治方式深化改革、推动发展、化解矛盾、维护稳定、应对风险能力。建立领导干部应知应会法律法规清单制度，分级分类明确领导干部履职应当学习掌握的法律法规和党内法规，完善配套制度，促使知行合一。把法治素养和依法履职情况纳入考核评价干部的重要内容，让尊法学法守法用法成为领导干部自觉行为和必备素质。

加强青少年法治教育。全面落实《青少年法治教育大纲》，教育引导青少年从小养成尊法守法习惯。充实完善法治教育教材相关内容，增加法治知识在中考、高考中的内容占比。推进教师网络法治教育培训，5 年内对所有道德与法治课教师进行 1 次轮训。探索设立“法学 + 教育学”双学士学位人才培养等项目，加强法治教育师资培养。持续举办全国学生“学宪法讲宪法”、国家宪法日“宪法晨读”、全国青少年网上学法用法等活动。推进青少年法治教育实践基地建设，推广法治实践教学和案例教学。深入开展未成年人保护法、预防未成年人犯罪法等学习宣传。进一步完善政府、司法机关、学校、社会、家庭共同参与的青少年法治教育新格局。

分层分类开展法治教育。加强基层组织负责人学法用法工作，开展村（社区）“两委”干部法治培训，提高基层干部依法办事意识和依法治理能力。加强基层行政执法人员法治培训，提升依法行政能力。加强对非公有制经济组织、社会组织管理和从业人员法治教育，促进依法诚信经营管理。加强对媒体从业人员法治教育，将法治素养作为从业资格考评的重要内容，提高其运用法治思维和法治方式解读社会问题、引导社会舆论的能力。根据妇女、残疾人、老年人、农民工等群体特点，开展有针对性的法治宣传教育活动，提高其依法维护权益的意识和能力。

（二）推动实践养成

把提升公民法治素养与推进依法治理等实践活动有机结合，把公民法治素养基本要求融入市民公约、乡规民约、学生守则、行业规章、团体章程等社会规范，融入文明创建、法治示范创建和平安建设活动。从遵守交通规则、培养垃圾分类习惯、制止餐饮浪费等日常生活行为抓起，提高规则意识，让人民群众在实践中养成守法习惯。通过严格执法、公正司法，让人民群众感受到正义可期待、权利有保障、义务须履行，引导全社会树立权利与义务、个人自由与社会责任相统一的观念，纠正法不责众、滥用权利、讲“蛮”不讲法、遇事找关系等思想和行为。

（三）完善制度保障

建立健全对守法行为的正向激励和对违法行为的惩戒制度，把公民法治素养与诚信建设相衔接，健全信用奖惩和信用修复机制。大力宣传崇法向善、坚守法治的模范人物，选树群众身边先进典型。完善激励制约机制，形成好人好报、德者有得的正向效应，形成守法光荣、违法可耻的社会风尚。

实施公民法治素养提升行动，分步骤、有重点地持续推进，不断提升全体公民法治意识和法治素养，推进全民守法。

四、加强社会主义法治文化建设

（一）推进法治文化阵地建设

扩大法治文化阵地覆盖面，提高使用率。把法治文化阵地建设纳入城乡规划，在公共设施建设和公共空间利用时体现法治元素，推动法治文化与传统文化、红色文化、地方文化、行业文化、企业文化融合发展。把法治元素融入长城、大运河、长征、黄河等国家文化公园建设，形成一批深受人民群众喜爱的区域性法治文化集群。利用好新时代文明实践中心（所、站）等场所，因地制宜建设法治文化阵地。加强边疆地区法治文化阵地建设，支持边疆法治文化长廊建设和普法教育实践基地建设。着力提升市县法治文化阵地建设质量，推动从有形覆盖向有效覆盖转变。基本实现每个村（社区）至少有一个法治文化阵地。法治文化阵地内容上要准确传播社会主义法治精神，功能上要便于群众学习理解法律、便于开展法治实践活动。加强全国法治宣传教育基地的命名、管理，发挥其在法治文化阵地建设中的引领和示范作用。

（二）繁荣发展社会主义法治文艺

把社会效益放在首位，组织创作一批法治文化精品，创建一批法治文化传播品牌栏目、节目和工作室。继续组织开展全国法治动漫微视频征集展播活动，扩大影响力。建设网上法治文化产品资料库。加大法治文化惠民力度，广泛开展群众性法治文化活动，组织青年普法志愿者、法治文艺团体开展法治文化基层行活动，推动社会主义法治精神深入人心。

（三）推动中华优秀传统法律文化创造性转化、创新性发展

传承中华法系的优秀思想和理念，挖掘民为邦本、礼法并用、以和为贵、明德慎罚、执法如山等中华传统法律文化精华，根据时代精神加以转化，使中华优秀传统法律文化焕发出新的生命力。加强对我国法律文化历史遗迹和文物的保护，宣传代表性人物的事迹和精神。弘扬善良风俗、家规家训等优秀传统文化中的法治内涵，把不违反法律、不违背公序良俗作为家风家教的重要内容，让社会主义法治精神在家庭中生根。

（四）加强红色法治文化保护、宣传、传承

注重发掘、总结党在革命时期领导人民进行法治建设的光荣历史和成功实践，大力弘扬红色法治文化。探索建立红色法治文化遗存目录，明确保护责任，修缮相关设施，完善展陈内容。组织开展红色法治文化研究阐发、展示利用、宣传普及、传播交流等活动。建设一批以红色法治文化为主题的法治宣传教育基地。讲好红色法治故事，传承红色法治基因，教育引导全社会增强走中国特色社会主义法治道路的自信和自觉。

（五）加强法治文化国际传播和国际交流

以讲好中国法治故事为着力点，突出对外宣传中国特色社会主义法治

优越性、新时代法治建设实践成果和中华优秀传统法律文化。讲好中国遵循国际法故事，对外宣示我国积极维护国际法治、捍卫国际公平与正义的立场主张。注重在共建“一带一路”中发挥法治作用。编写涉外案例资料，对我境外企业、机构和人员加强当地法律宣传。建立涉外工作法务制度，加强对我国法域外适用研究，推动海外法律服务高质量发展。举办法治国际论坛，宣介好习近平法治思想，开展与世界各国法治文化对话。坚持贴近中国实际、贴近国际关切、贴近国外受众，加强法治文化国际传播能力建设。积极对来华、在华外国人开展法治宣传，引导其遵守我国法律，保障其合法权益。

五、推进普法与依法治理有机融合

（一）加强基层依法治理

深化法治乡村（社区）建设。加大乡村（社区）普法力度，实施乡村（社区）“法律明白人”培养工程。完善和落实“一村（社区）一法律顾问”制度。开展面向家庭的普法主题实践活动，培育农村学法用法示范户，建设尊老爱幼、男女平等、夫妻和睦的模范守法家庭，注重发挥家庭家教家风在基层社会治理中的重要作用。健全党组织领导的自治、法治、德治相结合的城乡基层治理体系，加强乡村（社区）依法治理，探索实行积分制，因地制宜推广村民评理说事点、社区“法律之家”等做法，打造基层普法和依法治理有效阵地。坚持和发展新时代“枫桥经验”，完善社会矛盾纠纷多元预防调处化解综合机制，做到“小事不出村、大事不出乡、矛盾不上交”。深入开展“民主法治示范村（社区）”创建，加强动态管理，提高创建质量，促进乡村社会既充满活力又和谐有序，推动全面依法治国各项措施在城乡基层落地生根。

专栏2　乡村（社区）“法律明白人”培养工程
1. 以村干部、村妇联执委、人民调解员、网格员、村民小组长、退役军人等为重点，加快培育“法律明白人”。 2. 制定乡村（社区）“法律明白人”培养工作规范。 3. 加强培训、考核和动态管理。 4. 建立健全激励制约机制。

深化依法治校。深化“法律进学校”，推动各级各类学校健全依法治理制度体系，加强学校法治文化建设，切实提升依法办学、依法执教的意识和能力。落实“法治副校长”、法治辅导员制度，有针对性地开展防范校园欺凌、性侵害等方面法治教育，深化学校及周边环境依法治理。

深化依法治企。深化“法律进企业”，落实经营管理人员学法用法制度。加强企业法治文化建设，提高经营管理人员依法经营、依法管理能力。推动企业合规建设，防范法律风险，提升企业管理法治化水平。

专栏3　企业合规建设
1. 将法治作为企业学习重要内容，组织开展对企业主要负责人的法治培训，增强依法诚信经营意识与合规理念。 2. 完善合规管理体系，推动企业将合规管理融入业务工作全流程各环节。 3. 引导企业加强境外经营合规管理，提高法律风险防范意识。 4. 加强企业合规人才队伍建设。

（二）深化行业依法治理

引导和支持各行业依法制定规约、章程，发挥行业自律和专业服务功能，实现行业自我约束、自我管理，依法维护成员合法权益。推进业务标准程序完善、合法合规审查到位、防范化解风险及时、法律监督有效的法治化行业治理。

深化“法律进网络”，加强对网络企业管理和从业人员法治教育，推动网络企业自觉履行责任，做到依法依规经营。完善网络管理制度规范，培育符合互联网发展规律、体现公序良俗的网络伦理、网络规则。加强网络安全教育，提高网民法治意识，引导广大网民崇德守法、文明互动、理性表达。

（三）开展专项依法治理

加强社会应急状态下专项依法治理，开展公共卫生安全、传染病防治、防灾减灾救灾、突发事件应急管理等方面法治宣传教育，促进全社会在应急状态下依法行动、依法办事，依法维护社会秩序。

坚持依法治理与系统治理、综合治理、源头治理有机结合，深入开展多层次多形式法治创建活动，加强对县（市、区、旗）、乡镇（街道）、村（社区）等区域治理中法治状况的研究评估工作，大力提高社会治理法治化水平。

六、着力提高普法针对性实效性

（一）在立法、执法、司法过程中开展实时普法

把普法融入立法过程。在法律法规制定、修改过程中，通过公开征求意见、听证会、论证会、基层立法联系点等形式扩大社会参与。通过立法机关新闻发言人等机制解读法律问题，回应社会关切。在司法解释制定过程中，加强相关普法工作。法律法规正式公布时，一般应当同步进行解读。

把普法融入执法、司法过程。制定执法、司法办案中开展普法的工作指引，加强行政许可、行政处罚、行政强制、行政复议、行政诉讼等相关法律规范的普法宣传，把向行政相对人、案件当事人和社会公众的普法融入执法、司法办案程序中，实现执法办案的全员普法、全程普法。在落实行政执法公示、执法全过程记录、重大执法决定法制审核制度中，加强普法宣传。在行政复议工作中，利用受理、审理、决定等各环节实时普法，引导教育申请人依法维权、表达诉求。充分运用公开开庭、巡回审判、庭审现场直播、生效法律文书统一上网和公开查询等生动直观的形式宣讲法律，释法说理。

把普法融入法律服务过程。法律服务工作者在为当事人提供法律服务、调处矛盾纠纷、参与涉法涉诉信访案件处理时，加强释法析理，引导当事人和社会公众依法办事。加快公共法律服务体系建设，在人民群众需要法律的时候，能够及时得到法治宣传和法律服务，让人民群众感受到法律的温暖和力量。

加大以案普法力度。落实法官、检察官、行政复议人员、行政执法人员、律师等以案释法制度和典型案例发布制度，健全以案普法长效机制，使广大法治工作者成为弘扬社会主义法治精神、传播社会主义法治理念的普法者。培育以案普法品牌，针对人民群众日常生活遇到的具体法律问题及时开展普法。充分利用典型案事件向公众进行法律解读，使典型案事件依法解决的过程成为全民普法的公开课。

（二）充分运用社会力量开展公益普法

壮大社会普法力量。发挥群团组织和社会组织在普法中的作用，畅通和规范市场主体、新社会阶层、社会工作者和志愿者等参与普法的途径，发展和规范公益性普法组织。加强普法讲师团建设，充分发挥法律实务工作者、法学教师的作用。加强普法志愿队伍建设，组织、支持退休法官检察官、老党员、老干部、老教师等开展普法志愿服务。

健全社会普法教育机制。加强对社会力量开展普法的管理服务、组织引导和政策、资金、项目扶持，完善政府购买、社会投入、公益赞助等相结合的社会普法机制。健全嘉许制度，推动普法志愿服务常态化、制度化。

（三）充分运用新技术新媒体开展精准普法

创新普法内容。适应人民群众对法治的需求从“有没有”向“好不好”的转变，提高普法质量，形成法治需求与普法供给之间更高水平的动态平衡。注重运用新技术分析各类人群不同的法治需求，提高普法产品供给的精准性和有效性。走好全媒体时代群众路线，鼓励公众创作个性化普法产品，加强对优秀自媒体制作普法作品的引导。加大音视频普法内容供给，注重短视频在普法中的运用。

拓展普法网络平台。以互联网思维和全媒体视角深耕智慧普法。强化全国智慧普法平台功能，推动与中国庭审公开网、中国裁判文书网等网络平台的信息共享。建立全国新媒体普法集群和矩阵，发挥“学习强国”等平台优势，形成多级互动传播。建设全国统一的法律、法规、规章、行政规范性文件、司法解释和党内法规信息平台，及时更新数据，免费向公众开放。

创新普法方法手段。坚持效果导向，在充分利用传统有效的普法方式基础上，促进单向式传播向互动式、服务式、场景式传播转变，增强受众参与感、体验感、获得感，使普法更接地气，更为群众喜闻乐见。建设融“报、网、端、微、屏”于一体的全媒体法治传播体系，使互联网变成普法创新发展的最大增量。

专栏4　全国智慧普法平台建设
1. 建设全国智慧普法统一平台，积极与中央政法机关法治宣传网络平台、县以上地方新媒体普法平台对接，实现互联互通。 2. 强化法律法规和党内法规查询、法律问题咨询、典型案例解读等服务功能，实时满足用户法治需求。 3. 加强全国智慧普法平台推广应用，使之成为普法工作的好帮手，成为公民学法重要渠道。

七、加强组织实施

（一）加强组织领导

各级党委和政府要更加注重系统观念、法治思维，把推进全民普法和守法摆上重要工作日程，推动更多法治力量向引导和疏导端用力，科学制定本地区本系统五年规划，认真组织实施。把普法工作纳入本地区本系统法治建设总体部署，纳入综合绩效考核、平安建设、文明创建等考核评价内容，定期听取汇报，研究解决普法工作中的难题。各级党政主要负责人要严格按照推进法治建设第一责任人职责的要求，认真履行普法领导责任，建立健全党政机关法律顾问制度。

（二）加强制度建设

健全党委领导、政府主导、人大监督、政协支持、部门各负其责、社会广泛参与、人民群众为主体的法治宣传教育领导体制和工作机制，形成大普法工作格局。全面依法治国（省、市、县）委员会守法普法协调小组和各级法治宣传教育工作领导小组要加强对本规划实施的组织领导和统筹协调。各级普法办事机构要充分发挥职能作用，组织推动、督促指导各项任务落到实处。推动制定法治宣传教育法，推动及时制定、修改地方法治宣传教育条例，为全民普法工作提供法律依据和制度支撑。

（三）全面落实普法责任制

强化“谁执法谁普法”普法责任制。完善国家机关普法责任清单制度，细化普法内容、措施标准和责任。全面推行“谁执法谁普法”责任单位年度履职报告评议制度，提高评议质量。进一步发挥落实普法责任制联席会议的作用。逐步形成清单管理、跟踪提示、督促指导、评估反馈的管理模式，压实各责任单位普法责任。推行“谁管理谁普法”、“谁服务谁普法”，促进各社会团体、企事业单位以及其他组织加强本系统本行业本单位人员学法用法，加大对管理服务对象普法力度，落实普法责任。

落实媒体公益普法责任。广播电视、报纸期刊、互联网等大众传媒承担公益普法责任，积极利用国家宪法日、全民国家安全教育日、国家网络安全宣传周、消费者权益保护日、知识产权宣传周等重要时间节点，在重要版面、重要频道、重要时段设置普法专栏专题，针对社会热点和典型案事件及时开展权威准确的法律解读。把法治类公益广告纳入媒体公益广告内容，促进媒体公益普法常态化、制度化。

（四）强化基层基础工作

推进重心下移。突出抓基层、强基础、固基本的工作导向，为基层开展普法和依法治理创造更好条件。加强基层建设，激发基层活力，强化政策、制度、机制保障，从人员配备数量、待遇、经费、装备等方面，切实向普法基层一线倾斜，推动各类资源向基层下沉。

加强能力建设。强化对各级普法主管部门工作人员的系统培训，5 年内省级普法主管部门对县级以上普法办人员轮训 1 次。加大对基层司法所开展普法工作的指导和支持力度，提升司法所普法工作水平，将具有法律职业资格的人员充实到普法工作一线。

加强理论研究。加强法治传播规律和全民守法规律的基础理论研究，加强新时代全民普法工作的应用性、对策性研究。完善法治宣传教育专家咨询制度。加强法治传播、法治文化等学科建设和人才培养。

落实经费保障。强化各级财政对规划实施的保障作用，把普法工作经费列入本级预算。按规定把普法列入政府购买服务指导性目录，加大对欠发达地区普法经费的支持力度。鼓励引导社会资金参与支持普法工作，加强规范和管理。

（五）加强评估检查

健全普法工作评估指标体系。对普法工作开展情况、工作成效以及公民法治素养提升效果开展综合评估，从实际出发设定评估参数，健全评估指标体系，提升评估的科学性和准确性。

开展中期评估和总结验收。加强规划实施中的动态监测，开展规划实施情况中期评估，重在发现问题，推动解决问题，并对工作突出的进行通报表扬。开展终期总结验收，加强评估结果运用。按规定表彰和奖励全国普法工作先进单位、先进个人和依法治理创建活动先进单位。

加强日常指导和监督。尊重群众首创精神，鼓励地方和基层聚焦问题开展差异化探索，及时发现、总结、推广经验，推动全民普法实践创新、制度创新、理论创新。注重清单化管理、项目化推进、责任化落实，防止形式主义、官僚主义，确保普法工作有声有色、有力有效开展。对重视不够、措施不力、落实普法责任制不到位的，普法主管部门应当发出普法提示函或建议书，必要时进行约谈，提出整改要求；对造成严重后果的，进行通报批评，依规依法处理。支持各级人大加强对全民普法工作的监督和专项检查。

军队的第八个五年法治宣传教育工作，参照本规划进行安排部署。

中央宣传部、司法部负责人就《关于开展法治宣传教育的第八个五年规划（2021—2025年）》答记者问

日前，中共中央、国务院印发通知，转发了《中央宣传部、司法部关于开展法治宣传教育的第八个五年规划》（以下简称《规划》），对“八五”普法作了全面部署。中央宣传部、司法部负责人就《规划》有关问题回答了记者提问。

1. 问：目前，我国已实施完成了七个五年普法规划，为什么要制定第八个五年普法规划？

答：全民普法是全面依法治国的长期基础性工作。制定和实施五年普法规划是党领导全民普法的重要方式。自1986年以来，我国已连续实施完成了七个五年普法规划，取得了重要成果，全社会法治观念明显增强，社会治理法治化水平明显提高。在14亿多人口的大国持续开展全民普法，把法律交给人民，这是人类法治史上的一大创举，是中国特色社会主义制度优势的体现，也是中国特色社会主义法治的重要组成部分。为加大全民普法力度，进一步形成全社会尊法学法守法用法的良好氛围，去年（2020年）下半年以来，中央宣传部、司法部在广泛深入调查研究，充分听取各方面意见的基础上，制定了《关于开展法治宣传教育的第八个五年规划（2021—2025年）》。制定和实施“八五”普法规划是深入学习宣传贯彻习近平法治思想，夯实全面依法治国根基的重要举措；是服务“十四五”时期经济社会发展，立足新发展阶段、贯彻新发展理念、构建新发展格局的客观需要；是满足人民群众日益增长的对法治等方面的需求，持续提升公民法治素养和社会治理法治化水平的必然要求。

2. 问：“八五”普法规划有哪些总体要求？

答：在指导思想上，《规划》强调，坚持以马克思列宁主义、毛泽东思想、邓小平理论、“三个代表”重要思想、科学发展观、习近平新时代中国特色社会主义思想为指导，全面贯彻党的十九大和十九届二中、三中、四中、五中全会精神，深入贯彻习近平法治思想，增强“四个意识”、坚定“四个自信”、做到“两个维护”，坚定不移走中国特色社会主义法治道路，紧紧围绕服务“十四五”时期经济社会发展，以使法治成为社会共识和基本准则为目标，以持续提升公民法治素养为重点，以提高普法针对性和实效性为工作着力点，完善和落实“谁执法谁普法”等普法责任制，促进提高社会文明程度，为全面建设社会主义现代化国家营造良好法治环境。

在主要目标上，《规划》明确，到2025年，公民法治素养和社会治理法治化水平显著提升，全民普法工作体系更加健全。公民对法律法规的知晓度、法治精神的认同度、法治实践的参与度显著提高，全社会尊法学法守法用法的自觉性和主动性显著增强。多层次多领域依法治理深入推进，全社会办事依法、遇事找法、解决问题用法、化解矛盾靠法的法治环境显著改善。全民普法制度完备、实施精准、评价科学、责任落实的工作体系基本形成。

在工作原则上，《规划》强调，坚持党的全面领导，始终坚持正确政治方向；坚持以人民为中心，做到普法为了人民、依靠人民、服务人民；坚持服务大局，促进在法治轨道上推进国家治理体系和治理能力现代化；坚持与法治实践深度融合，把普法融入法治实践、融入基层治理、融入日常生活。

“八五”普法规划力求在继承中创新，特别注重思想引领，把深入学习宣传贯彻习近平法治思想作为主线；注重素养提升，把持续提升公民法治素养作为重点；注重提质增效，把提高普法针对性和实效性作为工作着力点。

3. 问：与前七个五年普法规划相比，“八五”普法规划有哪些重点内容？

答：“八五”普法规划继续把宣传中国特色社会主义法律体系作为基本任务，大力宣传国家基本法律。强调把以下六个方面作为普法重点内容。

一是突出学习宣传习近平法治思想，推动习近平法治思想入脑入心、走深走实。二是突出宣传宪法，大力弘扬宪法精神。三是突出宣传民法典，让民法典走到群众身边、走进群众心里。四是深入宣传与推动高质量发展密切相关的法律法规。五是深入宣传与社会治理现代化密切相关的法律法规。六是深入宣传党内法规。

4. 问：“八五”普法规划提出了哪些新举措？

答：“八五”普法规划在总结前七个五年普法规划经验基础上，坚持问题导向、目标导向和强基导向，从大的方面来讲，主要提出了以下新举措。

一是实施公民法治素养提升行动。习近平总书记在中央全面依法治国工作会议上提出：“不断提升全体公民法治意识和法治素养。”《规划》明确提出实施公民法治素养提升行动，强调实行公民终身法治教育制度，把法治教育纳入干部教育体系、国民教育体系、社会教育体系。《规划》强调从日常生活行为抓起，让人民群众在实践中养成守法习惯。完善激励制约机制，形成好人好报、德者有得的正向效应，形成守法光荣、违法可耻的社会风尚。

二是加强社会主义法治文化建设。今年（2021年）3月，中办、国办印发了《关于加强社会主义法治文化建设的意见》，这是深入推进全面依法治国的一个重要举措。《规划》明确提出推进法治文化阵地建设，繁荣发展社会主义法治文艺，推动中华优秀传统法律文化创造性转化、创新性发展，加强红色法治文化保护、宣传、传承，加强法治文化国际传播和国际交流等任务。

三是推动普法与依法治理有机融合。《规划》强调加强基层依法治理，深化行业依法治理，开展专项依法治理，大力提高社会治理法治化水平。

5. 问：“八五”普法规划在提高普法针对性和实效性方面提出了哪些新要求？

答：习近平总书记在中央全面依法治国工作会议上强调“普法工作要紧跟时代，在针对性和实效性上下功夫”。这为深入开展普法工作指明了方向，提供了基本遵循。《规划》着力从以下三个方面提高普法针对性和实效性。

一是在立法、执法、司法过程中开展实时普法。《规划》强调，把普法融入立法、执法、司法和法律服务过程，加大以案普法力度。

二是充分运用社会力量开展公益普法。《规划》强调，加强普法志愿队伍建设，组织、支持退休法官检察官、老党员、老干部、老教师等开展普法志愿服务。

三是充分运用新技术新媒体开展精准普法。《规划》强调，注重运用新技术分析各类人群不同的法治需求，加强对优秀自媒体制作普法作品的引导，建设融“报、网、端、微、屏”于一体的全媒体法治传播体系。

6. 问：蓝图绘就，重在落实，“八五”普法规划如何抓好组织实施？

答：一分规划，九分落实。“八五”普法规划涉及方方面面，必须加强组织实施。

一要加强组织领导。《规划》强调，各级党政主要负责人要严格按照推进法治建设第一责任人职责的要求，认真履行普法领导责任。

二要加强制度建设。健全党委领导、政府主导、人大监督、政协支持、部门各负其责、社会广泛参与、人民群众为主体的法治宣传教育领导体制和工作机制，形成大普法工作格局。《规划》强调，推动制定法治宣传教育法。

三要全面落实普法责任制。强化“谁执法谁普法”等普法责任制，落实媒体公益普法责任。

四要强化基层基础工作。《规划》强调，突出抓基层、强基础、固基本的工作导向，为基层开展普法和依法治理创造更好条件。

五要加强评估检查。对重视不够、措施不力、落实普法责任制不到位的，普法主管部门应当发出普法提示函或建议书，必要时进行约谈。

“八五”普法规划还设置了“美好生活・民法典相伴”主题宣传、乡村（社区）“法律明白人”培养工程、企业合规建设、全国智慧普法平台建设等专栏，注重清单化管理、项目化推进、责任化落实，推动“八五”普法规划落小落细落实。

20 年

月 日

星期

天气

法律分析

语言文字是文化传承的载体，是国家繁荣发展的根基。语言文字工作关系国家的统一、民族的团结、社会的进步。实现国家通用语言文字的规范化、标准化，是促进民族间交流、普及文化教育、发展科学技术、适应现代经济和社会发展的需要。《中华人民共和国宪法》第 19 条第 5 款明确规定，“国家推广全国通用的普通话”。根据《中华人民共和国国家通用语言文字法》的规定，国家通用语言文字是普通话和规范汉字。我国是一个多民族、多语言、多文种的国家，有 56 个民族、70 多种语言、50 多种文字，用法律的形式确定普通话和规范汉字作为国家通用语言文字的地位，规定国家通用语言文字的使用范围，有利于语言文字的社会应用，有利于各民族之间的交往，有利于促进民族团结，维护国家统一。

◇◇◇

《中华人民共和国宪法》第十九条第五款 国家推广全国通用的普通话。

20 年

月 日

星期

天气

法律分析

宪法规定，中华人民共和国的一切权力属于人民，人民行使国家权力的机关是全国人民代表大会和地方各级人民代表大会。选举权和被选举权是公民享有的选举或者被选举为人民代表大会代表的权利，也是公民参与国家政治生活的保障。我国宪法规定了公民的选举权和被选举权。依据宪法的规定，享有选举权和被选举权必须符合以下条件：其一，须为中华人民共和国公民；其二，年满 18 周岁；其三，没有被法律剥夺政治权利。

外地务工人员，是指居住地、工作地与户籍分离的在户籍地外务工的人。人口是否流动不是有无选举权的条件，如果符合宪法的规定，那么外地务工人员也享有选举权和被选举权。外地务工人员一般有两种途径行使选举权：第一种，回到户籍地行使选举权；第二种，书面委托亲属或其他选民代为投票参加选举。一般来说，委托选举是外地务工人员行使选举权所采取的主要方式。

《中华人民共和国全国人民代表大会和地方各级人民代表大会选举法》第四十二条 选民如果在选举期间外出，经选举委员会同意，可以书面委托其他选民代为投票。每一选民接受的委托不得超过三人，并应当按照委托人的意愿代为投票。

20　　年

　　月　　日

星期

天气

法律分析

敬老爱幼、乐于助人是中华民族的传统美德，也是政府、社会、家庭和个人的共同责任。《中华人民共和国宪法》第 45 条第 1 款规定，公民在年老、疾病或者丧失劳动能力时能够得到国家的帮助，这是宪法规定的物质帮助权，属于公民的基本权利。宪法赋予公民物质帮助权的目的在于保障公民的最低生活标准，防止陷入贫困，减少贫富差别，从而实现公民的生存权和发展权等基本人权。权益保障正成为需要全社会共同面对的重要课题，进一步保障弱势群体合法权益，发展弱势群体事业，弘扬中华民族传统美德，势在必行。对公民的物质帮助主要体现在我国逐步完善的社会保险体系、社会救济体系和医疗卫生体系等方面。

《中华人民共和国老年人权益保障法》第三条　国家保障老年人依法享有的权益。
老年人有从国家和社会获得物质帮助的权利，有享受社会服务和社会优待的权利，有参与社会发展和共享发展成果的权利。
禁止歧视、侮辱、虐待或者遗弃老年人。

20 年

月 日

星期

天气

法律分析

国旗和国歌属于国家标志，代表国家的主权、独立和尊严的象征和标志，反映了一个国家的历史传统、民族精神，甚至反映了国家性质与政权组织形式的特点。因此，保护国旗、国歌有利于增强国民的民族自豪感和爱国热情。国旗和国歌作为国家的象征，每个公民和组织都应当尊重和爱护。

为了加强对国旗和国歌的保护，我国专门立法予以保护，对涉嫌犯罪行为的，依法追究刑事责任。《中华人民共和国国旗法》第 23 条规定："在公共场合故意以焚烧、毁损、涂划、玷污、践踏等方式侮辱中华人民共和国国旗的，依法追究刑事责任；情节较轻的，由公安机关处以十五日以下拘留。"《中华人民共和国国歌法》第 15 条规定："在公共场合，故意篡改国歌歌词、曲谱，以歪曲、贬损方式奏唱国歌，或者以其他方式侮辱国歌的，由公安机关处以警告或者十五日以下拘留；构成犯罪的，依法追究刑事责任。"依据《中华人民共和国刑法》第 299 条的规定，在公共场合，故意以焚烧、毁损、涂划、玷污、践踏等方式侮辱中华人民共和国国旗、国徽的，处 3 年以下有期徒刑、拘役、管制或者剥夺政治权利。在公共场合，故意篡改中华人民共和国国歌歌词、曲谱，以歪曲、贬损方式奏唱国歌，或者以其他方式侮辱国歌，情节严重的，依照前款的规定处罚。

《中华人民共和国宪法》第一百四十一条 中华人民共和国国旗是五星红旗。
中华人民共和国国歌是《义勇军进行曲》。

典型案例

王某、李某夫妇家住某村，均为退休职工，育有一子王甲、一女王乙。女儿王乙出嫁后，户口已迁往丈夫所在村。王乙经常回家看望两位老人，老人若是生病，也是由子女轮流照顾。2012 年 11 月，两位老人遭遇煤气中毒，双双去世，留下存款 8 万元以及房屋 6 间。其房屋产权证上的名字为大儿子王甲。王甲主张王乙已经是“嫁出去的女儿，泼出去的水”，父母的遗产只能由自己单独继承。王乙对此表示反对，与王甲协商无果后诉至法院，要求按法律规定继承父母的遗产。2013 年 4 月法院开庭审理了本案，依法支持了王乙的诉讼请求。

20　　年

　　月　　日

星期

天气

法律分析

依据《中华人民共和国宪法》第 13 条、第 48 条的规定，妇女同男子享有的权利一律平等，无论是政治权利、人身权利，还是财产权利。继承权作为财产权，妇女自然同男子享有同样的权利。遵循宪法规范的价值指引，调整婚姻和继承关系的立法也高度关注男女在继承关系中的平等地位。继承权，是指自然人依照法律的直接规定或者被继承人所立的合法有效的遗嘱享有的继承被继承人遗产的权利。根据《中华人民共和国民法典》的相关规定，父母和子女有相互继承遗产的权利，继承权男女平等。因此，女儿无论是已出嫁还是未出嫁，都应与其兄弟享有平等的继承权利。

《中华人民共和国宪法》第四十八条第一款　中华人民共和国妇女在政治的、经济的、文化的、社会的和家庭的生活等各方面享有同男子平等的权利。

《中华人民共和国妇女权益保障法》第五十八条第一款　妇女享有与男子平等的继承权。妇女依法行使继承权，不受歧视。

典型案例

某村村民王某在上海市区工作多年，配偶和孩子也都在上海市区工作和生活。2021 年 12 月，该村召开村民会议，表决通过对村集体收益进行分红。因为王某长期在上海市区生活，村集体决议不给予王某分红。王某知道以后，向村集体主张享受分红。王某的理由是自己虽然在上海市生活，但自己的户籍仍然在该村，自己仍然是村集体成员，应当有权参与分红。

20　　年

　　月　　日

星期

天气

法律分析

随着城市化进程的不断加深，部分农民进城务工，不依靠土地生存却依旧保留着其农民的身份及其相应的权利。《中华人民共和国民法典》第 96 条承认了集体经济组织属于民法上的特殊法人，农民则成为集体经济组织的成员。进城农民是否享受村集体分红的核心在于，该农民集体经济组织成员资格的认定。认定标准有三：户籍；生产经验；生活保障兜底。最高人民法院的裁判观点认为，农民家庭长期在外居住生活，并不因此丧失该村集体经济组织成员资格和宅基地使用权。以此来看，王某有权利享受村集体的分红。

《中华人民共和国民法典》第二百六十一条　农民集体所有的不动产和动产，属于本集体成员集体所有。

下列事项应当依照法定程序经本集体成员决定：（一）土地承包方案以及将土地发包给本集体以外的组织或者个人承包；（二）个别土地承包经营权人之间承包地的调整；（三）土地补偿费等费用的使用、分配办法；（四）集体出资的企业的所有权变动等事项；（五）法律规定的其他事项。

典型案例

小张和小玟预约2022年2月22日到民政局办理结婚登记。当两人到民政局时，民政机关工作人员告知二人，根据《中华人民共和国母婴保健法》的规定，结婚登记应当持有婚前医学检查证明。二人随后查阅了法律法规，发现国务院《婚姻登记条例》规定的办理结婚登记应出具的证明材料中，不包括婚前医学检查证明。于是小张和小玟向全国人民代表大会常务委员会提起了审查建议。全国人民代表大会常务委员会经审查认为，结婚登记不需要以婚前医学检查证明作为前提条件，要求有关部门对相关规范进行修改。

法律分析

婚前医学检查，是指准备结婚的男女双方针对是否患有影响结婚和生育的疾病而进行的医学检查。婚前医学检查项目包括询问病史、体格检查、常规辅助检查和其他特殊检查。自2003年10月《婚姻登记条例》实施以来，婚前医学检查事实上已成为公民的自愿行为，“患有医学上认为不应当结婚的疾病”不再被规定为禁止结婚的情形。同样，《中华人民共和国民法典》所列结婚的实质要件中不存在婚前医学检查。所以，身体健康权作为公民的一项宪法权利，结婚前是否进行婚前医学检查属于公民的自由，不得强制。

《中华人民共和国民法典》第一千零五十三条 一方患有重大疾病的，应当在结婚登记前如实告知另一方；不如实告知的，另一方可以向人民法院请求撤销婚姻。

请求撤销婚姻的，应当自知道或者应当知道撤销事由之日起一年内提出。

典型案例

张某是某大厦业主。2021年6月底，物业公司在电梯内张贴“重要通知”，称小区门禁系统已改为人脸识别，限期要求业主自行带上身份证、户口簿、房产证等材料到物业办理人脸和身份信息录入，否则将无法出入小区。因认为此举存在泄露隐私的风险，张某未进行信息录入，每次跟着其他业主进入，非常不便。张某一再要求和投诉未果，于7月29日将物业公司起诉至法院，要求物业公司为其通行提供除人脸识别之外的其他非生物信息验证方式。法院判决支持张某的诉讼请求，要求物业提供替代性验证方式。

20　　年

　　月　　日

星期

天气

法律分析

人脸等生物识别信息是个人最敏感的信息。生物识别信息是不可更改的信息，深度体现了人的人格特征和行为特征，是人与人区别的根本信息，构成了人格的本质内容。如果被泄露或者非法使用，可能使人受到不公平对待或者歧视，也可能对人身或者财产造成损害。除依据法律规定收集生物识别信息外，任何组织、单位和个人不得任意收集人脸等生物识别信息。本案中，小区物业不具有收集、存储个人信息的条件，无法保证个人信息的安全，也没有获得法律的授权。因此，法院判决要求物业提供替代性验证方式，落实了宪法对人格尊严的保护。

《中华人民共和国民法典》第一千零三十五条第一款　处理个人信息的，应当遵循合法、正当、必要原则，不得过度处理，并符合下列条件：（一）征得该自然人或者其监护人同意，但是法律、行政法规另有规定的除外；（二）公开处理信息的规则；（三）明示处理信息的目的、方式和范围；（四）不违反法律、行政法规的规定和双方的约定。

典型案例

2021 年 3 月 18 日，张某和李某分手。随后张某多次到李某居住的楼下，要求李某与自己复合。李某多次拒绝。张某一时无法化解心中的不满。10 月 3 日，张某在得知李某出去旅游的情况下，撬开李某居住的房屋。找到李某的日记本，在日记本上留言，发泄自己的不满。同时，寻找两人在一起时的纪念品，并随处丢弃。李某回家后，发现自己的房门被撬，随即报警。经过公安机关调查，发现张某有重大嫌疑。逮捕张某后，张某如实供述了自己的罪行。随后，张某被判处非法侵入住宅罪。

20　　年

　　月　　日

星期

天气

法律分析

我国宪法规定，公民的住宅不受侵犯。宪法赋予公民住宅安全权。公民的住宅是公民生活、学习的场所，住宅是否受到保障，直接影响公民其他基本权利的实现。宪法上住宅的概念是广义的概念，不仅包括公民生活用的住宅，还包括工作场所、宿舍等。住宅安全权保障公民的私生活空间，禁止非法搜查或者非法侵入公民的住宅。当然，为了维护公共利益的需要，也可以对公民的住宅安全权进行限制，如为了搜集犯罪证据、查获犯罪人，在出示搜查证的条件下，可以对公民的住宅进行搜查。这是对公民住宅权的合理限制，不侵犯住宅安全权的本质内容。

《中华人民共和国宪法》第三十九条　中华人民共和国公民的住宅不受侵犯。禁止非法搜查或者非法侵入公民的住宅。

典型案例

某市税务部门经税收大数据分析发现网络主播黄某涉嫌偷逃税款。2019~2020 年，其通过隐匿个人收入、虚构业务转换收入性质虚假申报等方式偷逃税款 6.43 亿元，其他少缴税款 0.6 亿元。在税务调查过程中，黄某配合并主动补缴税款 5 亿元，同时主动报告税务机关尚未掌握的涉税违法行为。

20　　年

　　月　　日

星期

天气

法律分析

纳税义务是根据宪法和法律规定，公民必须履行的向国家缴纳一定税款的责任。税收是国家组织财政收入的重要途径，为实现国家职能提供了财力上的保证。其特点是具有强制性和无偿性，是国家财政收入的重要来源之一。有国必有税。税收是取之于民、用之于民的，国家通过税收实现全体人民的根本利益。公民在享受国家提供的服务的同时，必须承担义务，自觉诚实纳税。因此，我国公民依法纳税，既是履行自己应尽的义务，也是对国家、对社会的一种贡献。本案中，黄某采取非法手段，偷逃应缴税款，违反了法律规定，应当予以处罚。

《中华人民共和国刑法》第二百零一条第一款　纳税人采取欺骗、隐瞒手段进行虚假纳税申报或者不申报，逃避缴纳税款数额较大并且占应纳税额百分之十以上的，处三年以下有期徒刑或者拘役，并处罚金；数额巨大并且占应纳税额百分之三十以上的，处三年以上七年以下有期徒刑，并处罚金。

典型案例

张三和李四是同村村民，张三经营一家蔬菜店，李四跑长途货物运输。张三和李四口头商定：由李四将新鲜蔬菜 3500 公斤运到某车站。商定的当天，张三将蔬菜交给李四运输，并交了 7741 元给李四的经办人王五。王五收到该款后出示收款收据。当李四运输的该批蔬菜到达终点站时，当地车站检查发现集装箱调温机不工作。交货时，该批蔬菜全部腐烂。张三向法院提起诉讼，要求李四赔偿损失 421，582 元并退回运费 7741 元。李四辩称：我与张三订立的运输合同因为没有采取书面形式而是口头形式，因此该合同并没有成立，要求法院驳回张三的起诉。

20　　年

　　月　　日

星期

天气

法律分析

依据有关法律规定，当事人订立合同，可以采用书面形式、口头形式或其他形式。在本案中，张三和李四订立的蔬菜运输合同尽管采用了口头形式，但这并不违反法律对于合同订立形式的规定，并且该合同是二人在协商一致、意思表示真实的基础上订立的，内容也没有违反法律、法规的规定，因此该蔬菜运输合同成立且生效，二人应依据合同约定履行义务。由于张三依据约定已将所运的蔬菜及运费共计 7741 元交给李四的经办人王五，并且王五的经营活动应由李四承担民事责任，所以李四应对承运的蔬菜腐烂承担赔偿责任。

《中华人民共和国民法典》第四百六十九条第一款　当事人订立合同，可以采用书面形式、口头形式或者其他形式。

典型案例

张某向同村罗某借钱做生意，共积欠罗某 80 万元债务。在罗某向张某主张偿还债务期间，张某将自己名下的房屋以市场价 120 万元卖给同村李某，并将该卖房款继续投入经营，损失殆尽。罗某以张某与李某恶意串通转移资产为由，提起债权人撤销权诉讼，请求撤销张某与李某签订的买卖合同。

20　　年

　　月　　日

星期

天气

法律分析

依据《中华人民共和国民法典》的规定，因债务人放弃到期债权或者无偿转让财产，对债权人造成损害的，债权人可以请求法院撤销债务人的行为。债务人以明显不合理的低价转让财产，对债权人造成损害，并且受让人知道该情形的，债权人也可以请求人民法院撤销债务人的行为。在本案中，李某购房价格的确定及支付均符合市场行情和法律规定，买受价格也属合理，不存在不合理低价的情形。因此，罗某的诉讼请求不符合债权人撤销权行使的条件，不应支持。

《中华人民共和国民法典》第五百三十八条　债务人以放弃其债权、放弃债权担保、无偿转让财产等方式无偿处分财产权益，或者恶意延长其到期债权的履行期限，影响债权人的债权实现的，债权人可以请求人民法院撤销债务人的行为。

典型案例

王某在 2021 年 5 月 31 日与某汽车销售公司签订了客车买卖合同，打算承包该村到市中心的某公交运营线路跑客运。王某于合同签订当日向某汽车销售公司交付购车定金 16 万元，并于同年 6 月 27 日通过银行汇款的方式向某汽车销售公司支付购车款 60 万元。2021 年 9 月 16 日，某汽车销售公司告知王某及时办理提车手续并将车款全额付清。由于王某申请的某公交运营线路没审批下来而未能取得营运手续，因此，其向某汽车销售公司提出解除买卖合同，返还购车款。

法律分析

王某在违约的情况下，能否解除客车买卖合同？首先，现行法并未明确禁止违约方解除合同的权利。一般来讲，合同是当事人之间的契约，按约履行合同除囿于法律规定的约束外，很大程度上还要取决于当事人的自愿。在合同一方当事人不愿意继续履行合同时，虽然有强制履行的制度设定，但强制履行显然不可能适用于所有不自愿履行的情形。因此，在法律没有明确禁止违约方行使合同解除权的情形下，违约方主张解除合同的权利不应完全予以排斥。在本案中，王某未取得营运手续，双方的合作基础已经丧失，应允许其解除合同。

《中华人民共和国民法典》第五百八十条第一款 当事人一方不履行非金钱债务或者履行非金钱债务不符合约定的，对方可以请求履行，但是有下列情形之一的除外：（一）法律上或者事实上不能履行；（二）债务的标的不适于强制履行或者履行费用过高；（三）债权人在合理期限内未请求履行。

典型案例

2020 年，法院生效判决判令解除王某与甲公司所签订的商品房买卖合同，王某将已交付的房屋返还给甲公司，甲公司将相应的购房款返还给王某。由于甲公司一直没有返还购房款，所以王某拒绝腾房。2022 年 3 月，甲公司将涉案房屋卖给周某，并协助周某办理了房屋产权证。2022 年 4 月，周某诉请王某腾房。王某以甲公司未返还购房款拒绝腾房。

20□□年

□□月□□日

星期

天气

法律分析

本案中，生效判决解除了王某与甲公司之间的房屋买卖合同关系，王某对涉案房屋既不享有所有权，也无基于买卖合同关系的合同债权，因此负有腾退涉案房屋的义务；但是，王某履行腾房义务需与开发公司对生效判决的履行同时进行。在甲公司未向王某履行生效判决所确定的关于购房款的返还义务时，即无法确定王某应履行腾房义务的到期日，继而不能认定王某已对涉案房屋构成无权占有。所以，周某虽系涉案房屋登记产权人，但其要求王某腾退涉案房屋尚不具备条件，法院难以支持其相关诉讼请求。

《中华人民共和国民法典》第五百六十六条　合同解除后，尚未履行的，终止履行；已经履行的，根据履行情况和合同性质，当事人可以请求恢复原状或者采取其他补救措施，并有权请求赔偿损失。

合同因违约解除的，解除权人可以请求违约方承担违约责任，但是当事人另有约定的除外。

主合同解除后，担保人对债务人应当承担的民事责任仍应当承担担保责任，但是担保合同另有约定的除外。

典型案例

承租人甲公司与出租人乙在 2021 年 3 月 29 日就涉案厂房签订租赁合同，租赁期自 2021 年 5 月 1 日至 2026 年 4 月 30 日，年租金 23 万元。该厂房未办理合法的规划审批手续，系无证建筑。合同签订后，甲公司如期装修并进行生产经营。后涉案厂房列入动迁范围，甲公司因拆迁无法继续经营，认为搬迁期间不应承担租金。乙诉请法院请求甲公司支付租金，甲公司提出反诉，要求乙承担装修补偿等费用。

20　　年

　　月　　日

星期

天气

法律分析

合同只有在当事人具有相应的行为能力，意思表示真实，不违反法律、行政法规的强制性规定或者不违背公序良俗时才有效，违反则属于无效合同。在本案中，由于涉案争议的租赁房屋是无证建筑，合同双方就该违法租赁标的物签订的租赁合同应属无效。房屋租赁合同无效，当事人请求参照合同约定的租金标准支付房屋占有使用费的，法院一般予以支持。对于甲公司请求乙赔偿其装修损失的请求，应综合考虑双方对合同无效的过错程度、对甲公司造成的实际损失以及双方对合同的实际履行情况等酌情确定。

《中华人民共和国民法典》第一百五十七条　民事法律行为无效、被撤销或者确定不发生效力后，行为人因该行为取得的财产，应当予以返还；不能返还或者没有必要返还的，应当折价补偿。有过错的一方应当赔偿对方由此所受到的损失；各方都有过错的，应当各自承担相应的责任。法律另有规定的，依照其规定。

20　　年

　　月　　日

星期

天气

典型案例

成某与田某于 2019 年 11 月建立恋爱关系，2021 年 3 月双方解除恋爱关系。在恋爱期间，成某自 2019 年 11 月 4 日至 2021 年 1 月 31 日通过微信及 QQ 转账方式多次给田某转账共计 52, 438 元。成某以赠与附结婚条件而双方并未结婚，赠与条件未成就为由，要求田某返还赠与的 52, 438 元。

法律分析

赠与合同是赠与人将自己的财产无偿给予受赠人，受赠人表示接受赠与的合同。赠与财产的权利一旦转移，除非发生法律规定的事由，否则不得撤销。在本案中，成某主张对田某的赠与是以双方结婚为条件的赠与，但其提供的证据中并未有赠与款项系附结婚条件的内容， 且成某赠与田某的款项的数额及形式与本地以结婚为目的给付彩礼款的婚俗形式存在明显区别。因此，成某对田某的赠与系恋爱期间的一般赠与，并非附结婚条件的赠与，现赠与合同已经履行完毕，故成某不得要求田某返还赠与款项。

《中华人民共和国民法典》第六百五十八条　赠与人在赠与财产的权利转移之前可以撤销赠与。

经过公证的赠与合同或者依法不得撤销的具有救灾、扶贫、助残等公益、道德义务性质的赠与合同，不适用前款规定。

典型案例

韩某与宋某是夫妻关系，韩某海、韩某江、韩某河是二人的子女。2018年，韩某、宋某与韩某河签订赠与协议，约定由于韩某河对二人照顾较多，二人同意在生前将房产赠与韩某河。赠与协议签订后，韩某河为顾及二老感受，未及时要求将房屋过户。后来，韩某与宋某相继去世。2022年，韩某河要求韩某海、韩某江履行赠与协议，办理过户手续，但韩某海、韩某江主张二人并不清楚赠与协议的情况，并表示房屋三兄弟都有权继承，不同意将房屋过户到韩某河名下。于是，韩某河将韩某海、韩某江起诉到法院，要求他们履行赠与合同配合办理房屋过户手续。

20　　年

　　月　　日

星期

天气

法律分析

在一般情形下，赠与人在赠与财产的权利转移之前可以撤销赠与。因为在被继承人死亡后，继承人概括继承了被继承人的财产性权利和义务，对被继承人生前签订但尚未履行的赠与合同而言，继承人既继承了赠与人配合受赠人过户的义务，也继承了赠与人在一定条件下撤销赠与的权利。在本案中，由于韩某与宋某在世时未办理房产过户登记，且双方签订的赠与合同并未办理公证，因此韩某与宋某去世后，在韩某海、韩某江行使撤销权的情况下，韩某河就无权要求其他继承人继续履行赠与合同。

《中华人民共和国民法典》第六百五十八条　赠与人在赠与财产的权利转移之前可以撤销赠与。

经过公证的赠与合同或者依法不得撤销的具有救灾、扶贫、助残等公益、道德义务性质的赠与合同，不适用前款规定。

典型案例

李甲的银行交易明细记载：2021 年 4 月 4 日，由周某汇入 8 万元；2021 年 4 月 8 日，汇出 2 万元至李乙（李甲女儿），资金用途为“家用”。除此之外，上述期间，李甲的上述账号无其他资金往来。周某起诉李甲要求归还 8 万元借款及利息。李甲抗辩与周某之间不存在借贷，8 万元系周某委托李甲理财的款项。

20　　年

　　月　　日

星期

天气

法律分析

自然人之间借贷合同的成立与生效包括两个要素：一是出借人和借款人形成了借贷合意，即以书面或口头等形式表现出的民间借贷合同，证明双方就借贷事项达成一致意见；二是出借人支付了款项，完成了出借款项的义务。这两个要素须同时具备，缺一不可。在本案中，李甲对其抗辩的 8 万元系委托理财而非借贷的主张承担举证责任。李甲可以提供书面委托协议、理财相关的账户信息或者微信、短信等聊天记录来证明双方存在委托理财关系。但在本案中，李甲无法提供相关证据，因此可以结合其他证据最终认定双方存在借贷关系。

《中华人民共和国民法典》第六百六十八条　借款合同应当采用书面形式，但是自然人之间借款另有约定的除外。

借款合同的内容一般包括借款种类、币种、用途、数额、利率、期限和还款方式等条款。

典型案例

王某承租赵某的房屋，承租期间欲对外转租。曹某经人介绍认识王某，双方商定转让费等事宜后，在未签订租赁合同的情况下，曹某便投入资金装修房屋。装修过程中，赵某不同意转租双方议定的租金数额，提出须提高租金才能签合同。曹某虽然停止装修但已支出数万元装修费。为此，曹某起诉王某等要求赔偿装修损失等费用。

20　　年

　　月　　日

星期

天气

法律分析

房屋转租合同，是指房屋承租人将承租的房屋部分或者全部租赁给第三人，由第三人向承租人支付租金的合同。依据《中华人民共和国民法典》规定，承租人经出租人同意，可以将租赁物转租给第三人。承租人转租的，承租人与出租人之间的租赁合同继续有效。承租人未经出租人同意转租的，出租人可以解除合同。在本案中，承租人王某与次承租人曹某之间未签订房屋转租合同，由于出租人赵某不同意，使次承租人曹某不能依据合同约定占有使用房屋并遭受装修费用的损失，因此承租人王某应承担相应的赔偿责任。

《中华人民共和国民法典》第七百一十六条　承租人经出租人同意，可以将租赁物转租给第三人。承租人转租的，承租人与出租人之间的租赁合同继续有效；第三人造成租赁物损失的，承租人应当赔偿损失。

承租人未经出租人同意转租的，出租人可以解除合同。

典型案例

张某作为承租人与出租人李某签订房屋租赁合同，约定：承租人提前退租，应提前30日书面通知出租人，结清各项费用后，按月租金的200%支付违约金。在房屋租赁期间，张某欲解除合同，便通过微信向李某提出。但因支付违约金等事宜双方未达成一致意见，张某即直接搬离租住房屋，未办理交接手续，也未交还钥匙。后张某向法院提起诉讼，请求法院确认搬离房屋时租赁合同解除，并要求李某退还相应费用数千元。

20 年

  月 日

星期

天气

法律分析

合同解除，是指合同当事人一方或者双方依照法律规定或者当事人的约定，依法解除合同效力的行为。合同一旦签订生效，除非满足约定解除或法定解除条件而解除合同，否则合同双方当事人即应依据合同约定履行义务。在本案中，张某与李某签订的房屋租赁合同合法有效，双方应当按照合同约定履行义务。在房屋租赁期间，并未发生使张某可以解除合同的法定或约定事由，张某无权解除合同，应依据合同约定承担违约责任。

《中华人民共和国民法典》第七百二十二条 承租人无正当理由未支付或者迟延支付租金的，出租人可以请求承租人在合理期限内支付；承租人逾期不支付的，出租人可以解除合同。

典型案例

出租人刘某将其名下房屋出租给承租人牟某使用，双方签订租赁合同，约定房屋租赁期 12 个月。刘某依约将房屋交付牟某，牟某按照合同约定交纳了租金及押金。合同履行约 4 个月后，牟某以工作地点变动无法继续履行合同为由申请解除合同，刘某不同意解除合同。后牟某搬离涉案房屋，告知了刘某，并要求返还剩余租金及押金，刘某坚持合同应当继续履行完毕，拒不返还租金和押金。

20　　年

　　月　　日

星期

天气

法律分析

依据《中华人民共和国民法典》规定，当事人一方不履行非金钱债务或者履行非金钱债务不符合约定的，对方可以请求履行，但是有下列情形之一的除外：一是法律上或者事实上不能履行；二是债务的标的不适于强制履行或者履行费用过高；三是债权人在合理期限内未请求履行。在本案中，承租人牟某在合同履行期限内，因自身原因要求解除合同，违反了双方的约定，构成违约，应当承担违约责任。同时，因为房屋租赁合同本身的特性，要求承租人继续租赁使用房屋无异于限制其人身自由，显然不适于继续履行，所以对于出租人继续履行的请求不应支持。

《中华人民共和国民法典》第五百八十条第一款　当事人一方不履行非金钱债务或者履行非金钱债务不符合约定的，对方可以请求履行，但是有下列情形之一的除外：（一）法律上或者事实上不能履行；（二）债务的标的不适于强制履行或者履行费用过高；（三）债权人在合理期限内未请求履行。

典型案例

张某与常某签订房屋租赁合同，约定将房屋出租给常某使用，合同约定租赁期限为 2 年，并同意承租人对外转租。合同还约定了租金数额、违约责任等条款。合同履行中，张某在合同到期前 6 个月，通知常某到期后将不再续租，要求常某搬离涉案房屋。常某不同意，称双方实际商谈的租期是 6 年，但因张某要求分期签约才 2 年一签；常某已对房屋进行了大规模的装修，并且常某已与案外人签订长期租赁合同，如果合同按 2 年期计，期满腾让房屋，不仅其装修投入无法回本，还会导致其对很多次承租人的违约赔偿。

20　　年

　　月　　日

星期

天气

法律分析

租赁期限 6 个月以上的，应采用书面形式。当事人未采用书面形式，无法确定租赁期限的，视为不定期租赁。不定期租赁，当事人可以随时解除合同，但是应当在合理期限之前通知对方。因此，拟长期租赁的合同，当事人应当采用书面形式并明确约定租赁期限。在本案中，涉案房屋租赁合同约定合同期限为 2 年十分明确，该履行期限届满后，出租人不同意继续出租房屋，法院无法强制双方续约，因此，双方租赁关系只能终止。常某虽然抗辩实际租赁期限应为 6 年，但并没有任何证据加以证明，因此，只能根据双方之间的书面合同认定租赁合同履行完毕，常某须搬离涉案房屋。

《中华人民共和国民法典》第七百零七条　租赁期限六个月以上的，应当采用书面形式。当事人未采用书面形式，无法确定租赁期限的，视为不定期租赁。

典型案例

林某与鞠某双方签订的房屋租赁合同约定，鞠某居住期间，水、电、煤气、电器等设施如使用不当出现损坏或火灾由鞠某承担责任，但如房屋出现漏水、漏雨等问题，则由出租人林某负责修缮。在鞠某租住期间，某天凌晨，房屋厨房水管断裂漏水，致使楼下住户董某家中被水淹，对出租人林某的房屋也造成损害。林某赔偿了董某 15 万元后，向法院起诉鞠某要求赔偿，认为鞠某的行为同时给其房屋造成经济损失 3 万元，鞠某共计应该赔偿 18 万元。双方当事人对涉案房屋水管断裂漏水的原因产生争议，林某认为是鞠某使用不善所致，鞠某则称系水管年久失修所致。

20　　年

　　月　　日

星期

天气

法律分析

合同生效后，双方当事人应当按照合同约定全面履行义务。在房屋租赁合同中，依据《中华人民共和国民法典》的规定，承租人未按照约定的方法或没有根据租赁物的性质使用租赁物，致使租赁物受到损失的，出租人可以解除合同并请求赔偿损失。在本案中，鞠某否认水管断裂漏水的原因与其有关，根据“谁主张，谁举证”的原则，林某应当就其主张的“鞠某使用不善所致”提供证据予以证明。林某没有证据证明系鞠某使用不当导致水管断裂漏水，因此应由其自己承担水管断裂漏水导致的损失。

《中华人民共和国民法典》第七百一十一条　承租人未按照约定的方法或者未根据租赁物的性质使用租赁物，致使租赁物受到损失的，出租人可以解除合同并请求赔偿损失。

典型案例

出租人张某与承租人匡某签订租赁合同，约定租赁房屋租期 5 年，免租期 1 年，另对租金计算方式及支付方式等进行了约定。张某起诉称，匡某使用涉案房屋 3 年一直未交租金，多次催交，仍不交租金，所以请求解除合同，要求匡某交纳欠付租金并承担违约责任。匡某抗辩称，涉案房屋漏水，导致其不能使用，是张某违约在先，张某应承担违约责任，匡某未交租金是行使其先履行抗辩权。

20　　年

　　月　　日

星期

天气

法律分析

在房屋租赁合同关系中，提供适租的房屋是出租人的主要合同义务，而交纳租金则是承租人的主要合同义务。在本案中，出租人张某具有维修房屋的义务，但在出现漏水的情况下，承租人应积极告知出租人漏水的情况并通知其维修。如果出租人没有及时维修，承租人也可先行维修，由出租人承担维修费用。如果出租人未及时维修的后果足以影响房屋正常使用，足以影响承租人租赁合同的目的不能实现，则承租人可以提出解除合同。但承租人既使用租赁房屋又以此拒绝交纳租金，缺乏事实和法律依据，应承担相应的违约责任。

《中华人民共和国民法典》第七百一十三条　承租人在租赁物需要维修时可以请求出租人在合理期限内维修。出租人未履行维修义务的，承租人可以自行维修，维修费用由出租人负担。因维修租赁物影响承租人使用的，应当相应减少租金或者延长租期。

因承租人的过错致使租赁物需要维修的，出租人不承担前款规定的维修义务。

典型案例

吕某与徐某私交较好，吕某和徐某各有一辆小货车。2021 年 2 月 15 日中午，吕某在徐某家吃过饭后，要到市场运输货物。因吕某的车噪声较大，双方决定交换车辆，由吕某驾驶徐某的小货车，吕某将自己的小货车及车钥匙交给徐某。当天下午 6 时，徐某开着吕某的小货车并将该车停放在自家附近自己经常停车的公路上。第二天上午 10 时左右，徐某告知吕某，吕某的车被盗，徐某已于当日向公安局报案。公安局接警后，对吕某、徐某及相关证人进行询问，并立案侦查，此案至今未破。吕某与徐某因赔偿一事发生纠纷，吕某诉请法院判决徐某赔偿其损失。

20　　年

　　月　　日

星期

天气

法律分析

保管合同，是指保管人保管寄存人交付的保管物并返还该物的合同。在保管期间，因为保管人保管不善造成保管物损毁、灭失的，保管人应当承担损害赔偿责任，但如果保管是无偿的，则保管人只要证明自己没有重大过失，就不承担损害赔偿责任。在本案中，在吕某开走徐某的车辆，徐某也使用了吕某的车辆后，双方形成了事实上的保管合同关系。徐某将吕某的车辆放在无人管理的经常停车地点过夜存放，显属管理不当，应承担该车丢失 50% 的责任。引起该车丢失的原因是吕某的车坏后借用徐某的车而引起的，故吕某也应承担 50% 的责任。

《中华人民共和国民法典》第八百九十七条　保管期内，因保管人保管不善造成保管物毁损、灭失的，保管人应当承担赔偿责任。但是，无偿保管人证明自己没有故意或者重大过失的，不承担赔偿责任。

典型案例

马某将一套二手房委托中介公司挂牌出售，并与中介公司签订了居间合同。合同约定，马某委托中介公司为其提供居间服务，并约定了房屋最低售价。合同约定，委托人在委托期内私下与他人成交的，视作居间合同成立，应按房屋成交价格的 2.5% 计收中介服务费。居间合同签订后不久，中介公司发现马某与中介公司推荐的客户王某私下成交。经交涉，马某认为，房屋是其夫妻共有财产，自己以个人名义与中介公司签订的居间合同是无效合同，并以此为由拒付中介费。多次协商无果，中介公司将马某告上法庭，要求马某按居间合同的约定支付中介费。

20　　年

　　月　　日

星期

天气

法律分析

中介合同，是指中介人向委托人报告订立合同的机会或者提供订立合同的媒介服务，委托人支付报酬的合同。依据《中华人民共和国民法典》的规定，委托人在接受中介人的服务后，利用中介人提供的交易机会或者媒介服务，绕开中介人直接订立合同的，应当向中介人支付报酬。在本案中，委托人马某与中介公司签订的中介合同合法有效，双方当事人应当按照合同约定履行义务，但马某利用中介公司推荐的机会私下成交，违反了中介合同约定，依据《中华人民共和国民法典》第 965 条的规定，应当向中介人支付合同约定的报酬。

《中华人民共和国民法典》第九百六十五条　委托人在接受中介人的服务后，利用中介人提供的交易机会或者媒介服务，绕开中介人直接订立合同的，应当向中介人支付报酬。

典型案例

某小区顶层露台下水不畅，雨水渗入楼下业主陈某家中，造成陈某家厨房多处积水。陈某将顶层业主宣某和某物业管理公司诉至法院，要求赔偿相应损失。经查明，如果要进入露台，必须经过顶层业主宣某家。宣某房屋的房产证中的产权范围不包含露台，其购房合同及补充协议也未约定露台归其所有。诉讼中，陈某、宣某及某物业管理公司认为，相关主管部门在拆除其他住户露台的相关建筑设施时，有部分杂物掉落在宣某房屋外面的露台上，堵塞了该露台的下水管。发生漏水事件时，宣某在外地，某物业管理公司人员从其他住户进入涉案露台将存水释放。

20　　年

　　月　　日

星期

天气

法律分析

物业服务人应按照约定和物业的使用性质，妥善维修、养护、清洁、绿化和经营管理物业服务区域内的业主共有部分，维护物业服务区域内的基本秩序，采取合理措施保护业主的人身、财产安全。在本案中，宣某不是顶层房屋外面露台的所有权人，对该露台没有法定的维护、清扫义务。某物业管理公司对小区建筑物的公共部分，有管理、维护的义务。物业管理公司应当熟知自己所管理的物业的情况，应当预见大雨时有可能造成露台积水而发生渗漏的风险。物业管理公司没有及时处理露台杂物，在物业管理过程中存在过失，故对陈某有证据证明的合理损失应予赔偿。

《中华人民共和国民法典》第九百四十二条　物业服务人应当按照约定和物业的使用性质，妥善维修、养护、清洁、绿化和经营管理物业服务区域内的业主共有部分，维护物业服务区域内的基本秩序，采取合理措施保护业主的人身、财产安全。

对物业服务区域内违反有关治安、环保、消防等法律法规的行为，物业服务人应当及时采取合理措施制止、向有关行政主管部门报告并协助处理。

典型案例

某小区业主委员会与某物业公司签订物业服务合同。在物业公司接管小区之初，业主委员会曾委托某物业服务评估监理公司对小区状况进行评估。评估报告的结论为：小区交付使用至今已近15年，由于日常维护保养不当，项目共用部位破损情况较为普遍，共用设施设备组件均已出现不同程度的老化、失效，经年损耗现象尤为突出且明显……电梯系统、安全防范等9项查验项目均不合格。鉴定报告附有大量现状问题的照片。业主苏某以某物业公司的服务质量没有达到物业合同约定的服务标准、物业服务存在重大瑕疵为由拒交物业费。某物业公司起诉业主苏某，要求其交纳物业费。

20　　年

　　月　　日

星期

天气

法律分析

物业服务合同双方当事人应当按照合同约定履行各自的义务。在本案中，业主苏某称某物业公司在提供物业服务的过程中，并未达到双方约定的物业服务标准，出现物业服务问题。但根据小区业主委员会委托的第三方评估监理公司出具的物业项目交接查验评估报告可以看出，案涉小区在某物业公司入驻之前已存在物业设施老化、失效等诸多问题。某物业公司入驻案涉小区后，已积极履行维护和整改义务。因此，苏某所主张的小区物业服务尚存在诸多问题的理由不能成为其少交或不交物业费的合理理由。

《中华人民共和国民法典》第九百四十二条　物业服务人应当按照约定和物业的使用性质，妥善维修、养护、清洁、绿化和经营管理物业服务区域内的业主共有部分，维护物业服务区域内的基本秩序，采取合理措施保护业主的人身、财产安全。

对物业服务区域内违反有关治安、环保、消防等法律法规的行为，物业服务人应当及时采取合理措施制止、向有关行政主管部门报告并协助处理。

典型案例

某物业公司与某小区业主委员会签订了物业服务合同。业主刘某认为自己的房屋与开发商宣传的样板间存在差异。开发商宣传的和其参观的房屋带有阁楼，但交付的房屋是闷顶。开发商虚假宣传欺骗其购房，导致其未完成房屋验收交接。刘某据此认为，按照合同约定，物业费应由开发商交纳，因此拒绝向某物业公司交纳物业费。某物业公司起诉业主刘某，要求其交纳物业费。

20　　年

　　月　　日

星期

天气

法律分析

物业服务合同与房屋买卖合同是两个独立的合同，两个合同中分别约定的权利义务通常情形下并无牵连关系。物业服务合同中的当事人通常不能以房屋买卖合同的履行瑕疵来对抗其在物业服务合同中的对方当事人。在本案中，某物业公司与业主刘某之间已经形成了物业服务合同关系。在某物业公司已经为涉案小区提供了物业服务的情况下，其有权收取物业费。刘某主张开发商交付的涉案房屋不合格、未完成房屋验收交接等问题，均为刘某与开发商之间的纠纷，属于另一法律关系，而不能成为其拒绝向某物业公司支付物业费的理由。

◇◇◇

《中华人民共和国民法典》第九百三十七条　物业服务合同是物业服务人在物业服务区域内，为业主提供建筑物及其附属设施的维修养护、环境卫生和相关秩序的管理维护等物业服务，业主支付物业费的合同。

物业服务人包括物业服务企业和其他管理人。

典型案例

业主何某将其车辆停放在小区非停车位处，该小区的物业管理中心未向何某收取单独的车辆管理费。在车辆停放期间，小区内的流浪狗将何某车辆的叶子板和保险杠咬坏。何某以物业管理中心未尽到驱赶小区流浪狗的责任和义务，致使其小轿车被流浪狗咬坏为由，向法院起诉，要求物业管理中心赔偿修车费用。

20　　年

　　月　　日

星期

天气

法律分析

在物业服务合同中约定财物保管服务的，在发生财物丢失或毁损时，业主可以要求物业服务人承担相应的赔偿责任；没有约定财物保管服务的，但物业服务人在其职责范围内未尽到安全防范义务或未配置应有的安全防范设备，对财物丢失或毁损有过错的，业主可以要求物业服务人承担与其过错相适应的赔偿责任。在本案中，因某物业管理中心未收取车辆管理费，对小区内停放的车辆仅具有一般管理义务，而何某主张的流浪狗造成其停放在小区非停车位处的车辆损坏，超出某物业管理中心应尽的一般管理义务，因此，何某要求赔偿修车费的诉讼请求于法无据，不应支持。

《中华人民共和国民法典》第九百四十二条　物业服务人应当按照约定和物业的使用性质，妥善维修、养护、清洁、绿化和经营管理物业服务区域内的业主共有部分，维护物业服务区域内的基本秩序，采取合理措施保护业主的人身、财产安全。

对物业服务区域内违反有关治安、环保、消防等法律法规的行为，物业服务人应当及时采取合理措施制止、向有关行政主管部门报告并协助处理。

典型案例

养殖户杨某与饲料公司签订买卖合同，约定饲料公司先向杨某提供饲料200吨，杨某收到全部饲料后付款。饲料公司在向杨某提供饲料20吨后，发现市场生猪价格大跌，担心杨某不能及时付款，遂要求杨某先付款，其再提供饲料。杨某拒绝并要求饲料公司继续履行合同。

20　　年

　　月　　日

星期

天气

法律分析

先履行抗辩权，是指合同双方当事人互负债务并有先后履行顺序的，后履行一方在对方履行之前或不适当履行时，拒绝对方向自己提出的履行要求的权利，其是后履行方的权利。在本案中，杨某以饲料公司未履行在先提供饲料义务为由行使先履行抗辩权，符合《中华人民共和国民法典》第526条规定的先履行抗辩权行使条件，应予支持。

《中华人民共和国民法典》第五百二十六条　当事人互负债务，有先后履行顺序，应当先履行债务一方未履行的，后履行一方有权拒绝其履行请求。先履行一方履行债务不符合约定的，后履行一方有权拒绝其相应的履行请求。

典型案例

某村村民张某自制竹制品，为拓展销路，于 2021 年 5 月向邻村某水果种植大户李某提供装水果用的竹筐 50 个试用，报价单载明单价为每个 45 元，备注栏明确“此报价为最终报价，按此价格签订合同后，之前所送 50 个竹筐不计任何费用，如合同未签订，50 个竹筐按 80 元结算”。试用期满，李某并未与张某签订买卖合同，李某以手机短信形式向张某确认了约定试用期每个竹筐 80 元的事实。2022 年，张某诉请李某支付试用品使用费 4000 元。

20 年

月 日

星期

天气

法律分析

试用买卖合同属于特种买卖合同，是指当事人双方约定于合同成立时，出卖人将标的物交付买受人试验或者检验，并以买受人在约定期限内对标的物的认可为生效要件的买卖合同。在本案中，张某与李某之间所形成的试用买卖合同关系是双方当事人真实意思表示，且未违反法律、行政法规禁止性规定，合法有效。张某提供的报价单备注栏中明确试用期免费试用承诺是附条件的，即免费试用条件是签订正式买卖合同，因试用期满后双方业务关系终止，并没有订立书面合同，因此免费试用条件并未成就，应根据合同约定支付使用费。

《中华人民共和国民法典》第六百三十九条 试用买卖的当事人对标的物使用费没有约定或者约定不明确的，出卖人无权请求买受人支付。

典型案例

某村村民张某与邻县李某在 2021 年签订农用车买卖合同，约定张某出售自己的农用车给李某，所有权自李某付清价款时转移；如李某未履行支付价款义务，则标的物属张某所有。李某预付 2 万元后，收到价值 20 万元的农用车。2022 年，因李某未依约付余款 18 万余元，张某依买卖合同中所有权保留条款诉请确认其对车辆享有所有权，并要求取回车辆，同时要求李某偿付车辆折价损失、取回费用等。

20 年

月 日

星期

天气

法律分析

所有权保留，是指在移转财产所有权的商品交易中，根据法律的规定或者当事人的约定，财产所有人移转标的物的占有于对方当事人，但仍保留其对该财产的所有权，待对方当事人支付部分或全部价款，或完成特定条件时，该财产的所有权才发生移转的一种法律制度。在本案中，张某与李某签订的买卖合同，约定的标的物所有权转移条款，即合同标的物所有权自李某付清价款时转移，李某未履行支付价款义务的，标的物属张某所有，符合法律规定，合法有效。张某有权在取回设备时要求李某一并偿付，并可要求将相应取回费用从张某应返还李某的价款中扣除。

《中华人民共和国民法典》第六百四十二条 当事人约定出卖人保留合同标的物的所有权，在标的物所有权转移前，买受人有下列情形之一，造成出卖人损害的，除当事人另有约定外，出卖人有权取回标的物：（一）未按照约定支付价款，经催告后在合理期限内仍未支付；（二）未按照约定完成特定条件；（三）将标的物出卖、出质或者作出其他不当处分。

出卖人可以与买受人协商取回标的物；协商不成的，可以参照适用担保物权的实现程序。

典型案例

某村村民王某与供电公司签订供电合同，约定供电公司于 2016 年 12 月 1 日开始向王某提供供电服务。从 2020 年 11 月至 2021 年 11 月王某没有按约支付电费。在王某逾期支付电费期间，供电公司多次催告无果，遂于 2021 年 12 月 1 日在提前通知王某的前提下中止供电。此次断电导致王某经营的民宿不能正常经营，王某遂向供电公司主张赔偿损失，供电公司提出反诉，要求王某支付电费和违约金。

20　　年

　　月　　日

星期

天气

法律分析

支付电费是用电人的主要义务，用电人应按照国家有关规定和合同的约定及时支付电费。用电人逾期不支付电费的，应承担迟延支付的违约责任。如果双方就迟延支付电费约定了违约金，则用电人应当支付违约金。但是，供电人不能因用电人逾期不支付电费而直接断电。在本案中，王某违反供电合同约定逾期支付电费，应承担违约责任；而供电公司在中止供电之前依据法律规定履行了催告和事先通知义务，对于王某因中止供电导致的损失无须承担责任。因此，法院支持了供电公司主张的支付电费并赔偿违约金的请求。

《中华人民共和国民法典》第六百五十四条　用电人应当按照国家有关规定和当事人的约定及时支付电费。用电人逾期不支付电费的，应当按照约定支付违约金。经催告用电人在合理期限内仍不支付电费和违约金的，供电人可以按照国家规定的程序中止供电。

供电人依据前款规定中止供电的，应当事先通知用电人。

典型案例

张某因修缮自家住宅向邻居田某借款 60 万元，妻子王某以及亲戚李某为张某的债务清偿提供连带责任保证。2022 年，因张某逾期未能清偿借款，田某向法院起诉请求张某按照约定还款，同时请求李某、王某承担保证责任。王某以李某虚假签名为由诉请免除保证责任。

20　　年

　　月　　日

星期

天气

法律分析

保证合同是为保障债权的实现，保证人和债权人约定，当债务人不履行到期债务或者发生当事人约定的情形时，保证人履行债务或者承担责任的合同。在本案中，李某在保证合同上虚假签名，并不影响张某与王某之间的保证合同效力。并且，王某也并未提供证据证明其提供的保证依赖于另一保证人李某的保证，而王某所担保的张某正是其丈夫，张某的债务与王某更具利益直接相关性，因此王某无权主张免除保证责任。王某以其代偿还主债务后不能对李某行使追偿权为由对抗田某诉求，于法无据。

《中华人民共和国民法典》第六百八十一条　保证合同是为保障债权的实现，保证人和债权人约定，当债务人不履行到期债务或者发生当事人约定的情形时，保证人履行债务或者承担责任的合同。

典型案例

姜某于2017年承包经营某砖瓦厂。陈某于2017年向姜某汇款25万元，但未参与该厂经营活动。2018年，姜某向陈某出具投资证明，证明中载明：陈某投资某砖瓦厂25万元，如果某砖瓦厂复垦拆迁，则对全额款项按拆迁比例分成。后该砖瓦厂因复垦拆迁而停产。2021年11月，姜某陆续通过某村委会领取了310余万元补偿款，其未向陈某结账还款。陈某遂主张返还投资款25万元及收益50万元。

20　　年

　　月　　日

星期

天气

法律分析

合伙合同是两个以上合伙人为了共同的事业目的，订立的共享利益、共担风险的协议。在本案中，虽然陈某主张其向姜某汇款25万元是基于双方之间的合伙合同而交付的，但其并没有提交相关合伙协议或举证证明双方存在合伙约定，也没有证据证明双方共同经营、管理砖瓦厂并进行过合伙分成和共担债务的事实，故应认定陈某向姜某支付的款项名为合伙经营出资实为借款。因此，姜某应向陈某返还借款，但无须支付收益。

《中华人民共和国民法典》第九百六十七条　合伙合同是两个以上合伙人为了共同的事业目的，订立的共享利益、共担风险的协议。

典型案例

某小区业主委员会与某物业公司签订物业委托合同，合同约定：委托管理期限 3 年。合同期满后，业主委员会没有将续聘或解聘物业公司的意见通知物业公司，且没有选聘新的物业服务人的，如果物业公司继续服务，那么视为此合同自动延续，直到业主委员会与物业公司续签合同或选聘了新的物业服务人时止。在该合同约定的管理期限届满后，发生了上述合同约定的情形，因此某物业公司要求业主张某交纳物业费。但张某认为，某小区业主委员会与某物业公司签订的物业委托合同到期后未及时选聘新的物业公司，不能视为自动续约，故其拒绝交纳合同期满后的物业费。

20　　年

　　月　　日

星期

天气

法律分析

业主委员会与业主大会依法选聘的物业服务人签订的物业服务合同，对业主具有约束力。业主应当按照约定向物业服务人支付物业费。在本案中，业主委员会与业主大会依法选聘的物业服务人签订的物业服务合同约定的 3 年委托管理期限虽已届满，但物业管理公司继续在该小区进行物业管理服务工作，业主委员会没有将续聘或解聘的意见通知某物业管理公司，且没有选聘新的物业服务人，故按照合同约定，上述合同已自动延续。某物业管理公司对涉案房屋提供了物业服务管理行为，张某获得了某物业管理公司为其提供的物业服务。张某作为接受物业服务的一方，应交纳相关费用。

《中华人民共和国民法典》第九百四十七条　物业服务期限届满前，业主依法共同决定续聘的，应当与原物业服务人在合同期限届满前续订物业服务合同。

物业服务期限届满前，物业服务人不同意续聘的，应当在合同期限届满前九十日书面通知业主或者业主委员会，但是合同对通知期限另有约定的除外。

典型案例

小丁出生于1985年，他的父母在一起已将近40年了。小丁盘算给父母过一个40周年结婚纪念日。在跟父亲就此闲聊时，小丁才得知，父母当年结婚时，只按照村里习俗举办过婚礼，并未在民政部门办理结婚登记。小丁当场提出父母应该去补办个登记，作为纪念。父亲则回道：这么大年纪了，没必要！事后，小丁跟身边的朋友又说起此事。朋友善意提醒道：按照我国的法律规定，没有办理结婚登记只能算“非法同居”，当事人之间不存在合法的婚姻关系。将来老人百年后，子女继承等都是问题。小丁这下着急了，真会这样吗？

20　　年

　　月　　日

星期

天气

法律分析

根据我国法律规定，结婚行为生效的要件之一，就是双方当事人办理结婚登记。但是，在20世纪90年代以前，也曾有过例外。当时，我国司法实践在一定范围内认可“事实婚姻”，使之在民事领域具有合法婚姻的效力。但是，在婚姻登记制度逐步建立之后，以1994年2月1日民政部《婚姻登记管理条例》的颁行为节点，“事实婚姻”就不再被承认。本案中，小丁父母的“夫妻”共同生活关系应在1986年之前，早于1994年。因此，二老之间存在“事实婚姻”，即使未办理结婚登记，其彼此之间的权利义务关系都如同合法婚姻中的夫妻。

《中华人民共和国民法典》第一千零四十九条　要求结婚的男女双方应当亲自到婚姻登记机关申请结婚登记。符合本法规定的，予以登记，发给结婚证。完成结婚登记，即确立婚姻关系。未办理结婚登记的，应当补办登记。

典型案例

小马与小刘经人介绍结婚，婚前的感情基础并不牢固。婚后五六年，小刘一直没有生养，小马的父母对其多有抱怨，小马也一直冷眼相待。小刘无法忍受这种冷暴力，于是离家出走。听人说，小刘是去外地务工了，但小马一直联系不上。又过了五六年，小马和同村的另一个姑娘小张日久生情，打算结婚。可是，他之前和小刘领过结婚证，这下就犯了难：若离婚，联系不上小刘，没法办理离婚事宜；若不离婚，没法再与小张领取结婚证。小马该怎么办？

20　　年

　　月　　日

星期

天气

法律分析

根据我国法律规定，离婚包括协议离婚、诉讼离婚两种途径。诉讼离婚通常指“判决离婚”，无须夫妻双方同意，只需向法院起诉，并满足“感情破裂”等实体法标准即可。感情破裂有很多种情形，其中之一是夫妻“因感情不和分居满二年”。本案就属于此种分居的情形。因此，本案小马可以考虑的第一条途径，就是直接以该条规定为由向人民法院诉请离婚。如果无法联系上小刘，小马仍可以正常起诉，不过，届时人民法院须以公告送达的方式，向“下落不明”的小刘送达诉讼文书。此外，小马还有另一条间接离婚的途径，即先宣告小刘失踪再向法院起诉离婚。

《中华人民共和国民法典》第一千零七十九条第四款　一方被宣告失踪，另一方提起离婚诉讼的，应当准予离婚。

典型案例

小孙最近很苦恼，因其偶然发现，自己辛辛苦苦抚养多年的“儿子”，竟然是妻子小赵与王某所生，他被蒙在鼓里整整十年。小孙决定离婚。他想知道：他能够以儿子非亲生为由，主张与小赵离婚吗？如果离婚，他能够对小赵提出哪些赔偿？

20　　年

　　月　　日

星期

天气

法律分析

本案的情形根据通常的社会观念，应认为足以导致夫妻感情破裂。只要小孙可以证明，儿子并非其亲生，则其对孩子并不负有法定的抚养义务。其多年来实际支出的子女抚养费用，可以向小赵主张赔偿。另外，小孙多年来被蒙骗，遭受了严重的精神损害，故他还有权向小赵主张精神损害赔偿。此外，《中华人民共和国民法典》第1087条还规定，离婚分割夫妻共同财产时，应当“按照照顾子女、女方和无过错方权益的原则判决”。本案中，虽应适当予以女方照顾，但更应照顾无过错方即小孙。

《中华人民共和国民法典》第一千零九十一条　有下列情形之一，导致离婚的，无过错方有权请求损害赔偿：（一）重婚；（二）与他人同居；（三）实施家庭暴力；（四）虐待、遗弃家庭成员；（五）有其他重大过错。

典型案例

小徐与小蒋经人介绍认识，一见如故，很快萌生了结婚的念头。从“闪恋”到“闪婚”，二人才经历了不到三个月。然而，婚后小徐意识到，她与小蒋的婚姻缺乏坚实的感情基础，二人甚至不真正地了解对方。于是，她想到了离婚，并将该想法告诉朋友。朋友却说，《中华人民共和国民法典》新增了“离婚冷静期”制度，“闪离”可没以前那么容易啦！小徐不解：“离婚冷静期”是什么？它真的会阻碍自己离婚吗？

20　　年

　　月　　日

星期

天气

法律分析

《中华人民共和国民法典》第1077条针对协议离婚设置了“离婚冷静期”制度。设置“离婚冷静期”的目的不在于限制当事人的离婚自由，而在于让当事人避免一时冲动，审慎地考虑是否结束婚姻。如果在“离婚冷静期”结束以后，当事人仍欲摆脱婚姻关系，双方可以继续办理离婚登记手续。但是，“离婚冷静期”仅限制协议离婚，而不限制诉讼离婚。此外，如果小徐是因受胁迫而结婚或者小蒋未如实告知其重大疾病而申请撤销婚姻，同样不受“离婚冷静期”限制。

《中华人民共和国民法典》第一千零七十七条　自婚姻登记机关收到离婚登记申请之日起三十日内，任何一方不愿意离婚的，可以向婚姻登记机关撤回离婚登记申请。

前款规定期限届满后三十日内，双方应当亲自到婚姻登记机关申请发给离婚证；未申请的，视为撤回离婚登记申请。

典型案例

杨某经人介绍与高女士相识，半年后，两人领取了结婚证，并举办了婚礼。根据当地习俗，杨某的父母在婚前向高某给付彩礼现金28,888元，并向其赠送汽车一辆。可是，由于感情基础并不牢固，杨某与高某婚后矛盾不断，最终在一年后离婚。杨某的父母想知道：他们送出的彩礼还可以要回来吗？

20　　年

　　月　　日

星期

天气

法律分析

在法律层面，彩礼显然无法作为男女双方结婚行为的某种条件（如生效条件）。尽管彩礼无法直接影响结婚行为的效力，但是，两者在事实上存在紧密关联，彩礼依然具有当事人意思表示解释层面的法律意义。对于给予彩礼的一方当事人来说，倘若结婚行为并未完成，或者至少在日常观念上并未完成，那么，当事人给付彩礼的目的就落空了。在此种情形下，彩礼就应当予以返还。如果前述目的是部分落空，彩礼就应当被相应地部分返还。在本案中，鉴于双方结婚一年就离婚，杨某的父母请求返还部分彩礼可能会得到支持。

《中华人民共和国民法典》第一千零四十二条第一款　禁止包办、买卖婚姻和其他干涉婚姻自由的行为。禁止借婚姻索取财物。

典型案例

刘某与女孩王某经人介绍相识不久就确定了恋爱关系。两人先是同居，继而订婚。但是，因种种矛盾，双方最终和平分手。刘某与王某都在县城上班，有稳定的收入。在同居的大约两年时间里，刘某的收入主要用于双方的日常开销，王某的收入则攒下来买了一辆小汽车，登记在王某名下，主要由刘某开。刘某认为，对王某的小汽车自己也有一半的权利。这种说法成立吗？

20　　年

　　月　　日

星期

天气

法律分析

非婚同居关系明显不同于婚姻关系。非婚同居一方当事人的工资、奖金、生产经营收益等各种收入，原则上仍为各方单独所有，而非共同所有。作为例外，只有双方在同居期间共同购置的财产或者共同经营所得的收入，才能够被认定为双方共有。就本案而言，刘某如果能够证明，其和王某有共同购置小汽车的意思，如双方存在刘某的收入用于日常花销、王某的收入用于购置小汽车的约定，则小汽车应被认定为双方共同购置的财产，由双方共有，刘某有权分得相应的份额。

最高人民法院《关于适用〈中华人民共和国民法典〉婚姻家庭编的解释（一）》第二十二条　被确认无效或者被撤销的婚姻，当事人同居期间所得的财产，除有证据证明为当事人一方所有的以外，按共同共有处理。

典型案例

张先生与李女士是夫妻关系。结婚时，按照当地习俗，男方买房、女方买车，本来相安无事。但生完孩子后，李女士从多种渠道了解到，他们家这种买房买车的情形，一旦日后婚姻破裂，女方在财产方面将遭受很大的不利。于是，劝说张先生在婚前就全款购买的房产上加上了自己的名字。房产证上载明的产权状态为“按份共有”，但并未注明具体的份额。李女士还是不放心，她多方打听，想知道：万一将来离婚，自己对该房屋享有何种权利？

20　　年

　　月　　日

星期

天气

法律分析

《中华人民共和国民法典》第658条所确立的一般规则是，一旦赠与合同履行完毕，原则上就不能撤销。在司法实践中，从部分地区高级人民法院的规定来看，一方面，法院会认为，夫妻之间的赠与合同一旦履行，即不能撤销；另一方面，以“加名”为代表的赠与行为会形成一份夫妻共同财产。而且，在分割该夫妻共同财产时，依然会考虑出资多少、婚姻存续期间长短等因素，对出资较多的一方适当多分。

上海市高级人民法院《关于审理婚姻家庭纠纷若干问题的意见》（2007年）第13条　夫妻一方婚前出资购置房屋，权利登记在双方名下的，为夫妻双方共有财产。如未约定按份共有，可认定共同共有，但在离婚分割该房产时，出资一方可适当多分。

典型案例

张先生在与李女士结婚前已经全款购买婚房，婚后二人共同居住。但是，在李女士孕期，张先生出轨了。李女士得知此事时，两人的孩子小张已经出生。为了家庭，李女士选择了原谅。但是她提出一个条件：张先生应当在婚房上面加上她和小张的名字。张先生答应了，当场写下一份保证书：自愿在共同居住的婚房上加上李女士和小张的名字，绝不反悔。之后，房产“加名”的事被耽搁下来。然而，没过一年，张先生又出轨了。李女士心灰意冷，决定离婚。她要求张先生履行之前的加名约定，遭到拒绝。李女士的主张成立吗？

20　　年

　　月　　日

星期

天气

法律分析

在房屋是夫妻一方的个人财产的情形下，实务中常见的房屋“加名”约定性质上属于夫妻一方对另一方（以及子女等其他家庭成员）的赠与。而我国法律关于赠与合同可执行性的一般规则是：除少数例外，在实际履行之前，赠与人有权任意撤销赠与；而一旦实际履行，赠与人无权撤销赠与。在此，一个有待解释的问题是夫妻之间的赠与，是否属于“依法不得撤销的……道德义务性质的赠与”。主流意见认为，夫妻间赠与仍应遵守一般规则，在未履行之前可以撤销。在本案中，张先生可以撤销赠与合同；而一旦赠与合同被撤销，李女士和小张就无权请求房屋“加名”。

《中华人民共和国民法典》第六百五十八条　赠与人在赠与财产的权利转移之前可以撤销赠与。

经过公证的赠与合同或者依法不得撤销的具有救灾、扶贫、助残等公益、道德义务性质的赠与合同，不适用前款规定。

典型案例

刚刚结婚的曹先生与刘女士希望找些办法"加固"自己的婚姻。听朋友说，现在年轻人结婚都喜欢签订"忠诚协议"，即约定如果一方在婚内出轨，其就会面临惩罚。两人觉得这是个好主意，拟订了如下条款："（一）两人永远相爱，任何人不得提出离婚；（二）两人相互忠诚，任何人不得出轨；（三）如有一方违反，分手时须净身出户，自动丧失子女抚养权。"两人想知道：他们订立的"忠诚协议"会得到法律的承认吗？

20　　年

　　月　　日

星期

天气

法律分析

本案中，曹先生与刘女士订立的"忠诚协议"是无效的。其一，"任何人不得提出离婚"的条款剥夺了民事主体的婚姻自由，明显违反了法律的强制性规定。其二，"自动丧失子女抚养权"的条款也违反了关于亲子关系的法律规定。退一步说，即使本案中夫妻双方仅约定了"相互忠实"的义务，但违反该义务时必须承担高额的金钱赔偿（如"净身出户"），法院也可以根据违约方的过错程度、受害方的受损程度、家庭的经济状况等实际因素酌情调减赔偿的数额。

◇◇◇

《中华人民共和国民法典》第一千零四十三条 家庭应当树立优良家风，弘扬家庭美德，重视家庭文明建设。

夫妻应当互相忠实，互相尊重，互相关爱；家庭成员应当敬老爱幼，互相帮助，维护平等、和睦、文明的婚姻家庭关系。

典型案例

小曹遇到一件纠结的事情：他和女友小马已经看好了一处婚房，如果按揭购买，则首付款需要 50 万元。这笔钱，他的父母已经答应赞助。但是，小曹的一个朋友悄悄建议，购房合同最好在结婚之前签订，首付款也要由父母在结婚之前打款，如此，小曹父母给的首付款在法律上就是小曹的个人财产；如果这笔钱是婚后才到账，则会被认定为对小曹和小马两人的赠与，进而成为两人的夫妻共同财产。简单地说，给钱的时间点非常重要。小曹很纠结，想知道：根据我国法律规定，父母赞助购房款的时间点真的这么重要吗？

20　　年

　　月　　日

星期

天气

法律分析

《中华人民共和国民法典》规定：夫妻一方在婚后受赠的财产，原则上是夫妻共同财产；但是，“赠与合同中确定只归一方的财产”，仍为夫妻一方的个人财产。《中华人民共和国民法典》相关司法解释着重考虑赠与的时点：结婚前，父母的赠与应认定为对自己子女个人的赠与，除非有明确的相反表示；结婚后，父母的赠与应按照《中华人民共和国民法典》第1062 条第 1 款第 4 项规定的原则处理。但《中华人民共和国民法典》第 1062 条第 1 款第 4 项包含了两种可能性：受赠财产原则上为夫妻共同财产；但若赠与人“确定只归一方”，则受赠财产理应为相应夫妻一方的个人财产。

最高人民法院《关于适用〈中华人民共和国民法典〉婚姻家庭编的解释（一）》第二十九条　当事人结婚前，父母为双方购置房屋出资的，该出资应当认定为对自己子女个人的赠与，但父母明确表示赠与双方的除外。当事人结婚后，父母为双方购置房屋出资的，依照约定处理；没有约定或者约定不明确的，按照民法典第一千零六十二条第一款第四项规定的原则处理。

典型案例

小白要和女友小王结婚了。但是，两人在和家人商量筹备婚事的过程中，却闹起了不快。原来，他们所在县城的婚俗之一是“男方买房、女方买车”。但是，小王的父母却坚持“女方买房、男方买车”。因为他们听朋友说，房子将来会增值，而车子只会贬值，万一小两口将来离婚，买车一方亏大了。但是，小白父母则坚持按当地婚俗准备。小白自己纳闷：谁买房、谁买车，差别真的那么大吗？

20　　年

　　月　　日

星期

天气

法律分析

本案涉及父母对子女的赠与，在适用相关规定后，如果房屋和车辆都属于夫妻双方的夫妻共同财产，那么，婚姻存续期间房屋的增值、车辆的贬值，都由夫妻双方共同承受，并无不利于夫妻一方之说；相反，如果房屋和车辆分别为相关一方的夫妻个人财产，则须进一步考察房屋的增值、车辆的贬值在法律上的归属。本案中，父母送房、送车的行为发生在小两口结婚前，那么因为房屋、车辆会成为受赠一方的夫妻个人财产，对应的婚后增值、贬值也会由相应夫妻一方承受，而非由夫妻双方共享或共担。

最高人民法院《关于适用〈中华人民共和国民法典〉婚姻家庭编的解释（一）》第二十九条第一款　当事人结婚前，父母为双方购置房屋出资的，该出资应当认定为对自己子女个人的赠与，但父母明确表示赠与双方的除外。

典型案例

老朱事业有成以后，开始嫌弃跟他患难与共的妻子，与邻村的刘女士发展起了“地下情”，后便向妻子提出了离婚。妻子已经对老朱心灰意冷，遂表示同意离婚，但提出老朱婚内出轨属于重大过错，自己有权多分财产。老朱妻子的主张有法律依据吗？

20　　年

　　月　　日

星期

天气

法律分析

在我国的离婚制度中，保护无过错方是一项重要原则。该原则主要体现于两个功能近似的制度，即夫妻共同财产的分割与离婚损害赔偿。具体来说，《中华人民共和国民法典》第 1087 条第 1 款规定夫妻共同财产的分割应“照顾子女、女方和无过错方权益”，第 1091 条则规定离婚时无过错方有权请求损害赔偿，二者共同发挥着惩罚过错方、保护无过错方的功能。因此，在实际操作中，这两项制度需要相互协调，既要保证制度目标得以实现，又要避免“重复评价”的问题。

《中华人民共和国民法典》第一千零九十一条　有下列情形之一，导致离婚的，无过错方有权请求损害赔偿：（一）重婚；（二）与他人同居；（三）实施家庭暴力；（四）虐待、遗弃家庭成员；（五）有其他重大过错。

典型案例

冯先生在外打拼多年，是一家农产品公司的老总，事业蒸蒸日上；妻子吴女士则安心地在家当“家庭主妇”，一人操持日常家务，照料老人与小孩，将整个家打理得井井有条。不料，冯先生后见异思迁，开始嫌弃这个没见过世面的妻子，最后提出了离婚。吴女士心碎不已，她为这个家庭奉献了青春、放弃了工作，最后竟被无情抛弃。她想知道：自己为家庭牺牲了这么多，能否在离婚时获得补偿呢？

20 年

月 日

星期

天气

法律分析

《中华人民共和国民法典》第1088条确立了离婚时的家务劳动补偿规则，使家务劳动补偿规则可以适用于法定的夫妻共同财产制。据此，无论夫妻双方采取共同财产制还是分别财产制，只要一方因抚育子女、照料老年人、协助另一方工作等负担了较多义务，即有权在离婚时向另一方请求补偿。具体的补偿方案，先由双方协议决定；如果无法达成协议，则由人民法院判决。家务劳动补偿规则需要进行妥当的个案衡量，既要合理补偿一方对家务劳动的不均等付出，又要在功能上协调好其与夫妻共同财产分割（以及离婚经济帮助制度）的关系。

《中华人民共和国民法典》第一千零八十八条 夫妻一方因抚育子女、照料老年人、协助另一方工作等负担较多义务的，离婚时有权向另一方请求补偿，另一方应当给予补偿。具体办法由双方协议；协议不成的，由人民法院判决。

典型案例

雷女士与宋先生"闪婚"之后，不久就因为琐事失和，开始闹离婚。"冷战"之际，雷女士想到宋先生在婚姻存续期间的收入寥寥，而自己既有较高的工资，又有出租房屋的租金收益，到时候分割共有财产肯定会吃亏。于是雷女士把自己婚后获得的工资与租金收益全部转到了弟弟小雷的银行账户上，宣称婚后收入已经全部用于"还债"，自己早已分文不剩。宋先生能否获得相关的法律救济呢？

20　　年

　　月　　日

星期

天气

法律分析

在离婚时，夫妻双方需要就共同财产进行分割。有的夫妻一方出于侵占另一方财产、实现个人利益最大化的目的，可能隐藏、转移、变卖、毁损、挥霍夫妻共同财产，或者伪造夫妻共同债务。对此，《中华人民共和国民法典》第 1092 条明确规定，如果夫妻一方存在上述行为，在离婚分割夫妻共同财产时，法院可以对该方可以少分或者不分；离婚后，另一方发现该方存在上述行为的，可以向人民法院提起诉讼，请求再次分割夫妻共同财产。法律通过制裁实施隐藏财产、伪造债务等不当行为的一方，实现对另一方合法财产权益的保护。

最高人民法院《关于适用〈中华人民共和国民法典〉婚姻家庭编的解释（一）》第八十三条　离婚后，一方以尚有夫妻共同财产未处理为由向人民法院起诉请求分割的，经审查该财产确属离婚时未涉及的夫妻共同财产，人民法院应当依法予以分割。

典型案例

黄先生和洪女士结婚十年，正盘算在所在的城市购买第二套住房。可是，根据当地的信贷政策，以家庭为单位，只有首套房的购买者才能享受按揭贷款利率折扣的优惠；如果是购买第二套房，贷款利率不仅没有折扣，还会上浮，而且首付比例也会提高许多。一琢磨，黄先生提出了“假离婚”的方案，也就是他们夫妻两人先协议离婚，这样名下无房的洪女士就获得了首套房的购房资格。购房后，两人再自行复婚。这样就能早几年凑齐所需要的首付款。可是，洪女士总觉得有些不安。洪女士的担心有道理吗？

20　　年

　　月　　日

星期

天气

法律分析

法律上没有“假离婚”，只有真离婚。本案所涉及的假离婚买房显然是不靠谱的，蕴含诸多风险：其一，“假戏真做”的风险。在不少情形下，假离婚可能演化成真离婚。其二，目的落空的风险。在不少地方，有关方面为了避免政策调控被架空，已经采取了应对假离婚的措施。例如，在贷款政策方面，“离婚一年以内的房贷申请人”仍无法享受首套房的优惠政策。如此一来，至少短时间内的假离婚就仍然无法实现政策套利的目的。其三，在有些情形下，如假离婚骗取拆迁款等，在实践中还可能会被认定为构成诈骗罪，引发刑事责任。这更是得不偿失。

《中华人民共和国民法典》第一百四十六条　行为人与相对人以虚假的意思表示实施的民事法律行为无效。以虚假的意思表示隐藏的民事法律行为的效力，依照有关法律规定处理。

典型案例

小黄和小金协议离婚，离婚协议里载明：（1）孩子由母亲即小金抚养，小黄定期支付抚养费若干。（2）为了孩子的健康成长，婚后购买的房产（价值 100 万元）由小金单独所有；婚后存款 20 万元，一人一半。此外，两人无其他财产可分割。但是，双方办理离婚登记不久后，小黄的一个朋友听说此事后为小黄不值，小黄听后也有些后悔，想找小金再要 40 万元。小黄的请求在法律上能成立吗？

20　　年

　　月　　日

星期

天气

法律分析

离婚财产分割协议是离婚协议的一部分，两者性质上都属于合同，大体也受制于合同法有关规则的调整。

在本案中，小黄和小金的离婚财产分割协议（以及离婚协议）是双方真实的意思表示，并不存在欺诈、胁迫等情形；财产分割虽然不均，但系小黄自愿照顾女方和子女而为之，并无可撤销的余地。因此，小黄在法律上无权再向小金请求支付 40 万元。

最高人民法院《关于适用〈中华人民共和国民法典〉婚姻家庭编的解释（一）》第七十条　夫妻双方协议离婚后就财产分割问题反悔，请求撤销财产分割协议的，人民法院应当受理。

人民法院审理后，未发现订立财产分割协议时存在欺诈、胁迫等情形的，应当依法驳回当事人的诉讼请求。

典型案例

老许早年丧偶，辛苦打拼大半生，一个人把孩子养育大，还在老家买了一套房子，父子俩一起在这栋房子里居住。老许想，自己年岁大了，儿子小许与女友相恋已经数年，也到了该娶媳妇的年纪，不如把房子送给他。于是，老许和小许到房管局办理了房屋过户登记，将房屋登记在小许的名下。几个月之后，小许与女友顺利成婚。不料，婚后二人认为老许与他们同住妨碍了他们的生活，居然狠下心对老许下了“逐客令”，要求老许从房子里搬出去。老许欲哭无泪，他能主张什么法律救济呢？

20　　年

　　月　　日

星期

天气

法律分析

老人将房屋赠与给独生子女，独生子女“忘恩负义”的，老人首先可以考虑撤销赠与。根据《中华人民共和国民法典》第663条的规定，如果受赠人“对赠与人有扶养义务而不履行”，赠与人可以在知道或者应当知道撤销事由之日起一年内撤销赠与。成年子女对父母负有赡养义务，而为父母提供住所当然属于赡养义务的范围。

其实，除寻求上述事后救济外，老人还可以在实施赠与行为时设立居住权，为自己提供事前的保障。

◇◇◇

《中华人民共和国民法典》第三百六十六条　居住权人有权按照合同约定，对他人的住宅享有占有、使用的用益物权，以满足生活居住的需要。

典型案例

杨某与吴某的儿子小杨是一个典型的“啃老族”，都已经 20 岁了却拒绝外出工作，整日在家游手好闲，衣来伸手，饭来张口。最近，小杨还染上了网络赌博的恶习，欠了好几万元赌债，让本不富裕的家庭雪上加霜。杨某与吴某对小杨实在忍无可忍，凑钱替小杨还了赌债以后，将小杨赶出了家，逼他去找一份工作。但是，小杨不乐意了，声称房子是家庭共同财产，自己也“有份儿”，父母不仅无权将自己赶走，还应该给自己支付抚养费。小杨说得对吗？

20　　年

　　月　　日

星期

天气

法律分析

父母对子女的抚养义务是有限的。根据《中华人民共和国民法典》第 1067 条第 1 款的规定，父母只对未成年子女或者不能独立生活的成年子女负担抚养义务。所谓“不能独立生活”，根据最高人民法院《关于适用〈中华人民共和国民法典〉婚姻家庭编的解释（一）》第 41 条的规定，主要是指“尚在校接受高中及其以下学历教育，或者丧失、部分丧失劳动能力等非因主观原因而无法维持正常生活”等情形。显然，本案中的小杨不属于此处的“不能独立生活”。因此，杨某与吴某不对小杨负有抚养义务，当然也无须支付扶养费。

《中华人民共和国民法典》第二十六条　父母对未成年子女负有抚养、教育和保护的义务。

成年子女对父母负有赡养、扶助和保护的义务。

典型案例

老李的儿子因下河游泳，不幸溺水离世。白发人送走黑发人，老李一家悲痛欲绝。含泪办理完儿子的后事后，老李被告知，儿子生前酷爱网上冲浪，有社交平台、支付平台、电子邮箱以及网络游戏等一系列网络账户。老李十分激动，虽然他是一个老庄稼汉，并不太清楚这些账户有什么用，但这毕竟是儿子的“遗物”，可以当作一个念想。老李想知道，他能“继承”儿子的网络账户吗？

20 年

月 日

星期

天气

法律分析

父母是子女的第一顺序继承人，可以继承子女的遗产。不过，并非子女留下的所有“遗物”，都属于可以继承的遗产。依据《中华人民共和国民法典》第 1122 条的规定，遗产仅包括自然人死亡时遗留的个人合法财产；依照法律规定或者根据其性质不得继承的遗产，继承人不得继承。那么，网络账户是否属于死者的“个人合法财产”，进而可以由继承人继承呢？本案中，老李可以继承儿子的财产性网络账户，但对社交平台等人格属性较强的网络账户，老李原则上不能继承。

《中华人民共和国民法典》第一百二十七条 法律对数据、网络虚拟财产的保护有规定的，依照其规定。

20　　年

　　月　　日

星期

天气

典型案例

张小三与父亲张三相依为命，二人靠经营一家小卖部为生。去年，张三被确诊胃癌，一年以后去世。张小三痛心不已并决定继续经营小卖部。不料，父亲刚去世不久就有债主上门讨债，声称“父债子还”。张小三这才了解到，父亲生前因手头拮据，向朋友借款 20 万元补贴家用，还开了这家小卖部维持生活。可是，即使算上小卖部，父亲也只为张小三留下价值 10 万元的遗产。张小三真的必须替父亲清偿生前的债务吗？

法律分析

“父债子还”的表述在法律上并不准确。依照《中华人民共和国民法典》第 1161 条的规定，我国采取限定继承的立场，即继承人仅以所得遗产的实际价值为限，为被继承人生前的债务承担清偿责任。对超出的部分，继承人并不负有清偿的义务。在本案中，张小三继承了包括小卖部在内的遗产，价值为 10 万元，故仅须以此为限向债务人清偿债务。剩余的 10 万元债务，张小三无须负责。当然，法律也不禁止张小三在有积蓄后，自愿清偿这笔债务。此外，张小三还可以放弃继承，自然也无须对张三的债务承担任何清偿责任。

《中华人民共和国民法典》第一千一百六十一条　继承人以所得遗产实际价值为限清偿被继承人依法应当缴纳的税款和债务。超过遗产实际价值部分，继承人自愿偿还的不在此限。

继承人放弃继承的，对被继承人依法应当缴纳的税款和债务可以不负清偿责任。

典型案例

老赵近年工作不顺，家庭不和，每天的精神支柱就是在彩票站购买几注彩票，期待自己时来运转。一天，老赵猛然间发现自己前些天购买的彩票竟然中了 800 万元大奖，激动之余，妻子平日里冷嘲热讽的画面浮现在他的脑海，他心想："这奖是我中的，凭什么分她一半？何不隐瞒中奖消息，赶紧离婚，然后再偷偷去兑奖，这样 800 万元大奖就可以全部收入囊中啦！"老赵的如意算盘可以成真吗？

20　　年

　　月　　日

星期

天气

法律分析

根据《中华人民共和国民法典》第 1062 条第 1 款的规定，夫妻在婚姻关系存续期间所得的"投资的收益"，为夫妻的共同财产。如果老赵试图隐瞒中奖事实，待到离婚以后再去兑奖，则还可能构成隐瞒夫妻共同财产。在这种情况下，妻子可以在发现这一事实后三年内请求再次分割，而且法院也可能在分割共同财产时考虑这一因素，对老赵少分财产甚至不分财产。

《中华人民共和国民法典》第一千零六十二条第一款　夫妻在婚姻关系存续期间所得的下列财产，为夫妻的共同财产，归夫妻共同所有……

（二）生产、经营、投资的收益……

典型案例

王某与妻子李某婚后育有一子，现年八周岁。因王某常年游手好闲，整日赌钱酗酒，李某欲与之离婚。但是，李某担心，由于她对儿子管教甚严，而王某对儿子向来不加管教，儿子更希望在离婚后跟着父亲。这样，法院会不会根据儿子的意愿，将抚养权判给王某？李某的担心有道理吗？

20 年

月 日

星期

天气

法律分析

根据我国法律的规定，子女抚养权必须以子女利益最大化（未成年人利益最大化）作为原则，具体情况具体判断。

本案中，李某的儿子刚八周岁，人民法院虽然应尊重子女的意愿，但更应当以未成年人利益最大化为原则，考虑本案中王某有赌钱、酗酒等恶习，原则上应将子女判由李某直接抚养。当然，如果王某、李某达成轮流直接抚养等共同抚养的协议，自应予以尊重。

《中华人民共和国未成年人保护法》第一百零七条第二款 人民法院审理离婚案件，涉及未成年子女抚养问题的，应当尊重已满八周岁未成年子女的真实意愿，根据双方具体情况，按照最有利于未成年子女的原则依法处理。

典型案例

已婚的韩先生与马女士发展了一段“婚外情”。其先是拿出自己婚后攒下的私房钱，为马女士买了一枚昂贵的钻戒，后来更将夫妻婚后购置的一栋房屋赠送给她，并办理了过户登记。妻子蔡女士最终发现了这一段“婚外情”，得知巨额财产竟归第三者所有，怒火中烧。韩先生也后悔不已，连忙向马女士索回财产，不料马女士拒绝返还。蔡女士有权追回被赠与第三者的财产吗？

20　　年

　　月　　日

星期

天气

法律分析

韩先生拥有根据其意愿与他人订立赠与合同的自由。但是，一旦韩先生实施的赠与行为违反了法律、行政法规的强制性规定，或者违背了公序良俗，该行为就归于无效。本案中，韩先生基于维持“婚外情”的目的，向马女士赠与价值不菲的钻戒、房屋，严重违背了夫妻之间相互忠诚的善良风俗，因此赠与合同无效。马女士应返还基于赠与合同获得的财物。

《中华人民共和国民法典》第一百五十三条　违反法律、行政法规的强制性规定的民事法律行为无效。但是，该强制性规定不导致该民事法律行为无效的除外。

违背公序良俗的民事法律行为无效。

典型案例

王某与邓某婚后共育有一子一女。儿子王一，家境颇为殷实，但素来与父母关系紧张，15 年来没有什么往来。女儿王二，出嫁不久就生了一对双胞胎，她把老父老母接到自己家中，请父母帮忙照料孩子。此外，二老还需要替女儿、女婿打理整个家。但女儿和女婿从来不在经济上“补贴”二老。一年以后，王某因意外去世，未留下遗嘱。邓某情绪激动，突患中风，瘫痪在床。王某只留下了一套婚前购买的房屋，此外，几乎没剩下什么存款。请问，王某的遗产应如何分配给各继承人呢？

20　　年

　　月　　日

星期

天气

法律分析

本案中，邓某生活拮据又瘫痪在床，属于“生活有特殊困难又缺乏劳动能力的继承人”，在分割遗产时可以得到适当照顾。儿子王一家境殷实却不履行对王某的扶养义务，甚至十余年以来都不与父母往来，应当不分遗产。女儿王二虽然与王先生共同生活，但事实上并未对王先生进行任何生活上或者经济上的扶助，反倒为其增加了更多的生活负担。因此，王二不仅不能多分财产，甚至应考虑对其少分或者不分财产。当然，更好的方案是三位继承人本着互谅互让、和睦团结的精神，协商一个合理的遗产分配方案。

《中华人民共和国民法典》第一千一百三十二条　继承人应当本着互谅互让、和睦团结的精神，协商处理继承问题。遗产分割的时间、办法和份额，由继承人协商确定；协商不成的，可以由人民调解委员会调解或者向人民法院提起诉讼。

典型案例

孙某与丈夫王二结婚 20 年，育有一女小王。王二还有一个姐姐王一。王二的父母一直与王二一家共同生活。五年前，王二不幸出车祸身亡，孙某依然携女儿与公婆居住，彼此照料。后二老相继辞世，留下遗产共计 60 万元。王一认为，自己是父母唯一在世的女儿，应当有权继承全部遗产。孙某对此表示反对，主张遗产应当分作三份，王一有权拿一份，自己和女儿小王也有权各分一份。

20 年 月 日

星期

天气

法律分析

小王的代位继承权与其父的继承权有关，即小王"代"王二之"位"继承遗产。孙某作为尽到主要赡养义务的丧偶儿媳，被法律拟制为被继承人的另一个子女。正因如此，孙某的继承权和小王的继承权互不冲突、可以并存。针对此问题，最高人民法院《关于适用〈中华人民共和国民法典〉继承编的解释（一）》第 18 条也有明确规定："丧偶儿媳对公婆、丧偶女婿对岳父母，无论其是否再婚，依照民法典第一千一百二十九条规定作为第一顺序继承人时，不影响其子女代位继承。"此外，《中华人民共和国妇女权益保障法》第 59 条也有内容相同的规定。

《中华人民共和国妇女权益保障法》第五十九条 丧偶儿媳对公婆尽了主要赡养义务的，作为第一顺序继承人，其继承权不受子女代位继承的影响。

典型案例

李强与丁梅是令人羡慕的“金婚”夫妻，50 多年来相濡以沫，不分彼此。一日二人决定共同立下一份遗嘱，遗嘱的内容如下：“（1）若丁梅先去世，则李强继承丁梅的所有遗产，任何人不得干涉；（2）若李强先去世，则丁梅继承李强的所有遗产，任何人不得干涉；（3）丁梅与李强均去世后，二人的孩子继承二人的遗产。”这对老夫妻想知道，法律承认此种共同遗嘱吗？

20 年

月 日

星期

天气

法律分析

《中华人民共和国民法典》一般性地肯定了被继承人的遗嘱自由。在司法实践中，法院也普遍承认共同遗嘱的合法性，并且参照适用不同类型遗嘱的法定形式要件。具体而言，自书的共同遗嘱应满足自书遗嘱的法定形式要求，而无须满足代书遗嘱的形式要求；其他形式的共同遗嘱，也需要分别满足相关遗嘱的法定形式要求。李强和丁梅订立的共同遗嘱，只要满足普通遗嘱的法定形式要件，就是合法有效的遗嘱。立下共同遗嘱后，二人在过世之前原则上都有权撤回这份遗嘱，撤回遗嘱的后果是回复到法定继承。

中华人民共和国司法部《遗嘱公证细则》第十五条 两个以上的遗嘱人申请办理共同遗嘱公证的，公证处应当引导他们分别设立遗嘱。

遗嘱人坚持申请办理共同遗嘱公证的，共同遗嘱中应当明确遗嘱变更、撤销及生效的条件。

典型案例

某日，小李骑车去镇上办事，在经过小张家附近时，突遇大风。小张家院墙外的一棵大树被吹倒。小李躲闪不及，被折断的大树砸到，身体多处骨折，住院多日，共花费医疗费 5 万余元。事后查明，这棵被吹倒的树正是小张种下的，归小张所有。此外，该树长期被黄斑星天牛危害，树干虫蛀严重，虫口密度达到 40 余个，这也是导致其被大风吹倒的主要原因。随后，小李要求小张赔偿其损失，小张却拒绝承担责任，认为这事与他无关，怪就怪这场大风和小李自己不走运。

20　　年

　　月　　日

星期

天气

法律分析

本案中，小张是该棵被大风吹倒树木的所有人，对其负有妥善管理和保护的责任，应定期修剪和驱虫，防止其因折断、倾倒而伤人。但从案情描述中可以看出，小张家的这棵树虫蛀已十分严重，小张显然没有尽到妥善管理和保护的责任，这直接导致该棵树轻易地被大风吹倒，进而砸伤小李。因此，小张无法证明自己对损害事实的发生不存在故意或过失，应当承担赔偿责任。

《中华人民共和国民法典》第一千二百五十七条　因林木折断、倾倒或者果实坠落等造成他人损害，林木的所有人或者管理人不能证明自己没有过错的，应当承担侵权责任。

典型案例

小李在镇上集市开了一家火锅店。一天晚上，一桌顾客消费后，陆陆续续借故离开火锅店，均未付钱。最后一人意欲离开时被服务员拦住，被要求支付餐费，但该顾客称无钱付款。情急之下，小李让服务员将最后这位顾客的皮夹暂时扣留，要求他打电话找人送钱结账，同时向公安机关报了案。后经警察调解处理，小李如数收到餐费。被扣留皮夹的顾客认为，小李的行为是违法的，要去起诉小李。小李感到困惑：如果不扣押皮夹，顾客就有可能会不付餐费直接离开火锅店，自己的损失又由谁来弥补呢？餐馆老板是否能自行扣押吃“霸王餐”顾客的财物呢？

法律分析

在本案中，火锅店向顾客提供了服务，顾客应当为此向火锅店付费。前往火锅店用餐的全是陌生人，如果小李不采取措施留住最后一位顾客的话，就会损失餐费，属于《中华人民共和国民法典》第 1177 条第 1 款中规定的“不立即采取措施将使其合法权益受到难以弥补的损害”的情况。在这种情况下，小李在保护自己合法权益的必要范围内扣留顾客的皮夹，并且及时向公安机关报案，是合法的，属于自助行为。但是，小李不能实施侵犯顾客人身权利的违法行为。

《中华人民共和国民法典》第一千一百七十七条第一款 合法权益受到侵害，情况紧迫且不能及时获得国家机关保护，不立即采取措施将使其合法权益受到难以弥补的损害的，受害人可以在保护自己合法权益的必要范围内采取扣留侵权人的财物等合理措施；但是，应当立即请求有关国家机关处理。

典型案例

严某被段某打伤后住院治疗，共花费 15 万元。严某要求段某进行赔偿，但段某因近期买种子花去了不少积蓄，无力全部赔偿。严某认为段某是想赖账，拒不同意。段某最终表示，自己最多能一次性拿出 8 万元，剩下的 7 万元需要分期支付。严某仍不信任段某，拒绝分期支付。段某是否可以分期支付赔偿费用？

20　　年

　　月　　日

星期

天气

法律分析

在确定了损害赔偿的数额后，段某和严某，即侵害人和受害人可以协商具体的支付方式。为了尽早了结侵权赔偿法律关系和利于对受害人的救济，一次性支付是最优选择。但如果双方协商一致同意分期支付，则应当尊重双方的意愿。但现实生活中，在受害人要求一次性支付时，可能会存在侵害人无力支付的情形，如果一次性赔偿确有困难，也可以采用分期支付的方法。但是，分期支付存在风险，可能会出现意外，使受害人无法得到全部赔偿。因此，受害人有权要求赔偿责任人在分期支付时提供担保。

《中华人民共和国民法典》第一千一百八十七条　损害发生后，当事人可以协商赔偿费用的支付方式。协商不一致的，赔偿费用应当一次性支付；一次性支付确有困难的，可以分期支付，但是被侵权人有权请求提供相应的担保。

典型案例

2020 年 3 月 3 日，张三务农回家后发现其妻子和 5 岁的儿子躺在卫生间的地板上，淋浴的热水还流着。张三见状，立即断开电源并拨打“120”，医生到场后确认两人均已死亡。经过警方的现场勘查及相关质检部门鉴定后得出结论：该热水器使用的器件存在质量问题。张三的妻子给儿子洗澡时，两人因接触带电的热水而不幸身亡。该热水器是张三在电器城购买，运输和安装人员均为电器城员工，在运输、安装过程中不存在过错。张三及其妻子使用热水器时也都是严格按照说明书进行操作。此时，张三应当向谁主张赔偿呢？

20　　年

　　月　　日

星期

天气

法律分析

张三购买的漏电热水器存在质量缺陷，导致其妻子和儿子在洗澡时触电身亡，侵害了其妻子和儿子的生命权，属于缺陷产品致人损害的情形。张三作为被侵权人的近亲属，既可以要求产品的生产者即生产厂家承担侵权损害赔偿责任，也可以要求产品的销售者即电器城经营者承担侵权损害赔偿责任。销售者在承担侵权责任后，如果能证明产品的缺陷是由生产者造成而自己对此不存在过错，则可以向生产者追偿。生产者在承担侵权责任后，如果能证明销售者对产品缺陷的产生存在过错，则可以在过错范围内向销售者追偿。

《中华人民共和国民法典》第一千二百零三条　因产品存在缺陷造成他人损害的，被侵权人可以向产品的生产者请求赔偿，也可以向产品的销售者请求赔偿。

产品缺陷由生产者造成的，销售者赔偿后，有权向生产者追偿。因销售者的过错使产品存在缺陷的，生产者赔偿后，有权向销售者追偿。

典型案例

为了丰富乡村生活和增强村民的健康水平，村里举行了一场篮球比赛。小李和小王平时酷爱体育运动，便积极报名参赛，并被分别分到了两个队伍中。然而在比赛过程中，小李和小王都十分渴望胜利，两人不断拼命地争抢和对抗。结果在一次抢篮板球的过程中，小李的手臂重重地撞击到小王，导致小王脚踝骨折。小王疼痛万分，立即被送往医院治疗。事后，小王要求小李赔偿自己遭受的损害。小李认为自己并不是故意的，一直拒绝赔偿。

20　　年

　　月　　日

星期

天气

法律分析

在正常情况下，无论侵害人是故意还是过失造成他人损害的，都应当承担相应的侵权责任。但《中华人民共和国民法典》第 1176 条第 1 款对参加具有一定风险的体育活动的情形作了例外规定。

本案中，篮球运动是典型的对抗性体育运动，身体碰撞是这项运动中的正常现象，属于具有一定风险的体育活动。小李抢篮板球也是常规的篮球动作，并且，在这种高强度的对抗中，受伤是时常会发生的风险。因此，小李对小王受伤的结果不存在重大过失，只是一般过失或意外事件。综合来看，小王的损失应当由小王自己承担。

《中华人民共和国民法典》第一千一百七十六条第一款　自愿参加具有一定风险的文体活动，因其他参加者的行为受到损害的，受害人不得请求其他参加者承担侵权责任；但是，其他参加者对损害的发生有故意或者重大过失的除外。

典型案例

春节前夕，王二驾驶自己的小轿车去邻村接父母一起过年。在行驶途中，王二为躲避对向来车而紧急刹车，不料刹车失灵，使车辆撞向路边石墩，造成车辆严重损毁、王二受伤的交通事故。经交通管理部门认定，王二负事故的全部责任。事故发生时，王二及对向来车均正常行驶无违章行为，因为刹车失灵撞上石墩导致王二重伤。王二认为，其损伤正是由于该机动车的刹车制动系统质量不合格，便要求车辆生产公司承担赔偿责任。

20　　年

　　月　　日

星期

天气

法律分析

机动车交通事故责任，是指机动车的所有人或者使用人在机动车发生交通事故造成他人人身伤害或者财产损失时所应承担的侵权损害赔偿责任。产品责任，是指产品存在缺陷发生侵权，造成他人损害，生产者、销售者等所应当承担的侵权责任。根据最高人民法院《关于审理道路交通事故损害赔偿案件适用法律若干问题的解释》的规定，机动车存在产品缺陷导致交通事故造成损害的，当事人有权请求生产者或者销售者依照关于产品责任的规定承担赔偿责任。

依照法律规定，王二有权要求车辆生产公司承担产品侵权责任。

最高人民法院《关于审理道路交通事故损害赔偿案件适用法律若干问题的解释》第九条　机动车存在产品缺陷导致交通事故造成损害，当事人请求生产者或者销售者依照民法典第七编第四章的规定承担赔偿责任的，人民法院应予支持。

典型案例

正值夏收时节，村民小王为了抢收，将一些不方便机器处理的小麦摊放到马路上，希望通过过往的车辆不断碾压小麦达到打谷收麦的效果。道路管理单位多次提醒小王不可以这样做，并让他把摊放的小麦都收起来，但小王都不以为然，拒绝改正。某天，邻村小郭骑着电动车去镇上办事，经过小王所摊放的小麦时，车子突然打滑，连人带车一起重重摔倒，小郭被诊断为轻度脑震荡和手臂骨折，花去医药费 2 万余元，并耽误小郭工作达数月。事后，小郭要求小王赔偿其所受损失。

20　　年

　　月　　日

星期

天气

法律分析

首先，小王在马路上摊放小麦的行为是有社会危害性的违法行为。车辆在上面行驶时，极易发生打滑甩尾现象。摊放的小麦在阳光的照射下很容易反光，扬起来的脱粒、糠絮等也会对机动车驾驶员的视线造成极大干扰。《中华人民共和国道路交通安全法》第 31 条明确规定，未经许可，任何人不得占用道路进行与交通无关的活动。其次，小王对损害的发生具有过失。在道路管理单位多次提醒后，其已经意识到了危险可能会发生却轻信能够避免，甚至放任损害结果的发生。因此，小王应当承担侵权责任。

《中华人民共和国民法典》第一千二百五十六条　在公共道路上堆放、倾倒、遗撒妨碍通行的物品造成他人损害的，由行为人承担侵权责任。公共道路管理人不能证明已经尽到清理、防护、警示等义务的，应当承担相应的责任。

典型案例

小方在镇上的某驾校报名了机动车驾驶员考试培训班，每天早出晚归地去练车，很是辛苦，顺利通过了科目一和科目二的考试，进入了科目三的学习阶段。某日，小方在其教练员小李的陪同指导下，在马路上进行科目三的模拟考试练习。由于小方比较紧张，再加上操作不够熟练，与前车发生了追尾事故。虽然没有人员伤亡，但事后经过评估，仍给前车造成了 1 万余元维修费用的损失。随后，前车车主要求小方、小李以及某驾校赔偿其损失。

法律分析

在学习机动车驾驶过程中特别是在道路驾驶技能考试中，教练员必须在车内陪同。教练员不仅要指导学员如何驾驶，更关键的是要确保机动车的行驶安全。教练员负有确保学员妥善驾驶机动车以防止交通事故发生的义务。

本案中，小李是用人单位某驾校的工作人员，其也是在执行日常指导驾驶学习的工作任务，因此，应当由用人单位某驾校向前车车主承担赔偿责任。同时，该事故的发生是由于小方自身紧张而操作不当，教练员小李不存在故意或重大过失。某驾校在承担完责任后，不可以再向小李要求赔偿。

最高人民法院《关于审理道路交通事故损害赔偿案件适用法律若干问题的解释》第五条 接受机动车驾驶培训的人员，在培训活动中驾驶机动车发生交通事故造成损害，属于该机动车一方责任，当事人请求驾驶培训单位承担赔偿责任的，人民法院应予支持。

典型案例

某天，小孙开车去镇上购买种子。车刚出村口，小孙便看见同村的小李和他的孩子站在路边向他招手，于是小孙便靠边停车。小李说孩子发烧了，着急去镇上的医院看病，问是否可以搭乘小孙的“顺风车”。小孙一看情况紧急，便赶忙让小李上车。由于发烧，小李的孩子一直哭闹不停，让小孙开车很是分心；再加上着急赶往医院，车速有点快。在一个急转弯处，小孙反应不及，车辆侧翻到路边的水沟中。小李和小孙身体多处骨折，住院多日才出院。事后，小李向小孙主张赔偿。小孙感到十分委屈，不知如何是好。

20　　年

　　月　　日

星期

天气

法律分析

搭乘“顺风车”是日常生活中常见的行为，被搭乘一方往往出于乐于助人的美好品德而为之。因此，应当对机动车一方进行一定程度的倾斜保护，才符合维护社会公平正义的要求。《中华人民共和国民法典》第1217条特别规定，在搭乘“顺风车”时发生交通事故造成无偿搭乘人损害的，属于机动车一方责任的，应当减轻其赔偿责任，除非机动车一方对损害结果的发生有故意或者是重大过失。

本案中，小孙出于好心让小李和孩子无偿搭乘“顺风车”，对事故的发生不存在故意或者重大过失。因此，应当减轻其赔偿责任。

《中华人民共和国民法典》第一千二百一十七条　非营运机动车发生交通事故造成无偿搭乘人损害，属于该机动车一方责任的，应当减轻其赔偿责任，但是机动车使用人有故意或者重大过失的除外。

典型案例

丁某为生意所需，从李某处购买了一辆二手的小型轿车，付款当日李某即将轿车交付给丁某，由丁某一直驾驶，但双方并未前往车管所进行所有权变更登记。一日，丁某在甲镇道路上行驶时，为避让前方车辆，与魏某推行的电动自行车右侧相撞，造成魏某受伤，两车受损。事后经交警部门查明，丁某负事故全部责任，魏某无责任。而丁某所驾驶的肇事车辆行驶证登记所有人仍为李某，该车在保险公司已投保交强险。李某是否应当承担责任呢？

20　　年

　　月　　日

星期

天气

法律分析

《中华人民共和国民法典》将物分为动产和不动产两种，机动车属于动产。动产所有权的转移采用交付主义，即只要出卖人将出卖物交给买受人，该物的所有权就发生转移，机动车所有权的转移也不例外地属于交付转移。但是，机动车是一种特殊的动产，机动车登记人和机动车责任事故者之间就无法形成一一对应的关系。此外，当出卖人将机动车交付给买受人之后，他已经失去了对机动车运行的实际支配力。因此，发生事故时，如果机动车已经交付，即使没有登记，出卖人也无须再承担责任。

《中华人民共和国民法典》第一千二百一十条　当事人之间已经以买卖或者其他方式转让并交付机动车但是未办理登记，发生交通事故造成损害，属于该机动车一方责任的，由受让人承担赔偿责任。

典型案例

刘某身体疼痛难忍前往镇上的医院就医，医生告知其症状非常严重，建议其进行一系列检查。但刘某不以为然，拒绝进行检查，只要求给自己开点止痛药。医生无奈，拒绝开止痛药并向其说明情况。刘某回到家便睡下了，谁知这一睡再也没能醒来。刘某的儿子见父亲去世，悲痛难忍。随后，刘某的儿子要求镇医院赔偿。医生认为，其已经尽到了诊断和治疗的义务，病历上写得清清楚楚，其他医生也可以作证。

20__年

__月__日

星期

天气

法律分析

《中华人民共和国民法典》第1218条规定，患者在就诊活动中受到损害，医生或者其他医务人员有过错的，医疗机构应当承担赔偿责任。因此，让医疗机构承担赔偿责任，需要其具有过错。在一般情况下，我国采取“谁主张，谁举证”的证明原则。如果患者请求医院承担赔偿责任，需要自行证明医院存在过错。但是，看病是一门技术活，老百姓往往很难知道医生是否存在过错，病例、诊疗记录等文件也掌握在医疗机构手中，老百姓更难寻找证据证明医疗机构存在过错。因此，在一些特殊的情况下，推定医疗机构具有过错；医疗机构需要证明自己没有过错，否则就要承担责任。

《中华人民共和国民法典》第一千二百二十二条 患者在诊疗活动中受到损害，有下列情形之一的，推定医疗机构有过错：（一）违反法律、行政法规、规章以及其他有关诊疗规范的规定；（二）隐匿或者拒绝提供与纠纷有关的病历资料；（三）遗失、伪造、篡改或者违法销毁病历资料。

典型案例

小周是一个爱美的女孩子，她找到一家医院进行假体隆鼻手术。手术进行得很成功，小周终于如愿拥有了挺拔的鼻梁，对手术非常满意，觉得自己变得更漂亮了。几周后，小周去医院复查，竟然发现自己的手术成为医院的典型成功案例，相关照片被制作成展板进行展示。小周的病历资料也被详细地展示出来，虽然隐去了姓名，但根据病历中的图片和描述，完全可以认出是小周。小周很生气，立即找医院要说法，要求立即撤下展板。但医院认为，病历是医院在治疗过程中所形成的工作记录，医院有权将自己的工作对外展示。

20　　年

　　月　　日

星期

天气

法律分析

病历，不仅记载着患者的姓名、年龄等身份信息，而且记录了患者接受治疗的过程和内容，具有很强的私密性，患者往往不愿意让他人知晓。而医院无论是出于什么样的目的，均不能在不经患者同意的情况下公开其病历资料，否则将会对患者的情感和正常生活造成极大影响。

医院在不经小周同意的情况下，将小周隆鼻手术的病历资料进行展示，极大地侵害了小周的隐私。因此，医院应当立即停止侵害：撤下展板，并消除由此产生的不良影响，向小周赔礼道歉。如果因此造成了小周经济上的损失，医院还应当进行相应赔偿。

《中华人民共和国民法典》第一千二百二十六条　医疗机构及其医务人员应当对患者的隐私和个人信息保密。泄露患者的隐私和个人信息，或者未经患者同意公开其病历资料的，应当承担侵权责任。

典型案例

某日，村民叶某站在梯子上修整自家的围墙，此时，邻居家张某饲养的猪被白某饲养的黄狗追逐，猪因为受惊撞翻了叶某所站立的梯子，导致叶某从近两米高处跌落并撞在石头上，左腿骨折。在后续治疗中，叶某花费医疗费 8000 元。叶某住院期间曾找到白某和张某协商，要求白某和张某赔偿其损失。白某同意对叶某的损失进行赔偿，但张某认为，损害结果是白某的狗造成的，因而拒绝赔偿。白某和张某是否应当承担赔偿责任呢？

20 年

月 日

星期

天气

法律分析

饲养动物侵权遵循无过错原则，即使饲养人对于受害人的损害结果没有过错，也要承担赔偿责任。根据法律规定，必须是饲养的动物，因其自主行为使其自身固有危险得以实现，造成受害人遭受到人身或财产损害。动物的行为和受害人的受损结果之间需有因果关系。白某的狗和张某的猪都属于饲养的动物，动物自主行为使其固有危险实现，造成叶某受伤，因此，白某和张某饲养动物的行为都和叶某受损的结果之间存在因果关系，是两只动物的自主行为共同造成了叶某的损失。白某和张某作为动物的饲养人或管理人，都应当依法承担责任。

《中华人民共和国民法典》第一千二百四十五条 饲养的动物造成他人损害的，动物饲养人或者管理人应当承担侵权责任；但是，能够证明损害是因被侵权人故意或者重大过失造成的，可以不承担或者减轻责任。

典型案例

由于新农村建设，某村村民搬进了6层楼房中。一天，小郭从楼下经过，被楼上掉下来的一个水杯砸中，当场昏迷，被送往医院治疗，花费医疗费数万元。事后公安机关调查时，楼上的住户均否认水杯是从自家掉下去的，监控也没有拍到相关的画面。经过各种途径的调查，最终仍无法确定具体的侵害人。但除了住在5楼的小李、小刘和住在6楼的小张外，该楼内的其他住户都可以证明案发时间段内，家里没有人也没有饲养任何宠物，并且窗户都是关闭的。小郭便陷入了困惑，不知道该要求谁承担责任，赔偿自己所遭受的损害。

20　　年

　　月　　日

星期

天气

法律分析

“高空抛物”类案件近些年经常发生，给人民群众的生命财产安全造成了极大危害。如果能够确定具体的侵害人，就应当由该侵害人承担责任。但实践中，由于相关证据的缺乏，案发后往往难以确定砸伤人的物件是从哪个住户的家中掉落的，一栋楼中有很多高层住户，都具备实施侵害行为的条件，受害人容易面临维权难的困境。因此，《中华人民共和国民法典》第1254条特别规定，在无法确定侵害人的情形下，应当由具备实施侵害行为条件的所有住户共同补偿受害人的损失，但有确切证据能够证明自己不是侵害人的住户不用补偿。

《中华人民共和国民法典》第一千二百五十四条第一款　禁止从建筑物中抛掷物品。从建筑物中抛掷物品或者从建筑物上坠落的物品造成他人损害的，由侵权人依法承担侵权责任；经调查难以确定具体侵权人的，除能够证明自己不是侵权人的外，由可能加害的建筑物使用人给予补偿。可能加害的建筑物使用人补偿后，有权向侵权人追偿。

典型案例

小郝拉着新进的 6 万斤橘子从甲镇出发前往乙镇售卖，在运输途中不慎在村道的急弯道驾驶失误，导致货车侧翻，卡车货箱破损，大量橘子散落在道路上。周围的一些村民看到地上散落的橘子，一拥而上，开始哄抢。虽然小郝和朋友小王尽可能回收橘子，但是最终回到他们手中的橘子只剩下 2000 多斤。事后，小王要求村民还回橘子，但是有村民认为，橘子散落在地上就可以被自己捡走，而且众多村民都来捡橘子，自己不拿是吃亏，反正法不责众，自己不会承担法律责任。但是，事实是这样的吗？

20　　年

　　月　　日

星期

天气

法律分析

首先，不论橘子是否散落，前来哄抢橘子的行为都属于私占他人财产的违法行为，需要承担侵权责任。看到此类事件，个人坚决不能前去捡拾财物。

其次，不存在法不责众的情况，不能心存侥幸实施违法行为。参与抢夺的村民只存在违法行为程度轻重的区别。根据《中华人民共和国治安管理处罚法》第 49 条的规定，哄抢橘子已经属于违法行为，违法者会被拘留并且罚款。如果有村民主动前往抢夺并且招呼其他村民一起前来捡橘子，若最终损失橘子的金钱价值数额较大，那么这几个村民还有违反刑法、触犯聚众哄抢罪的风险。

◇◇◇

《中华人民共和国刑法》第二百六十八条　聚众哄抢公私财物，数额较大或者有其他严重情节的，对首要分子和积极参加的，处三年以下有期徒刑、拘役或者管制，并处罚金；数额巨大或者有其他特别严重情节的，处三年以上十年以下有期徒刑，并处罚金。

典型案例

某日，小李在村后水库中游泳时小腿抽筋，于是大声呼救。正好同村小王和小张经过。小王立即跳入河中，向小李游去。经过小王和岸上小张的共同努力，小李获救，小王却因体力不支没入水库中身亡。小王系独生子女，他的死亡给其父母带来了巨大的精神痛苦。此外，小王还是家里的经济支柱。虽然事后小李上门表示感谢和表达歉意，但小王的父母认为小李应当予以赔偿。而小李觉得自己没有过错，也是受害者。于是双方陷入了僵持局面。

20 年

月 日

星期

天气

法律分析

本案中的小李去河里游泳是正常的生活行为，并不是违法行为，因此无须承担侵权责任。但小王是因为救助小李，而失去了宝贵的生命，给其家人带来了无尽的悲伤，家人的经济也陷入困难。这样的损害后果对小王家人来说是十分严重的。基于公平正义、社会的一般道德观念和准则，小李应该分担小王家人的损失。同时，小李应予以小王父母一定的经济补偿。见义勇为是一种体现社会团结互助的高尚行为，应当大力提倡和鼓励。在见义勇为人受到损害而侵害人又无法对其赔偿时，由受助人对其适当补偿，可以避免英雄“流血又流泪”的现象发生。

《中华人民共和国民法典》第一百八十三条 因保护他人民事权益使自己受到损害的，由侵权人承担民事责任，受益人可以给予适当补偿。没有侵权人、侵权人逃逸或者无力承担民事责任，受害人请求补偿的，受益人应当给予适当补偿。

典型案例

村民小王热衷于拍摄短视频，其为了获得更多的关注量，经常在未经邻居小李同意的情况下，拍摄小李日常生活劳作的视频，上传至短视频平台。久而久之，小王有了不少粉丝，作品的评论数量也很多，但这也对小李的正常生活造成了一定干扰。随后，小李认为，小王所拍摄的涉及自己的短视频作品，事先未征得自己同意，侵害自己的肖像权，要求小王承担相应的侵权责任。但小王认为自己拍摄短视频，是为了记录乡村生活，没有营利目的，不构成侵权。

20 年

月 日

星期

天气

法律分析

肖像权是人格权的一种，是自然人对于肖像的制作权和使用权。肖像权人对自己的肖像享有专有权，有权禁止他人在未经其同意的情况下，擅自使用其肖像。即使侵害人使用他人肖像时不以营利为目的，也同样构成对他人肖像权的侵犯。因此，小王在未经小李同意的情况下，私自拍摄小李的短视频擅自使用，构成了对小李肖像权的侵犯，应当承担相应的侵权责任，立即删除涉及小李的视频，消除不良影响，向小李赔礼道歉。如果还给小李造成了经济损失，小王应当进行相应的赔偿。

《中华人民共和国民法典》第一千零一十九条 任何组织或者个人不得以丑化、污损，或者利用信息技术手段伪造等方式侵害他人的肖像权。未经肖像权人同意，不得制作、使用、公开肖像权人的肖像，但是法律另有规定的除外。

未经肖像权人同意，肖像作品权利人不得以发表、复制、发行、出租、展览等方式使用或者公开肖像权人的肖像。

典型案例

小丽因琐事与小曲发生口角，于是小丽在某短视频平台发布视频，公开小曲的隐私。小曲看到视频后，要求小丽删除，但小丽拒绝删除。随后，小曲拨打该视频平台的客服电话，要求采取相关措施，并提交了初步的证据和自己的身份信息。但该平台接到电话后，并未采取屏蔽、删除视频等必要措施。该视频给小曲的正常生活造成了严重影响，小丽因此经常受人指点。现小曲要求小丽和某短视频平台承担侵权责任。

20　　年

　　月　　日

星期

天气

法律分析

对于公民的隐私，他人不得私自公开，否则将会构成侵权。在网络侵权的情况下，网络服务提供者，即我们常说的网络平台，也有可能会承担一定责任，但互联网上存在海量的信息，网络平台不可能对每条信息都进行严格审查，因而《中华人民共和国民法典》第 1195 条规定，如果受害人发现自己权益受到侵害，可以将侵害事实以及初步的证据告知平台，平台接到通知后，应当及时采取断开链接、删除视频等必要措施，并把相关情况通知侵权人。如果没有采取必要措施，那么网络平台就需要承担侵权责任。

《中华人民共和国民法典》第一千一百九十五条第一款、第二款　网络用户利用网络服务实施侵权行为的，权利人有权通知网络服务提供者采取删除、屏蔽、断开链接等必要措施。通知应当包括构成侵权的初步证据及权利人的真实身份信息。

网络服务提供者接到通知后，应当及时将该通知转送相关网络用户，并根据构成侵权的初步证据和服务类型采取必要措施；未及时采取必要措施的，对损害的扩大部分与该网络用户承担连带责任。

典型案例

小美从某电商平台上的某店铺购买了一款由某明星代言的减肥茶，该明星在广告中信誓旦旦地说，该产品效果极佳且无任何副作用。小美使用该产品一段时间后，不仅没有减肥成功，反而患上胃病。经过调查，该减肥茶虽没有过保质期，但其有超标的农药残留，这是导致小美患上胃病的“罪魁祸首”。事后，在小美维权过程中，该电商平台竟无法提供减肥茶销售者和生产者的真实名称、联系方式、详细地址等信息。小美不知该向谁请求承担侵权责任。

20　　年

　　月　　日

星期

天气

法律分析

因产品存在缺陷致人损害时，受害人可以请求产品的生产者或销售者承担责任，也可以请求二者共同承担责任。受害人只需要证明存在侵害行为、损害结果以及两者之间存在因果关系，无须证明产品的生产者和销售者存在过错。电商平台作为交易行为的组织者，负有妥善管理平台入驻商家的职责。同时，代言人所作的虚假宣传，误导受害人购买缺陷产品，依据相关法律规定，应当承担连带责任。因此，小美可以请求该电商平台或代言人承担责任，也可以请求二者共同承担责任。

《中华人民共和国民法典》第一千二百零三条　因产品存在缺陷造成他人损害的，被侵权人可以向产品的生产者请求赔偿，也可以向产品的销售者请求赔偿。

产品缺陷由生产者造成的，销售者赔偿后，有权向生产者追偿。因销售者的过错使产品存在缺陷的，生产者赔偿后，有权向销售者追偿。

典型案例

罗某、范某二人结婚生育一子小罗后离婚。二人离婚后，平时由罗某抚养小罗。范某去探望小罗时会给其一些零花钱自用。过年期间，罗某带10岁的小罗去杨某家拜年，中途罗某去小卖铺买烟，让小罗在杨某家中玩，托杨某照看。杨某给小罗拿了打火机和一些爆竹后，自己去厨房做饭。小罗在杨某院中玩耍时不慎将点燃的爆竹丢进杨某邻居王某院中，点燃了王某屋后堆积的干草，火势蔓延开。王某和杨某发现后立刻前来灭火。经清点，王某家中烧毁物品共计2000元。王某应当找谁赔偿他的损失？

20　　年

　　月　　日

星期

天气

法律分析

罗某和范某离婚后，虽然儿子小罗由罗某一人照看，但未成年人小罗的监护人不会因为他只由一方抚养而改变。罗某和范某两人都是小罗的监护人。小罗不慎点燃王某家中物品造成损失，由于儿童往往没有承担责任的能力，故应当由监护人承担责任。所以，罗某和范某都应当为小罗造成的损失承担责任。同时，罗某将小罗托给杨某照看。杨某把易燃易爆物品交给小罗却没有妥善照顾，他对王某家的损失也有过错，应当按照他的过错大小承担一部分责任。所以，王某可以分别找罗某、范某和杨某赔偿。

◇◇◇

《中华人民共和国民法典》第一千一百八十九条　无民事行为能力人、限制民事行为能力人造成他人损害，监护人将监护职责委托给他人的，监护人应当承担侵权责任；受托人有过错的，承担相应的责任。

典型案例

张某的儿子张某某（4 岁）在幼儿园磕掉了门牙，并花费了医疗费 1000 元。后张某经询问得知，张某某是和李某的儿子李某某在幼儿园打闹的过程中，被李某某推搡倒地，磕掉了门牙。张某便要求李某和幼儿园对其损失承担赔偿责任。在本案中，幼儿园是否需要承担赔偿责任呢？

20 年

月 日

星期

天气

法律分析

本案中的张某某只有 4 岁，为无民事行为能力人。问题的关键在于，甲镇的幼儿园能否举证证明其尽到了教育、管理职责，即在张某某和李某某的打闹过程中是否注意到了张某某和李某某的打闹情形并对两个未成年人进行了合理的劝阻和教育。如果学校无法证明，则要对张某某受到的人身损害承担侵权损害赔偿责任。若学校可以证明，则应当由李某某的监护人承担赔偿责任。

《中华人民共和国民法典》第一千一百九十九条 无民事行为能力人在幼儿园、学校或者其他教育机构学习、生活期间受到人身损害的，幼儿园、学校或者其他教育机构应当承担侵权责任；但是，能够证明尽到教育、管理职责的，不承担侵权责任。

典型案例

叶某的女儿（14 岁）在甲镇的中学上初二。一日，叶某接到通知，称其女儿课间在操场运动时不慎跌倒，导致左臂骨折，叶某即送其女儿前往乡镇卫生院治疗。后叶某要求学校承担侵权责任，赔偿其损失，但学校认为叶某女儿受伤的结果并非其疏于管理造成，故不应承担侵权赔偿责任。在本案中，学校是否应当承担侵权责任呢？

20　　年

　　月　　日

星期

天气

法律分析

叶某的女儿 14 岁，属于限制民事行为能力人。根据《中华人民共和国民法典》第 1200 条的规定，限制民事行为能力人在学校或者其他教育机构学习、生活期间受到人身损害的，适用的是过错责任原则，只有学校或其他教育机构未尽到教育、管理职责的时候才承担侵权责任。因此，这就要求限制民事行为能力的未成年人一方要证明学校没有尽到教育、管理职责。如果无法证明，则无法要求学校承担赔偿责任。

《中华人民共和国民法典》第一千二百条　限制民事行为能力人在学校或者其他教育机构学习、生活期间受到人身损害，学校或者其他教育机构未尽到教育、管理职责的，应当承担侵权责任。

典型案例

某天，村民小王因收割机谷仓麦粒已满，便在驾驶舱进行麦粒倾倒操作，小孙不知道小王已经进行了操作，便立马爬进收割机谷仓用脚往外踢麦粒，结果左脚被旋转轴割伤。小王的这台收割机投保了机动车交通事故责任强制保险。对于小孙遭受的损害，小王要求保险公司承担赔偿责任。但保险公司认为，这不属于交通事故，不在交强险的赔偿范围之内，便拒绝赔偿。

20　　年

　　月　　日

星期

天气

法律分析

根据《机动车交通事故责任强制保险条例》第 2 条、第 43 条的规定，麦田不属于法律所规定的“道路以外”的地方。法律将“道路以外”的地方所发生的交通事故列入交强险的承保范围之内，是考虑这些“道路以外”的地方也经常会有机动车通行，承担一定的“交通”职责，类似于道路。本案中的收割机，即便可以认为其处于行驶过程中，但他人的损害是车上的收割装置所致，而并不是车辆的碰撞。因此，小王不可以要求保险公司在交强险的范围内进行赔偿。

◇◇◇

《中华人民共和国道路交通安全法》第一百一十九条第一项、第五项　（一）“道路”，是指公路、城市道路和虽在单位管辖范围但允许社会机动车通行的地方，包括广场、公共停车场等用于公众通行的场所。

（五）“交通事故”，是指车辆在道路上因过错或者意外造成的人身伤亡或者财产损失的事件。

典型案例

李某驾车在乡村道路上正常行驶，张某在路旁行走。在李某行驶接近张某时，张某突发低血糖眩晕倒地，李某躲闪不及，轧伤张某的左手。张某在治疗过程中花费了较多医疗费。后经交警部门认定，李某和张某均无责任，本次事故属于意外事件。张某要求李某对其损害进行赔偿。李某主张自己无过错，不负赔偿责任，拒绝赔偿。应当如何判定赔偿责任呢？

20　　年

　　月　　日

星期

天气

法律分析

在通常情况下，当发生交通事故造成损害时，由有过错的一方承担侵权责任，无过错的一方无须承担责任。但是相较于机动车，非机动车、行人处于弱势地位，受伤往往也更严重。因此，立法规定即使机动车没有过错，有时也需要承担部分的赔偿责任，便于对受害人的充分救助。在本案中，双方都无过错，但是如果让受害人张某承担所有损失，显然不合理。因此，根据《中华人民共和国道路交通安全法》第 76 条第 1 款第 2 项的规定，李某需要在张某实际损失的范围内承担不超过 10% 的赔偿责任。

《中华人民共和国道路交通安全法》第七十六条第一款　……（二）机动车与非机动车驾驶人、行人之间发生交通事故，非机动车驾驶人、行人没有过错的，由机动车一方承担赔偿责任；有证据证明非机动车驾驶人、行人有过错的，根据过错程度适当减轻机动车一方的赔偿责任；机动车一方没有过错的，承担不超过百分之十的赔偿责任。……

典型案例

某日，王奶奶在家门口晒太阳时，突然昏厥。路过此处的小赵赶忙上前施救，对王奶奶进行心肺复苏，并将其送往医院救治。因为小赵采取措施及时，王奶奶平安脱险。后经检查，王奶奶双侧 8 根肋骨骨折，住院多日。事后，王奶奶认为是小赵实施心肺复苏操作不当，导致自己骨折，要求小赵赔偿自己的损失。但小赵深感委屈和难过，觉得自己救了王奶奶的性命，怎么反而要承担赔偿责任？

20　　年

　　月　　日

星期

天气

法律分析

为了保护和倡导见义勇为的行为，防止紧急救助人事后被受助人讹诈，同时考虑到，在紧急情况下，救助人往往没有时间进行全面、充分的思考，要求其承担过多的注意义务显然不合理，《中华人民共和国民法典》规定了“好人条款”，第 184 条规定，在紧急情况下，救助人自愿实施救助行为造成受助人损害的，救助人无须承担责任。因此，即便小赵实施心肺复苏时存在操作不当的问题，也无须承担责任。

《中华人民共和国民法典》第一百八十四条　因自愿实施紧急救助行为造成受助人损害的，救助人不承担民事责任。

典型案例

房某在金某家帮忙修塑料大棚，金某的邻居白某带着白酒来到塑料大棚，叫金某一起喝酒，金某推脱不喝，白某便让房某和他一起喝。下午 4 时许，二人喝完白酒以后，白某又将房某带到家中喝酒。在喝酒时，两人一言不合发生争吵、厮打。在厮打中，房某用白某家中的菜刀朝白某的头部、颈部连砍数刀，致使白某当场死亡。房某穿着沾有大量血迹的衣服在街上闲逛，被群众报警并抓获。市人民检察院以房某涉嫌犯故意杀人罪向市人民法院提起公诉。房某辩解说，自己当时喝醉“断片儿”了，干了什么不记得了。

20　　年

　　月　　日

星期

天气

法律分析

醉酒包括两种：一种是病理性醉酒，又称特发性酒中毒；另一种是生理性醉酒，即普通醉酒，大多发生于一次性大量饮酒之后。虽然在醉酒状态下，人的控制能力会下降，但在饮酒之前或者饮酒当时，行为人是处于清醒状态的。从正常人的认知出发，行为人应当知道大量饮酒会导致自己醉酒，从而降低行为的控制能力。由于其在清醒时放纵自己陷入醉酒状态，因而就应当对自己醉酒后实施的危害行为及其结果承担刑事责任。本案中，经鉴定，房某不属于病理性醉酒，而是生理性醉酒。因此，其虽然喝醉“断片儿”了，但仍然应为自己醉酒后实施的故意杀人罪承担刑事责任。

《中华人民共和国刑法》第十八条第四款　醉酒的人犯罪，应当负刑事责任。

典型案例

小李与朋友一起去夜市吃宵夜；夜市摊生意火爆，人很多。小李从江某等人的座位经过时碰到了江某的胳膊，为此双方发生了争吵并斗殴。因为江某一方人多，小李和朋友打不过，就跑到离夜市摊10多米以外站着。江某等人看到小李和他的朋友没有跑远，就拿着酒瓶、椅子朝小李追去。小李见状继续跑，最后躲闪不及被江某用酒瓶打到了脑袋。小李捡起酒瓶碎片扎伤了江某的大腿，导致江某受重伤，小李受轻伤。案发后，小李到公安机关投案自首。小李的行为是正当防卫吗？

20　　年

　　月　　日

星期

天气

法律分析

本案中，双方发生了互殴行为，双方都有加害对方的故意，此时不存在正当防卫问题；但是，小李一方先停止与江某等人的殴斗，停止了加害行为并且已经跑出斗殴范围，这时江某等人仍继续追打小李，继续实施加害行为。在这种情况下，行为性质已经发生了变化，从原先的互殴变成江某等人对小李的不法侵害，小李为了保护自己的人身安全而反击，从其防卫行为（扎伤大腿）与江某侵害行为（酒瓶砸脑袋）的强度对比来看，小李的防卫行为并未明显超过必要限度并造成重大损害，应认定为正当防卫。

《中华人民共和国刑法》第二十条　为了使国家、公共利益、本人或者他人的人身、财产和其他权利免受正在进行的不法侵害，而采取的制止不法侵害的行为，对不法侵害人造成损害的，属于正当防卫，不负刑事责任。

正当防卫明显超过必要限度造成重大损害的，应当负刑事责任，但是应当减轻或者免除处罚。

对正在进行行凶、杀人、抢劫、强奸、绑架以及其他严重危及人身安全的暴力犯罪，采取防卫行为，造成不法侵害人伤亡的，不属于防卫过当，不负刑事责任。

典型案例

刘某与薛某二人一起外出打工，刘某找到一份快递员的工作，薛某在一个工厂当保安。刘某想给女朋友买一个名牌包作为生日礼物，但是手头紧张，他想起来有一次去揽收快递时看到一家进门的鞋柜上放着两个名牌包，打算趁这家主人不在家时入室盗窃。刘某找到薛某商量此事，并说，自己已经踩好了点，开门后拿了包就走，薛某不好意思拒绝，便勉强答应下来。两人一起去批发市场买了改锥、小钢锯和铁丝以备用，约定第二天下午 1 时 30 分在某小区门口碰头。薛某总觉得心里不踏实，忍不住发消息给在大学学法律的表妹：刘某让我跟他一起去偷东西，我后悔了，还有回头的机会吗？

20　　年

　　月　　日

星期

天气

法律分析

本案中，薛某纠结的是犯罪中止的问题。犯罪中止是在犯罪过程中，行为人自动放弃犯罪或者自动有效地防止犯罪结果发生的情形。薛某与刘某一起准备了犯罪工具，已经进入犯罪预备阶段，只是还没有着手实施盗窃行为，此时回头完全来得及。但由于他们两人是共同犯罪，薛某仅仅自己放弃还不足以成立犯罪中止，他还必须阻止刘某实施盗窃行为，才能成立犯罪中止；倘若薛某只是自己没去约定地点，但刘某仍然去了并盗窃得手，那么薛某也与刘某同属于犯罪既遂，而不是犯罪中止。

《中华人民共和国刑法》第二十四条　在犯罪过程中，自动放弃犯罪或者自动有效地防止犯罪结果发生的，是犯罪中止。对于中止犯，没有造成损害的，应当免除处罚；造成损害的，应当减轻处罚。

典型案例

小丁是某学校高三学生，他的朋友小陈初中毕业后就开始混社会，组织了一个小团伙，经常从事违法犯罪活动（二人均已年满16周岁）。某天，小陈来找小丁，约其一起去盗窃，被小丁拒绝。小陈说：“你以前找低年级同学要钱被我拍到了，你要是不去，我就把照片发到网上去！”小丁一听马上怂了，于是跟着小陈等人一起去实施了盗窃，后来案发被抓。小丁认为自己是被胁迫参加犯罪的，主观上并不愿意，所以不应负刑事责任。

20 年

月 日

星期

天气

法律分析

胁从犯是共同犯罪人的类型之一，就是被他人胁迫而参加共同犯罪的人。考虑到胁从犯虽然被胁迫但并没有完全丧失意志自由和身体自由，在有选择余地的情况下仍然选择了参与犯罪，因此刑法规定，胁从犯要承担刑事责任。本案中，小丁被小陈以揭露隐私相要挟而被迫参与盗窃犯罪，但这一胁迫尚没有达到能令其丧失意志自由和身体自由的程度，小丁在有选择余地的情况下选择了参与实施犯罪，属于胁从犯，要对其行为承担刑事责任，但在处罚上可以从宽。

《中华人民共和国刑法》第二十一条 为了使国家、公共利益、本人或者他人的人身、财产和其他权利免受正在发生的危险，不得已采取的紧急避险行为，造成损害的，不负刑事责任。

紧急避险超过必要限度造成不应有的损害的，应当负刑事责任，但是应当减轻或者免除处罚。

第一款中关于避免本人危险的规定，不适用于职务上、业务上负有特定责任的人。

典型案例

2002 年，张某与某农行守库员孙某密谋盗窃该行金库，二人盗得现金 150 万元后逃离现场。后张某未按约定分给孙某 70 万元，仅分给孙某 30 万元赃款。因张某使用赃款投资建厂亏损，已无力给付，又怕孙某将盗窃农行金库之事泄露，遂产生杀人灭口之念。2009 年 10 月 22 日下午，张某驾驶轿车搭载孙某外出，当行至某村附近时，张某用事先备好的绳索紧勒孙某颈部，致其机械性窒息死亡。几天后，公安机关以涉嫌故意杀人罪为由将张某刑事拘留；在审讯中，张某供认杀害孙某的犯罪事实，并交代了作案起因，由此牵出了 2002 年某农行金库被盗案。张某是自首还是坦白？

20____年

____月____日

星期

天气

法律分析

犯罪人在犯罪以后的态度对量刑有一定的影响。自首与坦白都属于犯罪后态度较好的表现，都是如实供述自己的罪行，也都是法定的从宽处罚情节。本案中，张某因涉嫌故意杀人罪被抓获后，如实供述了自己杀人的事实，这属于坦白；并且他又交代了杀人的起因，即 7 年前的农行金库盗窃案，而在此之前，该案一直没有被侦破，这属于“司法机关还未掌握的本人其他罪行”，张某如实供述农行金库盗窃案的事实，属于自首的第二种情形。所以，张某既有坦白，又有自首。

《中华人民共和国刑法》第六十七条第一款、第二款 犯罪以后自动投案，如实供述自己的罪行的，是自首。对于自首的犯罪分子，可以从轻或者减轻处罚。其中，犯罪较轻的，可以免除处罚。

被采取强制措施的犯罪嫌疑人、被告人和正在服刑的罪犯，如实供述司法机关还未掌握的本人其他罪行的，以自首论。

典型案例

小赵因盗窃他人电动车被抓。在案件审理过程中，法院考虑到小赵系初犯，犯罪情节较轻，认罪态度较好，积极退赔了被害人，获得了被害人的谅解，因此对其适用认罪认罚从宽制度，判决小赵犯盗窃罪，判处其拘役 5 个月，缓刑 6 个月。小赵回到家以后，顿觉一身轻松，整天与一帮狐朋狗友混在一起，还经常夜不归宿。家人劝他注意自己的行为，毕竟还在缓刑考验期内，不要惹出事来。小赵不以为意：“缓刑不就是没事了吗！”

20　　年

　　月　　日

星期

天气

法律分析

缓刑是刑罚的暂缓执行，是指对被判处一定刑罚的犯罪人在一定期限内附条件地不执行所判刑罚的制度。缓刑通常是对监禁刑的暂缓执行。关于缓刑，需要了解以下几点：第一，缓刑的前提是有罪宣告。第二，缓刑一般适用于犯了轻罪且人身危险性较低的犯罪分子。第三，缓刑是附条件地暂缓执行原判刑罚，而不是绝对不执行原判刑罚。本案中，小赵被判处缓刑，并不意味着“没事了”，如果其在缓刑考验期内违反了有关规定，就有可能被撤销缓刑，执行原判决的拘役刑。

《中华人民共和国刑法》第七十二条第一款　对于被判处拘役、三年以下有期徒刑的犯罪分子，同时符合下列条件的，可以宣告缓刑，对其中不满十八周岁的人、怀孕的妇女和已满七十五周岁的人，应当宣告缓刑：（一）犯罪情节较轻；（二）有悔罪表现；（三）没有再犯罪的危险；（四）宣告缓刑对所居住社区没有重大不良影响。

典型案例

2019年年底至2020年10月，王某在其打工所租住的房屋内，注册社交账号并在上面转发、传播淫秽视频，该账号关注者达2万人以上，其中多部淫秽视频观看次数达2万次以上。2020年10月底，王某被公安机关抓获。法院判决被告人王某犯传播淫秽物品罪，判处其有期徒刑8个月。同时，王某的笔记本电脑一台、手机一部被依法没收。

20　　年

　　月　　日

星期

天气

法律分析

传播淫秽物品犯罪，是指传播淫秽的书刊、影片、音像、图片或者其他淫秽物品，扰乱社会管理秩序的行为。该罪侵犯了国家对文化市场的管理秩序和妨害社会风化，特别是不利于未成年人树立正常、健康的性观念，对其身心健康造成危害，并且极易诱发违法犯罪活动，因而为我国刑法所禁止。本案被告人王某不以牟利为目的，其通过互联网传播淫秽物品也没有获得物质利益，但其传播的淫秽视频实际被点击数远超过2万次，属于情节严重，因而被认定为传播淫秽物品罪。

◇◇

《中华人民共和国刑法》第三百六十四条第一款、第四款　传播淫秽的书刊、影片、音像、图片或者其他淫秽物品，情节严重的，处二年以下有期徒刑、拘役或者管制。

向不满十八周岁的未成年人传播淫秽物品的，从重处罚。

典型案例

某天，胡某与周某聚会喝酒。周某欲借胡某的车去办事，便答应胡某开车将其送回家。周某开车行至某镇一个交叉路口时，将一位老太太撞倒，被撞老太太经抢救无效死亡。法院经审理认为，周某和胡某都构成交通肇事罪，判处周某有期徒刑 2 年，判处胡某有期徒刑 2 年，均缓刑 2 年。胡某想不通：“我的车借给别人开，出了事故为什么我要负责呀？”

20　　年

　　月　　日

星期

天气

法律分析

本案中，周某违反交通法规，饮酒后驾驶机动车上路行驶，发生交通事故致人死亡，其行为已构成交通肇事罪；胡某作为车主，虽然没有亲自驾驶肇事车辆，但在明知周某饮酒的情形下，仍然指使他违反交通运输管理法规驾驶机动车上路，发生交通事故并致人死亡，根据相关司法解释的规定，其行为也构成交通肇事罪。

◇◇◇

《中华人民共和国刑法》第一百三十三条　违反交通运输管理法规，因而发生重大事故，致人重伤、死亡或者使公私财产遭受重大损失的，处三年以下有期徒刑或者拘役；交通运输肇事后逃逸或者有其他特别恶劣情节的，处三年以上七年以下有期徒刑；因逃逸致人死亡的，处七年以上有期徒刑。

典型案例

某晚，某县交警队开展夜查酒驾醉驾行动。晚 9 时左右，交警在某村巡逻时发现一辆轿车见到警车突然减速，怀疑驾驶人很可能是酒驾。在示意该车停车后，交警对驾车男子李某进行了酒精呼气式检测，检测结果为 92mg/100ml，达到了醉酒驾驶机动车的标准。李某 2008 年就取得了 B2 证，从事开吊车工作，当晚和朋友在一家烧烤店吃烧烤，喝了几瓶啤酒。散席后，李某心存侥幸，以为在村内道路上不会有交警查酒驾，就载着两名朋友回家，结果被交警查获。李某认为，我就是在村道上开车，又没上国道，不是犯罪吧？

20 年

月 日

星期

天气

法律分析

危险驾驶行为不仅将驾驶者自己置于危险之中，也威胁道路上其他人的安全。虽然没有发生严重后果甚至没有发生任何交通事故，但该行为本身已经对公共安全造成了危险，刑法认为其已经具有了处罚的必要性，因此规定了危险驾驶罪。本案中，李某的酒精检测结果已超过醉酒标准（80mg/100ml），属于醉酒驾驶，虽然是在村道上开车，但村道也属于公共道路。因此，其行为对于公共安全具有危险性，构成危险驾驶罪。

《中华人民共和国刑法》第一百三十三条之一第一款 在道路上驾驶机动车，有下列情形之一的，处拘役，并处罚金：（一）追逐竞驶，情节恶劣的；（二）醉酒驾驶机动车的；（三）从事校车业务或者旅客运输，严重超过额定乘员载客，或者严重超过规定时速行驶的；（四）违反危险化学品安全管理规定运输危险化学品，危及公共安全的。

典型案例

邱某医保卡一直未续保，于是向其表哥王某借用医保卡看病。邱某持王某医保卡至某医院挂号就诊，并以此医保卡缴费拿药。其后，邱某又使用王某的医保卡做了手术。不久，国家医保局接到该医院举报，邱某冒用医保卡就医，随后当地医保局分别约谈邱某、王某。在证据面前，二人承认冒用医保卡骗取社保基金合计7900余元的事实。最终，法院以诈骗罪判处邱某3个月拘役，并处罚金3000元。考虑到王某因亲情关系将医保卡借出使用，已退赔涉案损失，亦未从中获益，且到案后主动认罪认罚，犯罪情节轻微，故对王某作不起诉处理。

20　　年

　　月　　日

星期

天气

法律分析

医保卡是医疗保险个人账户专用卡，只能由持卡人个人使用。冒用他人医保卡会有涉嫌“骗保”的嫌疑。刑法规定，以非法占有为目的，诈骗公私财物，数额较大的，构成诈骗罪。本案中，邱某为就医冒用自己表哥的医保卡，随后，继续冒用医保卡买药、做手术，以非法占有为目的，骗取7900元，达到数额较大的入罪标准，构成诈骗罪，依法应当承担刑事责任。

《中华人民共和国刑法》第二百六十六条　诈骗公私财物，数额较大的，处三年以下有期徒刑、拘役或者管制，并处或者单处罚金；数额巨大或者有其他严重情节的，处三年以上十年以下有期徒刑，并处罚金；数额特别巨大或者有其他特别严重情节的，处十年以上有期徒刑或者无期徒刑，并处罚金或者没收财产。本法另有规定的，依照规定。

典型案例

李某、张某等人以某公司名义申请注册“星火草原”微信公众号和微信支付账号，并在上述微信公众号上线运行所谓的“无卡 POS 机”分销系统。参与人通过微信扫描“星火草原”二维码链接关注该公众号成为“粉丝”，缴纳不同费用后可成为相应级别代理商，代理商转发二维码可发展“粉丝”加入，并根据扫描二维码的顺序组成层级。若“粉丝”缴费成为代理商，其“上线”可获得直接和间接推广提成，提成以微信红包形式发放。截至案发，关注“星火草原”微信公众号的“粉丝”达 1500 余万人，各级“代理商”150 余万人次，涉案金额 2 亿余元。

20　　年

　　月　　日

星期

天气

法律分析

传销的本质就是以后来者的钱作为前面人的收益。传销在我国是非法活动，不仅违反国家有关法律法规，严重破坏市场经济秩序，而且危害社会稳定，影响家庭和谐。本案中，所谓“缴纳费用后成为相应级别代理商”实际上就是入门费；“代理商”转发二维码发展“粉丝”加入，并根据扫描二维码的顺序组成层级，“粉丝”缴费成为代理商，其上线可获得直接和间接推广提成，以“拉人头”的方式计算报酬，牟取非法利益，是典型的依托微信平台实施的传销犯罪。

《中华人民共和国刑法》第二百二十四条之一　组织、领导以推销商品、提供服务等经营活动为名，要求参加者以缴纳费用或者购买商品、服务等方式获得加入资格，并按照一定顺序组成层级，直接或者间接以发展人员的数量作为计酬或者返利依据，引诱、胁迫参加者继续发展他人参加，骗取财物，扰乱经济社会秩序的传销活动的，处五年以下有期徒刑或者拘役，并处罚金；情节严重的，处五年以上有期徒刑，并处罚金。

典型案例

卫某是某县某银行的一名工作人员，通过单位内部网络，卫某可以查询公民个人的社会关系、房产信息、车辆牌号、宾馆刷卡记录等信息。卫某通过开设淘宝网店、QQ 聊天等方式，出售个人信息。短短几个月，非法获利 6 万余元。案发后，办案人员发现多起转账记录，仅从卫某的 QQ 邮箱已发出的涉案邮件中就提取出了公民个人信息 1.2 万余条。法院经审理认为，被告人卫某身为银行工作人员，将本单位在办理业务过程中获得的客户个人信息对外出售，构成侵犯公民个人信息罪，判处卫某有期徒刑 3 年，并处罚金 2 万元。

20　　年

　　月　　日

星期

天气

法律分析

侵犯公民个人信息罪，是指违反国家有关规定，向他人出售或者提供公民个人信息，情节严重，或者非法获取公民个人信息的行为。侵犯公民个人信息罪的行为包括两种：将自己所知晓或者掌握的公民个人信息向他人出售或者提供，情节严重；非法获取公民个人信息。对于那些因职责或业务原因而得以合法获取公民个人信息的单位和个人，因其负有一定的保密义务，如果违反国家有关规定，将在履行职责或者提供服务过程中获得的公民个人信息，出售或者提供给他人的，刑法规定要从重处罚。

《中华人民共和国刑法》第二百五十三条之一第一款　违反国家有关规定，向他人出售或者提供公民个人信息，情节严重的，处三年以下有期徒刑或者拘役，并处或者单处罚金；情节特别严重的，处三年以上七年以下有期徒刑，并处罚金。

违反国家有关规定，将在履行职责或者提供服务过程中获得的公民个人信息，出售或者提供给他人的，依照前款的规定从重处罚。

典型案例

冯某在某超市购物时，利用自助收银台无人看守之机，采取对部分选购商品不扫码结账的方式盗窃了白酒、熟食等，后被超市工作人员发现并报警，冯某被当场查获。经评估，被盗商品的价格为 125.74 元。后经店方查看监控录像，发现冯某曾先后 5 次在该超市盗窃白酒、方便面、速冻饺子等商品，经评估，被盗商品的价格为 423.52 元。后冯某退赔超市上述全部经济损失。法院经审理后判决被告人冯某犯盗窃罪，判处拘役 4 个月，缓刑 4 个月，并处罚金 1000 元。冯某又后悔又困惑："我知道偷东西是违法的，但是，数额不大也是犯罪吗？"

20　　年

　　月　　日

星期

天气

法律分析

盗窃罪是现实生活中最常见多发的犯罪。我国刑法关于盗窃罪的规定几经修改，盗窃罪的范围不断扩大，概括来说，盗窃罪包括五种情形：（1）盗窃公私财物，数额较大；（2）多次盗窃；（3）入户盗窃；（4）携带凶器盗窃；（5）扒窃。根据 2013 年最高人民法院与最高人民检察院发布的《关于办理盗窃刑事案件适用法律若干问题的解释》，"多次盗窃"，是指 2 年内盗窃 3 次以上。本案中，冯某即属于多次盗窃的情形，虽然盗窃的财物未达到数额较大，但也已经构成盗窃罪。

《中华人民共和国刑法》第二百六十四条　盗窃公私财物，数额较大的，或者多次盗窃、入户盗窃、携带凶器盗窃、扒窃的，处三年以下有期徒刑、拘役或者管制，并处或者单处罚金；数额巨大或者有其他严重情节的，处三年以上十年以下有期徒刑，并处罚金；数额特别巨大或者有其他特别严重情节的，处十年以上有期徒刑或者无期徒刑，并处罚金或者没收财产。

典型案例

2019 年，刘某因生意周转 3 次向曾某高利借贷合计 30 万元，并约定按月归还利息，后因资金紧张，无力归还剩余本金及利息。2020 年 7 月 15 日，曾某要求刘某筹钱还款，因未筹到钱，曾某、肖某将刘某带至某住宅，继续要求刘某筹钱还款，直至第二天才让刘某离开，并让肖某 24 小时跟守刘某。此后，肖某不顾刘某妻子、儿女在家，24 小时与刘某同吃同住于刘某家中，并跟随刘某与朋友聚餐等，直至 2020 年 10 月刘某逃离老家，上述行为持续时间达 2 个多月。法院判决被告人曾某、肖某犯催收非法债务罪，判处有期徒刑 9 个月，并处罚金。

20　　年

　　月　　日

星期

天气

法律分析

2020 年《中华人民共和国刑法修正案（十一）》规定了催收非法债务罪，为此类行为的定性提供了统一的认定依据。催收非法债务罪的行为方式包括三种：使用暴力、胁迫方法的；限制他人人身自由或者侵入他人住宅的；恐吓、跟踪、骚扰他人的。恐吓与胁迫有所不同，胁迫是以实施暴力相威胁，恐吓则是以对被害人不利的事实（如曝光被害人的隐私）进行威吓。本案中，被告人采取限制他人人身自由、侵入他人住宅等方式催收非法债务，持续时间长，严重影响他人正常生活，属于情节严重，因此法院认定其成立催收非法债务罪。

《中华人民共和国刑法》第二百九十三条之一　有下列情形之一，催收高利放贷等产生的非法债务，情节严重的，处三年以下有期徒刑、拘役或者管制，并处或者单处罚金：（一）使用暴力、胁迫方法的；（二）限制他人人身自由或者侵入他人住宅的；（三）恐吓、跟踪、骚扰他人的。

典型案例

詹某、魏某创建专门赌博的微信群，并各出资 1000 元作为流动资金，把一些喜欢赌博的人拉进群，利用某 App 游戏软件，进行赌博活动，并以日工资 300 元雇用游某为赌博群财务。参赌人员通过微信先把赌资转给游某，游某再根据每局输赢扣除抽“水钱”部分后向“赢家”支付赌资。建群至案发短短 11 天，案涉赌资累计 19.5 万余元，一共抽“水钱”1.2 万余元。法院以开设赌场罪，分别判处詹某、魏某有期徒刑 8 个月，并处罚金 5000 元；判处游某拘役 5 个月，缓刑 6 个月，并处罚金 2000 元。

20　　年

　　月　　日

星期

天气

法律分析

针对赌博犯罪，我国刑法规定了三个罪名：赌博罪、开设赌场罪、组织参与国（境）外赌博罪。网络的普及使赌博犯罪活动表现出新特点，法律规定及其解释也随之更新，比如，“聚众赌博”的含义不再限于线下聚集，也包括线上聚集；对于“赌场”的理解与界定不再局限于传统意义上某个特定的物理空间，其含义也拓展到了虚拟空间；同样，组织中国公民参与国（境）外赌博的形式，既包括组织、招揽中国公民赴国（境）外实体赌场赌博，也包括利用信息网络、通信终端等传输赌博视频、数据，组织中国公民参与跨境网络赌博。

《中华人民共和国刑法》第三百零三条　以营利为目的，聚众赌博或者以赌博为业的，处三年以下有期徒刑、拘役或者管制，并处罚金。

开设赌场的，处五年以下有期徒刑、拘役或者管制，并处罚金；情节严重的，处五年以上十年以下有期徒刑，并处罚金。

组织中华人民共和国公民参与国（境）外赌博，数额巨大或者有其他严重情节的，依照前款的规定处罚。

典型案例

王某租用了某村 28 亩农用地，其未经任何部门批准，擅自将租用农用地部分填平，并先后付给某建筑公司丁某建房费 200 万元，要求丁某在租用农用地上建房。至案发时，王某在租来的农用地上非法建设 3 幢连体住宅楼。法院经审理后认为，王某违反土地管理法规，非法占用农用地，改变被占用土地用途，数量较大，且造成农用地大量毁坏，其行为已构成非法占用农用地罪，判处其拘役 6 个月，并处罚金 20 万元。

20　　年

　　月　　日

星期

天气

法律分析

我国坚持实行严格的耕地保护制度，耕地红线土地只能从事与农业相关的耕作和生产，坚决制止耕地“非农化”。我国刑法规定，违反土地管理法规，非法占用农用地，改变土地用途，数量较大，造成农用地大量损坏的，构成非法占用农用地罪，应依法追究刑事责任。本案中，王某为了获取个人利益，违反土地管理法规，未经有关部门批准同意，在租来的农用地上擅自建设住宅楼，达到数量较大的标准，使农用地的种植条件遭到破坏，构成非法占用农用地罪。

《中华人民共和国刑法》第三百四十二条　违反土地管理法规，非法占用耕地、林地等农用地，改变被占用土地用途，数量较大，造成耕地、林地等农用地大量毁坏的，处五年以下有期徒刑或者拘役，并处或者单处罚金。

典型案例

老赵承包了村子后山的大片土地，买了上千棵树苗，种在后山的山坡上。2021 年 4 月，老赵种的树基本都长成了参天大树。刚好当地某工厂缺少木料，需要购买大量木材，老赵听到消息后决定砍掉一些树拿去卖钱。老赵找来了村里年轻力壮的几个村民，用一个星期左右的时间砍了 600 棵树。老赵联系了工厂，将这600棵树卖掉，赚了2.6万元钱。但老赵万万没想到，没过几天，警察就上门找他，说他涉嫌犯罪了。法院经审理认为，老赵的行为已构成滥伐林木罪，但鉴于其认罪态度良好，判处其拘役 6 个月，缓刑 6 个月，并处罚金 1 万元。

20 年

月 日

星期

天气

法律分析

我国制定了系统的法律法规，对林业资源予以保护。未经有关部门批准，不得随意砍伐树木。本案中，老赵在未取得采伐许可证的前提下，故意砍伐树木 600 棵，达到数量较大的标准，构成滥伐林木罪。值得注意的是，未经批准，擅自修剪或者砍伐城市树木也是违法的，哪怕是自家房前屋后的零星树木也不例外。

《中华人民共和国刑法》第三百四十五条第二款 违反森林法的规定，滥伐森林或者其他林木，数量较大的，处三年以下有期徒刑、拘役或者管制，并处或者单处罚金；数量巨大的，处三年以上七年以下有期徒刑，并处罚金。

典型案例

2019 年 2~4 月，吉某伙同他人先后分 3 次在某公司房顶上方挖洞，进入该公司内进行盗窃，其于最后一次盗窃时被当场抓获。后经鉴定，吉某 3 次盗窃该公司物品总价值为 27, 271 元。检察机关提起公诉后，被盗公司提起了附带民事诉讼。当地人民法院于 2019 年 7 月 20 日作出判决：被告人吉某犯盗窃罪，判处有期徒刑 3 年，处罚金 5000 元；认定被告所盗财物既遂价值为 14, 910 元，对此被告应赔偿原告；被告人盗窃时破坏原告某公司房顶修复费用共计 3000 元，该部分费用属于被告人在盗窃时毁坏的财物，被告人吉某对此应承担赔偿责任。

20　　年

　　月　　日

星期

天气

法律分析

根据我国刑法与刑事诉讼法的规定，由于犯罪行为而使被害人遭受经济损失的，被害人有权提起附带民事诉讼，要求犯罪人赔偿损失。本案中，被盗公司房顶被破坏是因被告人的行为而遭受的物质损失，因此被害人可以提起刑事附带民事诉讼，要求被告人予以赔偿。但是，被害人的财物被盗未能追回的部分不属于“财物被犯罪分子毁坏而遭受物质损失”，故不能提起刑事附带民事诉讼，但被害人可以向法院民事审判庭另行提起民事诉讼。因此，在目前实践中刑事附带民事诉讼基本上限于对物质损失（经济损失）予以赔偿。

《中华人民共和国刑法》第三十六条　由于犯罪行为而使被害人遭受经济损失的，对犯罪分子除依法给予刑事处罚外，并应根据情况判处赔偿经济损失。

承担民事赔偿责任的犯罪分子，同时被判处罚金，其财产不足以全部支付的，或者被判处没收财产的，应当先承担对被害人的民事赔偿责任。

典型案例

2015 年 10 月至 2016 年 12 月，邹某为 16 岁高中生王某补课。补课期间，邹某多次趁无人之机，强行亲吻、抚摸王某，并强行与王某发生性关系。王某曾多次向父母提出不想继续补课，父母却认为这是王某逃避学习的借口，始终未同意王某的要求。2016 年 12 月 28 日，王某偷偷用手机录下邹某猥亵自己的过程。2017 年 1 月，经王某父亲报警，邹某被抓获归案。法院判决邹某犯强奸罪和强制猥亵罪，判处有期徒刑 12 年零 6 个月，剥夺政治权利 2 年，并禁止被告人邹某从事与未成年人相关的教育工作 5 年。

20　　年

　　月　　日

星期

天气

法律分析

因犯罪受过刑罚处罚，这在刑法上被称为有“前科”。“前科”对于犯罪人以后的工作、生活会产生很大的影响。刑法中规定了从业禁止制度，因利用职业便利实施犯罪，或者因实施违背职业要求的特定义务的犯罪被判处刑罚的，人民法院可以根据犯罪情况和预防再犯罪的需要，禁止犯罪人自刑罚执行完毕之日或者假释之日起一定期限内从事相关职业。本案中，邹某利用其教师职业的便利对未成年学生实施性侵犯罪，法官在对其判处刑罚之外，还作出了从业禁止的决定，这意味着，自其刑罚执行完毕之日或者假释之日起 5 年内都不得从事与未成年人相关的教育工作。

《中华人民共和国刑法》第一百条　依法受过刑事处罚的人，在入伍、就业的时候，应当如实向有关单位报告自己曾受过刑事处罚，不得隐瞒。

犯罪的时候不满十八周岁被判处五年有期徒刑以下刑罚的人，免除前款规定的报告义务。

典型案例

小沈接到了一个电话，对方自称是某市公安局民警，说小沈涉嫌参与了一起金额 280 万元的洗钱诈骗案件，要对她做一些调查，请她配合，否则下午 5 时前就要到镇上抓捕她。小沈听了又害怕又疑惑，于是按照对方的要求加了 QQ 好友，在 QQ 视频中，这位“警察”向小沈展示了其“警官证”以及带有小沈真实身份信息的某市公安局开具的“协查通知”。小沈不再怀疑，在这位“警察”的要求和指引下，将自己银行卡和支付宝账户中共计 9000 多元全都转到了所谓的“安全账户”。第二天小沈经朋友提醒才反应过来可能是遭遇了诈骗，于是赶紧报警。

20　　年

　　月　　日

星期

天气

法律分析

电信网络诈骗犯罪是近年来我国刑事司法的打击重点之一。在电信网络诈骗中，犯罪人采用的诈骗手段五花八门，编造各种说辞，但本质上都是虚构事实、隐瞒真相，骗取当事人的财物。实施电信网络诈骗活动，诈骗公私财物达到数额较大（3000 元以上）的，构成诈骗罪。本案中，犯罪人冒充警察实施电信网络诈骗犯罪，同时构成诈骗罪和招摇撞骗罪，而冒充警察无论在诈骗罪还是招摇撞骗罪中都是一个从重处罚情节。因此，对犯罪人应依照这两个罪名中处罚较重的犯罪定罪，并且从重处罚。

《中华人民共和国刑法》第二百六十六条 诈骗公私财物，数额较大的，处三年以下有期徒刑、拘役或者管制，并处或者单处罚金；数额巨大或者有其他严重情节的，处三年以上十年以下有期徒刑，并处罚金；数额特别巨大或者有其他特别严重情节的，处十年以上有期徒刑或者无期徒刑，并处罚金或者没收财产。本法另有规定的，依照规定。

典型案例

某村村民蒋某夫妇共生育子女两人，即蒋甲、蒋乙。1998 年土地第二轮承包时，蒋某作为户主代表其妻子及两位子女共分得 8 亩承包地。2010 年和 2015 年蒋某夫妇先后去世，蒋某夫妇的 4 亩承包地由蒋甲和蒋乙分别耕种。2019 年某村拟通过“村民大会”的方式，扣除死亡和户口迁出的原集体成员的土地。蒋甲、蒋乙不服，诉至法院。其认为，国家已经将 8 亩承包地登记为蒋家 4 口人所有，蒋某夫妇去世后，蒋某夫妇的 4 亩承包地应由作为子女的蒋甲和蒋乙继承，不能由集体直接收回。

20　　年

　　月　　日

星期

天气

法律分析

承包地的所有权人是农民集体经济组织，承包户不享有土地所有权，但拥有“用益物权”。用益物权是指非所有权人对他人之物享有的占有、使用、收益和进行特定处分的财产权。2007 年《中华人民共和国物权法》（现为《中华人民共和国民法典》“物权编”）规定承包户对承包地享有用益物权。《农村土地承包法》也有相关规定。家庭承包经营权归全体家庭成员共享，当该农户中的部分成员死亡时，该家庭中的其他成员可以继续承包。只有在家庭成员全部死亡时，该土地承包经营权才归于消灭。故蒋某夫妇去世后，其承包的 4 亩土地的承包经营权，不能由集体收回。

《中华人民共和国[illegible]包法》第十六条　家庭承包的承包方是本集体经济组织的农户。农户内家庭成员依法平等享有承包土地的各[illegible]

第三[illegible][illegible]人应得的承包收益，依照继承法的规定继承。

[illegible]承包人死亡，其继承人可以在承包期内继续承包。

典型案例

某村村民王某在 2000 年儿子出生后，曾找到村委会要求给儿子分 2 亩地。村主任面露难色地说："咱们村的机动地本来就少，去年第二轮承包时大部分可耕种的土地都发包出去了，没法再分了。"王某的儿子 18 岁后，王某再次向村里提出分一些承包地。村委会依然没有同意，王某便前往乡司法所咨询，寻求法律援助。司法所工作人员依据相关法律政策的规定作了解答：承包土地在第二轮承包后，不能随意调整，但如果村里有机动地，可以适量分给新增人口。后考虑王某仅靠原有承包地确实存在生活困难，村委会将 1 亩机动地分给了王某。

20 年

月 日

星期

天气

法律分析

在因自然灾害严重毁损承包地等特殊情形需要调整土地时，应当将这些土地用于调整承包地；在因出生、婚嫁、户口迁移等原因新增人口时，应当将这些土地承包给新增人口。给新增人口无偿分配承包地需要具备几个条件：首先，集体经济组织依然有预留的机动地或其他未承包地。其次，新增人口必须确实存在生活困难情形。最后，给新增人口分配的承包地，原则上不应适用"承包地 30 年不变政策"，而应当以 3~5 年为一期进行调整。如果新增人口已经不存在生活困难的情形，那么应当将相应的承包地交回集体，由集体重新分配给其他生活困难的成员。

《中华人民共和国农村土地承包法》第二十九条 下列土地应当用于调整承包土地或者承包给新增人口：（一）集体经济组织依法预留的机动地；（二）通过依法开垦等方式增加的；（三）发包方依法收回和承包方依法、自愿交回的。

典型案例

韩某属于A村的外嫁女性，但其婚后户口未迁出原籍且仍在原居住地生活，在嫁入地也未取得承包地。2015年，A村村两委、党员大会、村民代表大会一致通过，在收回2015年之前出嫁妇女的土地承包经营权。A村村委会认为，土地调整系村委会村民自治的权力，表决结果具有法律效力；韩某与丈夫长期在外务工，并在县城购有房产，不属于本村村民，不享有土地承包经营权；依照风俗习惯，出嫁女不应分得承包地。韩某将A村村委会诉至法院。法院判决A村村委会败诉，并要求A村村委会退还韩某的承包地，并赔偿韩某耕地承包费、直补款等损失。

20　　年

　　月　　日

星期

天气

法律分析

为了切实维护妇女的合法土地权益，2003年通过的《中华人民共和国农村土地承包法》规定，承包期内，妇女结婚，在新居住地未取得承包地的，发包方不得收回其原承包地；妇女离婚或者丧偶，仍在原居住地生活或者不在原居住地生活但在新居住地未取得承包地的，发包方不得收回其原承包地。2018年修正的《中华人民共和国农村土地承包法》进一步规定“农户内家庭成员依法平等享有承包土地的各项权益”。“土地承包经营权证或者林权证等证书应当将具有土地承包经营权的全部家庭成员列入。”

《中华人民共和国农村土地承包法》第三十一条　承包期内，妇女结婚，在新居住地未取得承包地的，发包方不得收回其原承包地；妇女离婚或者丧偶，仍在原居住地生活或者不在原居住地生活但在新居住地未取得承包地的，发包方不得收回其原承包地。

典型案例

某村村民王某夫妇共生育子女王甲和王乙两人。1998 年土地第二轮承包时，王某夫妇及两名子女共分得 8 亩承包地。2018 年时，王某夫妇及其子女王甲和王乙举家迁往某市，全家户口也转为非农业户口。2020 年，村委会认为，由于王某一家举家迁入城市，因此收回其 8 亩承包地。王某一家不服，向法院提出诉讼。法院经审理后认为，村委会收回王某一家 8 亩承包地的行为是违法的，应当撤销。

20　　年

　　月　　日

星期

天气

法律分析

承包农户即使全家都进城落户，无论其是否被纳入城镇住房和社会保障体系，也无论其是落户到大城市还是小城市抑或是县城，其进城落户前所取得的农村土地承包经营权仍然受法律保护，不得被收回。

当然，承包户进城落户之后，其可以按照自愿有偿的原则将承包地交回发包方，也可以将承包地转让给本集体经济组织的成员，还可以保留承包权将一定期限的经营权流转给其他农业经营主体。承包农户具体如何选择，是其应有的权利和自由，并应当获得相应的补偿或市场对价。因此，各地政府和村委会应充分尊重农民意愿，不能以农民已进城落户为由就剥夺其土地承包经营权。

《中华人民共和国农村土地承包法》第二十七条第一款、第二款、第三款　承包期内，发包方不得收回承包地。

国家保护进城农户的土地承包经营权。不得以退出土地承包经营权作为农户进城落户的条件。

承包期内，承包农户进城落户的，引导支持其按照自愿有偿原则依法在本集体经济组织内转让土地承包经营权或者将承包地交回发包方，也可以鼓励其流转土地经营权。

典型案例

崔某和刘某是同村村民，2001年时，崔某和刘某达成了换地协议，崔某承包的A地块与刘某承包的B地块进行互换，并向村集体进行备案。2003年时，刘某听说高速公路修路可能会占用B地块，预计会得到一定的征地补偿，与崔某协商取消换地协议。崔某不同意，刘某便强行耕种了B地块。崔某向法院提起诉讼，请求刘某继续履行换地合同，并确认B地块属于其所有。法院认为，双方为了耕种便利达成换地协议，系真实的意思表示，并且双方为同村村民，该协议未违反法律的效力性强制性规定，双方达成的换地协议合法有效，B地块的承包经营权人是崔某而非刘某。

20　　年

　　月　　日

星期

天气

法律分析

由于土地承包经营权互换通常都是对等的，也未剥夺互换双方的土地承包经营权，因此，只要不违反法律，侵害他人的合法权益，发包方就应允许，并依法进行备案。但应当注意的是，土地承包经营权互换，表面上来看是地块的交换，但从法律性质上来看，是承包经营权权利本身的交换。合同签订之后，原有的发包方与承包方的关系，变为发包方与互换后的承包方的关系，双方的权利义务同时作出相应的调整，因此一旦双方签署了土地承包经营权互换协议，并在村集体备案，该互换协议是不能被单方废止的。

《中华人民共和国农村土地承包法》第三十三条　承包方之间为方便耕种或者各自需要，可以对属于同一集体经济组织的土地的土地承包经营权进行互换，并向发包方备案。

第三十五条　土地承包经营权互换、转让的，当事人可以向登记机构申请登记。未经登记，不得对抗善意第三人。

典型案例

2019 年 4 月 20 日，陈某与艾某签订了《土地经营权流转合同书》，合同约定艾某将 12 亩承包地的 10 年土地经营权流转给陈某，艾某所在村委会也在合同中签字盖章。2021 年 3 月 11 日，陈某与马某签订《土地经营权流转合同》，合同约定陈某将土地经营权转让给马某，期限为 9 年，但是签署该合同没有通知艾某。2021 年 3 月 23 日，艾某以陈某向第三方马某转包土地没有经其同意为由，要求解除与陈某签署的《土地经营权流转合同书》，陈某不同意，后各方发生争议，诉至法院。

20　　年

　　月　　日

星期

天气

法律分析

陈某取得土地经营权后，可以将土地经营权再次流转给马某，但需经过艾某的书面同意并向艾某所在的村委会备案，否则陈某所进行的二次流转将会因违反法律规定而被撤销。土地经营权的再次流转需要符合以下两个方面的条件：其一，需经土地承包方书面同意。其二，需向集体经济组织进行备案。另外，为了保障土地经营权有序流转，并支持土地经营权人进行融资，《中华人民共和国农村土地承包法》规定，土地经营权受让方可以以该项权利作为向金融机构融资的担保物，但是也需要符合经承包方书面同意并向发包方备案这一要件。

《中华人民共和国农村土地承包法》第四十六条　经承包方书面同意，并向本集体经济组织备案，受让方可以再流转土地经营权。

典型案例

2004 年，因朱某等 5 户村民进城打工，导致 10.5 亩承包地撂荒，某村将这些土地另行发包给王某，期限 5 年，由王某承担相应田亩的税费。合同到期后，2008 年 1 月 1 日村委会与王某续签《土地承包合同书》一份，期限为 20 年。2006 年国家取消农业税后，朱某等 5 户农户要求村委会和王某返还承包地。后经当地农村土地承包仲裁委员会仲裁，王某从 2010 年起每年向村委会缴纳 2000 元土地租金，村委会按每年每亩 100 元的标准补贴农户。自此，其他各方诉求得到了基本的平衡。

20 年

月 日

星期

天气

法律分析

关于土地承包经营纠纷的解决，首先，当事人双方应该本着真诚友好、互谅互让的态度自行和解，和解不成的，可以请求村民委员会、乡（镇）人民政府等调解。其次，可以向农村土地承包仲裁委员会申请仲裁。县级以上人民政府应当加强对农村土地承包经营纠纷调解和仲裁工作的指导，县级以上人民政府农村土地承包管理部门及其他有关部门应当依照职责分工，支持有关调解组织和农村土地承包仲裁委员会依法开展工作。最后，当事人有权向法院提起诉讼。

◇◇◇

《中华人民共和国农村土地承包法》第五十五条 因土地承包经营发生纠纷的，双方当事人可以通过协商解决，也可以请求村民委员会、乡（镇）人民政府等调解解决。

当事人不愿协商、调解或者协商、调解不成的，可以向农村土地承包仲裁机构申请仲裁，也可以直接向人民法院起诉。

典型案例

1989 年经当地国土所批准，谢某获得 158.4 平方米的宅基地使用权。1990 年，谢某自建了一套建筑面积为 158.47 平方米的房屋。2007 年，谢某认为现有的房屋面积较小，而且其子马上要结婚，因此准备在自家的自留地上另外修建一座占地面积 200 平方米的房屋。在房屋修建过程中，村委会不但要求谢某停工，而且要求其将已经建成的部分拆除，谢某认为在自家土地上修建房屋，村委会无权过问，由此引发纠纷。

20　　年

　　月　　日

星期

天气

法律分析

农村村民每户只能在本集体经济组织申请拥有一处宅基地。这主要是就新申请宅基地而言的，因房屋继承等合法原因形成的多处住宅原则上不作处理，农村村民可以通过出卖等方式进行处理，也可以维持现状，但房屋一般不得翻建，房屋损毁后宅基地应当退回村集体经济组织。户口本所登记的家庭就是一户。在实践中，户籍及经常居住地在集体经济组织内，符合法定结婚年龄、依法办理结婚登记手续的成年村民也可以通过申请分户来获得新的宅基地。其宅基地可以分开，但各宗宅基地的总面积应当累计计算，且不得超过本省规定的标准面积。

《中华人民共和国土地管理法》第六十二条第一款、第二款　农村村民一户只能拥有一处宅基地，其宅基地的面积不得超过省、自治区、直辖市规定的标准。

人均土地少、不能保障一户拥有一处宅基地的地区，县级人民政府在充分尊重农村村民意愿的基础上，可以采取措施，按照省、自治区、直辖市规定的标准保障农村村民实现户有所居。

典型案例

李某某系某村某组村民，1990 年从村集体处分得了一块面积为 156 平方米的宅基地。1992 年李某在该宅基地上建设了一座房屋。2006 年时，李某某又在自家宅基地的外围圈了一块地，修建了一处新的房屋。前后两次修建的宅基地面积为 180 平方米，超过了当地人民政府规定的宅基地面积标准。2017 年村委会在村内展开宅基地确权登记办证时核查发现，李某某已有宅基地面积不符合规定标准，对超出标准面积部分不予确权发证，由此引发纠纷。

20 年

月 日

星期

天气

法律分析

宅基地面积不得超过省（区、市）规定的标准。超过的，按下列情况处理：（1）1982 年《村镇建房用地管理条例》实施前，农村村民建房占用的宅基地，在该条例实施后至今未扩大用地面积的，可以按现有实际使用面积进行登记。（2）上述条例实施起至 1987 年《中华人民共和国土地管理法》实施时止，农村村民宅基地建房超过部分按当时国家和地方有关规定处理后，可以按实际使用面积进行登记。（3）1987 年《中华人民共和国土地管理法》实施后，是超标的，按实际批准面积进行登记并注明超标面积，待以后分户建房或现有房屋拆迁等时，按有关规定作出处理，并重新进行登记。

《中华人民共和国土地管理法》第六十二条第三款 农村村民建住宅，应当符合乡（镇）土地利用总体规划、村庄规划，不得占用永久基本农田，并尽量使用原有的宅基地和村内空闲地。编制乡（镇）土地利用总体规划、村庄规划应当统筹并合理安排宅基地用地，改善农村村民居住环境和条件。

典型案例

张某 2003 年从 A 村里分得一块宅基地用于建房。2005 年王某嫁给张某，其户籍也迁入 A 村。2011 年，张某与王某婚姻关系破裂协议离婚，但户口都没有迁移。后来，张某与邻村的李某结婚，因原来的宅基地上房屋由前妻王某和儿子共同居住，张某就打算在自家承包地上重新盖一栋房子。村委会知道后及时制止了张某的行为，告诉他未经批准建房是违法的。考虑张某离婚后又再婚确实需要一处新的宅基地，村委会协助张某将户口从原来的宅基地迁出，与其再婚的妻子共同组成一户在本村申请了新的宅基地。

20　　年

　　月　　日

星期

天气

法律分析

只有具备本集体经济组织成员身份，才有资格申请本集体经济组织的宅基地。可以批准的情形包括：符合法定结婚年龄的本村村民，因结婚等原因确需分户建设新房（包括男方到女方落户的）；因发生或者防御自然灾害、实施村庄和集镇规划以及进行乡（镇）村公共设施和公益事业建设或因国家建设征用土地等原因需要搬迁的；外来人口因婚嫁等原因依法落户本村，成为本集体经济组织成员，没有宅基地的；其他情形。不予批准的情形包括：原有宅基地的面积已经达到规定标准的；本村村民将原宅基地及其地上建筑物出卖、出租、赠与或改为经营场所的；其他情形。

《中华人民共和国土地管理法》第十一条　农民集体所有的土地依法属于村农民集体所有的，由村集体经济组织或者村民委员会经营、管理；已经分别属于村内两个以上农村集体经济组织的农民集体所有的，由村内各该农村集体经济组织或者村民小组经营、管理；已经属于乡（镇）农民集体所有的，由乡（镇）农村集体经济组织经营、管理。

典型案例

李某一家的宅基地是 1988 年申请的。近年来，因为两个儿子相继长大成人，并接连娶妻生子。李某的大儿子李甲见原本的住宅已经无法满足一家数口人的居住需求，向村委会申请单独立户，并申请新的宅基地。但其并不清楚具体的申请流程，所以到村委会进行咨询。

20　　年

　　月　　日

星期

天气

法律分析

经批准用地建房的农户，应当在开工前向乡（镇）人民政府或授权的牵头部门申请划定宅基地用地范围，乡（镇）人民政府及时组织农业农村、自然资源等部门到现场进行开工查验，实地丈量批放宅基地，确定建房位置。农户建房完工后，乡（镇）人民政府组织相关部门进行验收，实地检查农户是否按照批准面积、四至等要求使用宅基地，是否按照批准面积和规划要求建设住房，并出具《农村宅基地和建房（规划许可）验收意见表》。通过验收的农户，可以向不动产登记部门申请办理不动产登记。

《中华人民共和国土地管理法》第六十二条第四款　农村村民住宅用地，由乡（镇）人民政府审核批准；其中，涉及占用农用地的，依照本法第四十四条的规定办理审批手续。

典型案例

同村林甲、林乙两户人家经审批各获得一块宅基地。后林甲向林乙提出更换宅基地基建的要求，林乙表示同意。林甲于2006年自筹资金在林乙的宅基地上建造了一栋四层楼高的房屋。2017年因公路建设需要，政府决定拆迁林甲建造的四层楼高房屋。林乙则认为，该房屋下的宅基地产权人是自己，林甲应当把部分拆迁款补偿给自己，但林甲认为双方宅基地已经互换，不同意。

20 年

月 日

星期

天气

法律分析

同村村民之间可以在自由自愿的基础上，进行宅基地互换，但是应当履行相应的不动产产权登记变更手续。涉及互换宅基地的，应当由当事人双方共同申请。林甲与林乙互换宅基地，并没有依法办理宅基地使用权变更登记手续。如果这个案件中林甲与林乙的互换行为发生在2007年10月1日之后，涉案宅基地的使用权人应当依然是林乙。不过，因为本案中的宅基地互换行为发生在2007年10月1日之前，所以不能适用2007年《中华人民共和国物权法》的规定。为此，某镇人民调解委员会适用调解程序解决双方的房屋宅基地纠纷，促成了双方签订《宅基地互换协议书》。

《中华人民共和国土地管理法》第六十二条第一款和第五款 农村村民一户只能拥有一处宅基地，其宅基地的面积不得超过省、自治区、直辖市规定的标准。

农村村民出卖、出租、赠与住宅后，再申请宅基地的，不予批准。

典型案例

某村李某在村内有一处宅基地并自建 3 间房屋。2008 年之后，李某常年到外地务工，所以将房子租给同村的王某，并约定租期为 10 年。2015 年时，李某打算回到村里发展规模农业，但因其住宅租给王某且尚在租赁期限内，没有其他住宅可供居住，所以李某打算向村里再申请一块宅基地，但没有获得村里的同意。

20　　年

　　月　　日

星期

天气

法律分析

农村村民在出租房屋时，应根据法律的规定签署相应的租赁合同。《中华人民共和国民法典》规定，房屋租赁期限不得超过 20 年。超过 20 年的，超过部分无效。租赁期限 6 个月以上的，应当采用书面形式。当事人未采用书面形式，无法确定租赁期限的，视为不定期租赁。经出租人同意，承租人可以对租赁房屋进行改善或者增设他物。如果未经出租人同意，对租赁物进行改善或者增设他物的，出租人可以请求承租人恢复原状或者赔偿损失。经出租人同意，承租人可以将租赁房屋转租给第三人。

《中华人民共和国民法典》第七百零四条　租赁合同的内容一般包括租赁物的名称、数量、用途、租赁期限、租金及其支付期限和方式、租赁物维修等条款。

第七百零五条　租赁期限不得超过二十年。超过二十年的，超过部分无效。

租赁期限届满，当事人可以续订租赁合同；但是，约定的租赁期限自续订之日起不得超过二十年。

典型案例

2003 年 4 月，张某将其位于某村的一处宅基地（土地性质为集体所有制土地），以 56,900 元的价格转让给外村村民邹某，协议载明款项当面付清，张某的同村村民周某作为证明人在协议书上签字。之后该处宅基地一直闲置，邹某未在上面建设房屋。2013 年，因未能办理房屋建设手续，村委会将该宅基地收回，并向张某补偿安置房一处。邹某认为其已受让了宅基地，因此安置房应归其所有。但因与张某就安置房的归属问题协商不成，邹某到法院起诉，要求张某返还购买宅基地的款项 56,900 元，并赔偿其因此所遭受的损失。

20　　年

　　月　　日

星期

天气

法律分析

宅基地的使用权不能单独转让给集体之外的人。违反上述规定并出现纠纷，法院通常会判决转让合同无效。在合同无效的情形下，当事人仍应负如下几种民事责任：（1）返还财产。这是指合同当事人在合同被确认无效或者被撤销以后，对已交付给对方的财产享有返还请求权，而已接受该财产的当事人不论是否有过错都有返还财产的义务。（2）折价补偿。在“法律上的不能返还”和“事实上的不能返还”的情况下，应当折价补偿对方当事人。（3）赔偿损失。凡是因合同的无效或者被撤销而给对方当事人造成的损失，主观上有故意或者过失的一方当事人应赔偿对方的财产损失。

◇◇◇

《中华人民共和国土地管理法》第六十二条第一款和第五款　农村村民一户只能拥有一处宅基地，其宅基地的面积不得超过省、自治区、直辖市规定的标准。

农村村民出卖、出租、赠与住宅后，再申请宅基地的，不予批准。

典型案例

吉某原为某村集体经济组织的成员，18 岁考上大学之后，一直在 A 市学习和工作，后其户口也由老家迁移到了 A 市。但是其父母一直在老家务农，2018 年宅基地确权登记时，吉某的宅基地使用权被确权给吉某的父亲。2019 年之后，吉某的父母先后离世，吉某处理完两位老人的后事后，要求县不动产登记中心将宅基地使用权以及地上房屋所有权变更登记到其名下。县不动产登记中心审查发现吉某的户籍在 A 市而不在某村，因此犯难。

20　　年

　　月　　日

星期

天气

法律分析

如果农村宅基地上没有房屋，那么无论子女是否为本集体户籍，都不能继承该宅基地，该宅基地应由集体收回。如果宅基地上有房屋，根据“房地一体”原则，即使子女已经是城镇户籍，该宅基地的使用权也会随着地上房屋由子女一并继承，并依法办理不动产变更登记。如果涉及多个家庭成员继承时，继承的顺序和份额应当根据《中华人民共和国民法典》“继承编”的规定办理。

自然资源部在 2020 年 9 月 9 日对十三届全国人大三次会议第 3226 号建议的答复中指出：“农民的宅基地使用权可以依法由城镇户籍的子女继承并办理不动产登记。……被继承人的房屋作为其遗产由继承人继承，按照房地一体原则，继承人继承取得房屋所有权和宅基地使用权，农村宅基地不能被单独继承。……非本农村集体经济组织成员（含城镇居民），因继承房屋占用宅基地的，可按相关规定办理确权登记，在不动产登记簿及证书附记栏注记‘该权利人为本农民集体经济组织原成员住宅的合法继承人’。”

典型案例

2017 年，农村村民王某在城市里买房定居，张某系与王某同村的村民。2018 年，张某的住宅因村内修建公路被征收，村内又没有新增宅基地可以分配，所以张某和王某协商，想购买王某在农村的宅基地及其地上住宅。最终，双方经过友好协商，签订了宅基地及地上房屋转让协议，并办理了不动产产权变更登记手续。

20　　年

　　月　　日

星期

天气

法律分析

2019 年修正的《中华人民共和国土地管理法》原则性地规定，国家允许进城落户的农村村民依法自愿有偿退出宅基地，鼓励农村集体经济组织及其成员盘活利用闲置宅基地和闲置住宅。

所谓“进城落户的农村村民”应当是指农村村民一家人在城市中购买了房产，可以稳定地在城市中生活，不至于流离失所。凡是希望有偿退出宅基地的农村村民，需要提供其在城市中的房产证或不动产登记证书。另外，应当要求该户所有成年家庭成员都提供书面同意意见。

《中华人民共和国土地管理法》第六十二条第六款　国家允许进城落户的农村村民依法自愿有偿退出宅基地，鼓励农村集体经济组织及其成员盘活利用闲置宅基地和闲置住宅。

典型案例

张某系某村村民。2020 年 8 月，张某违法占用该村集体土地 0.22 亩修建住宅，其中，耕地面积 0.2 亩（均为永久基本农田）。当地农业农村、自然资源管理部门在联合执法过程中，发现张某违法建房的问题，要求其自行拆除违法建筑，并将土地恢复原状。张某没有执行该行政命令。2020 年 12 月，县农业农村、自然资源等部门依法拆除了违法建筑物，并对张某处以 1 万元罚款。

20　　年

　　月　　日

星期

天气

法律分析

（1）农村村民不按批准的用途使用耕地的，相关部门可收回土地。（2）违反法律规定，占用耕地建窑或者擅自在耕地上建房，破坏种植条件的，相关部门将责令其限期改正或者治理，可并处罚款；构成犯罪的，将依法被追究刑事责任。（3）未经批准或采取欺骗手段骗取批准，非法占用土地建住宅的，相关部门将责令其退还非法占用的土地，限期拆除在非法占用的土地上新建的房屋。（4）超标准多占土地建设住宅的，按照未经批准或者采取欺骗手段骗取批准非法占用土地的违法行为处罚。（5）对乱占耕地建房、违反生态保护红线管控建房的，不动产登记部门不得办理登记。

《中华人民共和国土地管理法》第七十五条　违反本法规定，占用耕地建窑、建坟或者擅自在耕地上建房、挖砂、采石、采矿、取土等，破坏种植条件的，或者因开发土地造成土地荒漠化、盐渍化的，由县级以上人民政府自然资源主管部门、农业农村主管部门等按照职责责令限期改正或者治理，可以并处罚款；构成犯罪的，依法追究刑事责任。

典型案例

2016年6月,某村部分土地被征收。某村村委会主任甲某作为政府土地征收工作组成员，利用职权便利，伪造与村委会土地租赁协议的方式虚构土地征收补偿项目，骗取土地征收补偿费用 120 万元。同时，其还利用职务之便贪污该村 6 名村民的青苗补偿费 15 万元、安置补偿费 150 万元。2019 年，甲某担心自己的骗取和冒领行为被发现，欲携款外逃，结果被依法抓获。甲某被检察院提起公诉，依法被判处 10 年有期徒刑，并处没收全部违法所得。

20 年

月 日

星期

天气

法律分析

根据《中华人民共和国土地管理法实施条例》第 64 条对非法侵占征地补偿费的规定，甲某从事协助政府清查登记、核准征收土地等行政管理工作，属于国家工作人员，主观上又具有非法占有土地征收补偿费用、青苗补偿费和安置补偿费的故意，因此其行为构成贪污罪。

挪用征地补偿款行为和私分、截留征地补偿款行为分别适用《中华人民共和国刑法》第 384 条和第 271 条第 1 款的规定追究刑事责任。

《中华人民共和国刑法》第三百八十四条第一款 国家工作人员利用职务上的便利，挪用公款归个人使用，进行非法活动的，或者挪用公款数额较大、进行营利活动的，或者挪用公款数额较大、超过三个月未还的，是挪用公款罪，处五年以下有期徒刑或者拘役；情节严重的，处五年以上有期徒刑。挪用公款数额巨大不退还的，处十年以上有期徒刑或者无期徒刑。

典型案例

汪某长期在外地务工，一日得知老家的 3 间房子、猪圈、厕所及大树被挖掘机推倒。汪某认为，自己家与县人民政府没有签订任何征迁协议，因此政府对他家的土地和房屋进行征收是违法的，要求县人民政府对土地和房屋补偿 50 万元，并对其和家人因为违法征收造成的精神损害赔偿 10 万元。县人民政府认为，其征收行为是合法的，因为已经依法获得了省人民政府的批准，而且已经通知被征收人来领取补偿款，但是汪某一家不愿意签署补偿协议，也未领取政府核定的 30 万元补偿款。汪某向法院提起诉讼。

20　　年

　　月　　日

星期

天气

法律分析

由于汪某家的土地属于集体所有的土地，因此县人民政府应提供征收土地预公告等证据材料。本案中，县政府需要完成以下法律程序才能进行强制拆迁：（1）针对汪某一家作出征地补偿安置决定，并依法进行送达；（2）汪某一家拒不交出土地，同时在法定的期限内，既不申请行政复议或也不进行行政诉讼，那么人民政府可以依法申请人民法院强制执行，或者人民法院裁定准予执行后组织相关职能部门进行强制执行。

县人民政府应当提交其设定的补偿方案符合法定标准，且是按土地现状调查情况表上载明的事实进行补偿的证据。

《中华人民共和国行政诉讼法》第三十四条　被告对作出的行政行为负有举证责任，应当提供作出该行政行为的证据和所依据的规范性文件。

被告不提供或者无正当理由逾期提供证据，视为没有相应证据。但是，被诉行政行为涉及第三人合法权益，第三人提供证据的除外。

典型案例

A 制药厂与李某签订了临时使用土地合同，双方一致同意 A 制药厂在基建期间使用李某的 6.036 亩承包地，时间预计为两年。在使用期满后，制药厂负责将土地恢复原状，交还李某使用。A 制药厂一次性给付李某土地使用补偿款 10 万元，并答应安排李某家中一名符合条件的劳动者入厂就业。协议签订当日，制药厂开始使用李某的承包地建设施工人员的临时生活用房。在建设过程中，县自然资源局在例行巡查中发现，A 制药厂对李某 6.036 亩承包地的临时使用没有经过自然资源主管部门批准，因此要求 A 制药厂停工，依法获得审批后再进行建设。

20　　年

　　月　　日

星期

天气

法律分析

临时使用土地的，需要满足以下条件：一是需经依法批准。二是应当签订临时用地合同，明确临时用地的地点、四至范围、面积和现状地类，以及临时使用土地的用途、使用期限、土地复垦标准、补偿费用和支付方式、违约责任等。三是临时用地不超过二年的，使用的具体期限可以在临时使用土地合同中由双方约定；临时用地确需超过二年的，需重新办理临时用地手续。四是临时使用土地者应当按照合同约定的用途使用土地，不得修建永久性的建筑物及其他设施。使用结束后，应当将临时建设的设施全部拆除，恢复土地原貌，并交还给原土地所有权人或使用权人。

《中华人民共和国土地管理法》第五十七条第一款　建设项目施工和地质勘查需要临时使用国有土地或者农民集体所有的土地的，由县级以上人民政府自然资源主管部门批准。其中，在城市规划区内的临时用地，在报批前，应当先经有关城市规划行政主管部门同意。土地使用者应当根据土地权属，与有关自然资源主管部门或者农村集体经济组织、村民委员会签订临时使用土地合同，并按照合同的约定支付临时使用土地补偿费。

典型案例

小花进城打工，在同村王婶开的饭店中当服务员。工作了半个月，饭店都没有与小花订立劳动合同。小花前去问王婶，王婶却说大家都是老乡，没必要签合同，并承诺自己一定会按事先约定的数额给小花发放工资，还会按时给她缴纳社保。碍于老乡情谊，小花也没再说什么，但想到工作这么重要的事居然没有白纸黑字的合同，她还是有些放心不下，想知道是不是老乡之间就可以不签劳动合同？劳动合同到底有什么作用呢？

20　　年

　　月　　日

星期

天气

法律分析

书面形式的劳动合同是确立劳动关系、明确劳动者与用人单位双方权利与义务的协议，发挥着预防纠纷以及在发生争议时确定劳资合意内容的重要功能。尽管在劳动关系成立阶段，用人单位可能为劳动者许下美好的承诺，但是"口说无凭"；一旦双方发生纠纷，这些口头承诺不仅难以作为法律上的证据使用，而且在缺乏书面劳动合同的情况下，证明二者间存在劳动关系都可能成为一件难事。也正因此，劳动法将订立书面劳动合同作为用人单位的一项重要义务，以此保障劳动者的合法权益。本案中，王婶以老乡为由不与小花签订劳动合同的做法显然违反劳动法的规定。

《中华人民共和国劳动合同法》第十条　建立劳动关系，应当订立书面劳动合同。

已建立劳动关系，未同时订立书面劳动合同的，应当自用工之日起一个月内订立书面劳动合同。

用人单位与劳动者在用工前订立劳动合同的，劳动关系自用工之日起建立。

典型案例

周某在应聘某岗位时，由于朋友提醒她有些单位为了避免女职工婚假、产假等带来的“旷工”情况，可能更倾向于录用已婚已育的员工。她便隐瞒了自身婚育状况，在职工登记表中填写了“已婚”“已育”。后来，当周某结婚，向公司提出休婚假时，公司不仅不给假，还指出周某在当初应聘时存在欺诈行为，并以此为由认定双方之间的劳动合同无效，要求周某从公司离职。对此，周某感到十分懊恼和困惑，她实在没想到隐瞒婚育情况竟使自己丢了工作，但她同时也想知道自己的行为是否真的违反法律规定，构成欺诈呢？

20 年

月 日

星期

天气

法律分析

在劳动合同的订立阶段，为增强劳资双方的信赖，并为双方双向选择提供基础性信息，劳动法明确规定用人单位与劳动者分别具有告知义务及说明义务。就劳动者的说明义务而言，法律仅要求其说明与劳动合同直接相关的基本情况，主要包括劳动者的学历、工作经历、所掌握的技能等内容。用人单位出于降低用工成本的考虑而询问女职工婚育状况的做法不仅超越了其知情权的范畴，也可能造成性别歧视等不良后果，与法不符。具体到本案，由于法律并未规定劳动者具有向用人单位如实告知婚育状况的义务，周某的隐瞒行为不构成欺诈，也不会带来劳动合同无效的法律后果。

人力资源社会保障部、教育部等九部门《关于进一步规范招聘行为促进妇女就业的通知》 二、依法禁止招聘环节中的就业性别歧视。各类用人单位、人力资源服务机构在拟定招聘计划、发布招聘信息、招用人员过程中……不得询问妇女婚育情况，不得将妊娠测试作为入职体检项目，不得将限制生育作为录用条件，不得差别化地提高对妇女的录用标准。……

典型案例

小何在某电器工厂工作，与工厂订立了为期 3 年的固定期限劳动合同。合同到期后，工厂负责人与小何商议续签劳动合同事宜时表示，工厂近期效益不佳，如小何想要续签合同，每月工资需下调 600 元；如不想续签，工厂也无法为其提供任何补偿。小何觉得工厂的做法有些强人所难，他想知道工厂不与自己协商，单方面限制劳动合同续约条件的做法是否合法？如果自己拒绝续约，是否真的不能得到任何补偿？

20 年

月 日

星期

天气

法律分析

续订劳动合同过程中，劳资双方同样需要遵循合法、公平、平等自愿、协商一致、诚实信用的基本原则。除此之外，为避免用人单位故意降低劳动条件迫使劳动者主动放弃续约的行为，劳动法还特别要求除用人单位维持或提高劳动合同约定条件续订合同，劳动者不同意续订的情形外，用人单位终止固定期限劳动合同须向劳动者支付经济补偿金。在本案中，某电器工厂不仅在确定劳动合同的续订条件时未与小何进行协商，单方面作出了下调工资的不合理决定，而且也无理地排除了小何在拒绝续约时所能享有的经济补偿，显然违背了劳动法的规定，侵害了劳动者的合法权益。

《中华人民共和国劳动合同法》第四十六条　有下列情形之一的，用人单位应当向劳动者支付经济补偿……（五）除用人单位维持或者提高劳动合同约定条件续订劳动合同，劳动者不同意续订的情形外，依照本法第四十四条第一项规定终止固定期限劳动合同的……

典型案例

周某在某连锁药房的市中心总店从事收银员的工作。因周某曾多次拒绝药房主任安排的加班工作，主任对其十分不满，在未与周某进行沟通的情况下，便联系公司人事部门将周某由总店调至郊区分店担任收银员。由于分店与周某所住小区距离很远，大大增加了周某上下班的通勤时间，对其日常生活工作带来了极大影响。周某表示抗议，人事部门却告诉他公司具有用工自主权，这一安排是公司根据正常营业需要进行的合理调整，希望周某理解并进行配合。周某依旧认为这一岗位变动非常不合理，想知道用人单位是否真的有权在未与自己进行协商的情况下随意变动工作岗位呢？

20　　年

　　月　　日

星期

天气

法律分析

通常情况下用人单位实施调整劳动者的工作岗位等变更劳动合同内容的行为时，需基于平等自愿原则与劳动者协商一致，这是对劳动者择业自主权的尊重与保障。与之相对应，用人单位也享有用工自主权，可以根据自身生产经营需要对劳动者的工作岗位进行适当调整。但单位对于劳动者工作岗位的调整必须具备合理性，其判断标准主要包括是否基于用人单位生产经营需要、是不是对劳动合同内容的较大变更、是否对劳动者的劳动报酬及劳动条件等产生重大影响等。本案原因显然并非基于用人单位生产经营所需，且对周某劳动条件产生了重大影响，因此有违法律规定。

《中华人民共和国劳动合同法》第三十五条　用人单位与劳动者协商一致，可以变更劳动合同约定的内容。变更劳动合同，应当采用书面形式。

变更后的劳动合同文本由用人单位和劳动者各执一份。

典型案例

白某与某银行订立了为期两年的固定期限劳动合同，从事业务经理工作。工作一段时间后，由于白某获得了更好的工作机会，便提前一个月向银行递交了辞职信。然而，银行以还有许多业务合同没有交接完毕、部分贷款尚未收回为由，始终扣着白某的档案不放。白某应聘的新单位表示，不将档案尽快转入公司，就没法依据档案为他定级定职，相应的待遇条件也无法确定。这让白某十分着急，他想知道他的情况到底该怎么办？

20 年

月 日

星期

天气

法律分析

劳动法要求用人单位在与劳动者解除或终止劳动合同时出具相应的证明，并在 15 日内为劳动者办理档案和社会保险关系转移手续。如用人单位违反法律规定，实施扣押劳动者档案的行为，需承担相应的民事责任和行政责任。本案中，银行以业务尚未交接完毕等为由拒绝为白某办理离职手续的做法便违反了劳动法的上述规定。对此，白某一方面可以向劳动行政部门投诉，由其责令用人单位改正违法行为、缴纳罚款并承担赔偿责任；另一方面也可诉诸劳动争议解决机制，将纠纷提交劳动争议仲裁机构处理，并在不服仲裁裁决时，依法向人民法院提起诉讼。

◇◇◇

《中华人民共和国劳动合同法》第五十条第一款 用人单位应当在解除或者终止劳动合同时出具解除或者终止劳动合同的证明，并在十五日内为劳动者办理档案和社会保险关系转移手续。

典型案例

小旭自2021年8月1日起在A省某市一汽车零部件制造公司工作。在工作的第一个月中，为尽快完成公司重要客户委托的加工项目，小旭听从公司安排，利用一双休日的时间加班赶进度。随后，由于父亲突发疾病住院，小旭又请假5天回家照顾父亲。月底发放工资时，小旭共拿到2860元（基本工资2310元＋加班工资550元）。由于当地的最低工资为2400元，小旭认为自己的基本工资低于这一数额是不合理的，公司负责人则表示由于小旭请假5天，基本工资扣除相应部分后只能拿到这么多，且加上加班费后这一数额已经高于最低工资标准，公司的做法并不违法。

20 年

月 日

星期

天气

法律分析

最低工资标准，是指劳动者在法定工作时间或依法签订的劳动合同约定的工作时间内提供了与合同约定的质与量相符合的正常劳动的前提下，用人单位依法应支付的最低劳动报酬。从内容上看，最低工资不包含延长工作时间工资、特殊工作环境与条件下的津贴以及劳动者依法依规享有的福利待遇等。本案中，小旭得到的基本工资是最低工资标准审查的对象。由于小旭曾请事假5天照顾父亲，实际上并未完成合同约定的工作任务，因此其基本工资低于最低工资标准的现象并不违反法律规定。然而，公司负责人将加班工资解释为最低工资一部分的做法却与法律规定不相符。

《中华人民共和国劳动法》第四十八条 国家实行最低工资保障制度。最低工资的具体标准由省、自治区、直辖市人民政府规定，报国务院备案。

用人单位支付劳动者的工资不得低于当地最低工资标准。

典型案例

老钱在一家电子设备制造公司工作。2021 年 6 月，为尽快完成某客户委托的重要项目，老钱听从公司安排，加班加点赶工。老钱既在每个工作日延长一小时工作时间（该月共有 21 个工作日），也牺牲了三个周六的休息时间，甚至在 6 月 14 日端午节这天他也依旧到岗工作。经过高强度的工作，项目得以如期高质量完成。尽管加班加点工作十分辛苦，但听说自己能够拿到较高的加班工资，老钱内心十分高兴。老钱的基本工资为 4350 元，他想知道自己 6 月总共能够拿到多少薪水。

20　　年

　　月　　日

星期

天气

法律分析

劳动法要求用人单位给予加班加点的劳动者相应的加班加点工资。计算标准依据为《中华人民共和国劳动法》第 44 条。本案中，老钱在 6 月的加班情况为：在工作日延长的劳动时间为 21 小时，共有 3 个休息日加班，并且还在端午节这一节假日加班。老钱的基本工资为 4350 元，劳动法规定劳动者的月计薪天数为 21.75 天（计算方式为 365 天减去 104 天休息日后再除以 12 个月），则老钱的日工资为 200 元，小时工资为 25 元。以这些数据为基础，能够计算出老钱本月能够得到的劳动报酬总数为 4350+25*21*150%+200*3*200%+200*1*300%=6937.5 元。

《中华人民共和国劳动法》第四十四条　有下列情形之一的，用人单位应当按照下列标准支付高于劳动者正常工作时间工资的工资报酬：（一）安排劳动者延长工作时间的，支付不低于工资的百分之一百五十的工资报酬；（二）休息日安排劳动者工作又不能安排补休的，支付不低于工资的百分之二百的工资报酬；（三）法定休假日安排劳动者工作的，支付不低于工资的百分之三百的工资报酬。

典型案例

孟大爷在某建筑公司工作。2021年8月初，公司负责人表示公司近期经济存在严重困难，这个月的工资可能需要9月才发放，希望大家理解，并与公司共渡难关。然而，到了2021年9月底，两个月的工资都未到账。孟大爷等人前去找负责人理论，负责人却表示公司有几笔项目款项一直没有到账，目前还是没钱给大家，他也没有办法。此后，工资仍旧一拖再拖，公司也不再回应员工们的抗议。孟大爷认为公司的做法侵犯了自己的合法权益，一定要讨个说法，他该如何维权？

20　　年

　　月　　日

星期

天气

法律分析

用人单位具有向劳动者及时足额支付劳动报酬的法定义务。当用人单位存在拖欠或未足额支付劳动报酬的行为时，劳动法主要赋予劳动者两种救济途径：（1）向人民法院申请支付令，由人民法院向用人单位依法发出支付令，督促其履行义务；（2）向劳动行政部门进行投诉，由劳动行政部门责令用人单位支付劳动报酬，此时单位还可能承担一定的赔偿金。此外，如用人单位拒不支付劳动报酬的数额较大，且经劳动行政部门责令支付仍不支付的，还可能承担相应的刑事责任。由此，孟大爷可以采取向法院申请支付令和向劳动行政部门进行投诉两种途径维护自身合法权益。

《中华人民共和国劳动合同法》第三十条　用人单位应当按照劳动合同约定和国家规定，向劳动者及时足额支付劳动报酬。

用人单位拖欠或者未足额支付劳动报酬的，劳动者可以依法向当地人民法院申请支付令，人民法院应当依法发出支付令。

典型案例

小莉经同村人介绍，前往外省一家纺织厂工作，工厂给的工资虽然不多，但是包吃包住，总体而言待遇不错。工作几天后，工厂开始要求小莉等人加班，工作的时间越来越长，还不给加班费。小莉觉得身体吃不消，向工厂提出了离职，工厂却不同意，担心小莉等人跑掉，还派保安时刻看守员工宿舍，每日“接送”小莉上下班，且在工作及加班期间，还将车间的大门锁住。最后，小莉偷偷给家里人打电话告知了情况，父母前来把她接回家才得以脱身。这段工作经历令小莉感到十分痛苦，她想知道工厂应就其一系列恶劣行为承担哪些责任？

20　　年

　　月　　日

星期

天气

法律分析

劳动法严格禁止用人单位强迫劳动者劳动、加班的行为。用人单位以非法限制人身自由等方式强迫劳动者劳动的，劳动者可以在未事先告知用人单位的情况下，立即解除劳动合同；根据违法行为的严重程度，用人单位还需要赔偿劳动者的损失，被处以15日以下拘留或罚款或警告，构成强迫劳动罪的，还应承担相应的刑事责任。本案中，纺织厂主要存在以下违法行为：（1）任意安排劳动者加班且不支付加班费；（2）以限制人身自由的方式强迫小莉等员工进行劳动和加班。对此，工厂需根据小莉的加班时长向其支付相应的加班费，并承担相应的行政责任乃至刑事责任。

《中华人民共和国劳动合同法》第三十一条　用人单位应当严格执行劳动定额标准，不得强迫或者变相强迫劳动者加班。用人单位安排加班的，应当按照国家有关规定向劳动者支付加班费。

第三十八条第二款　用人单位以暴力、威胁或者非法限制人身自由的手段强迫劳动者劳动的，或者用人单位违章指挥、强令冒险作业危及劳动者人身安全的，劳动者可以立即解除劳动合同，不需事先告知用人单位。

典型案例

老张在市水务公司工作。某天夜里，老张突然接到公司电话，称某接线处供水主管网突然受损，导致多区民众供水受到影响，要求老张立刻前往受损处加班加点进行抢修。在连续工作一天一夜后，老张感到十分疲惫，因现场还有其他维修人员工作，便向公司请假休息，不料却遭到拒绝。老张认为自己本身就是连夜加班工作，而且公司的加班时长也有些过分，自己要求休息无可厚非。然而公司却说这一安排是完全合法的，老张想知道这到底是怎么一回事？

20　　年

　　月　　日

星期

天气

法律分析

劳动法虽然严格限制用人单位要求劳动者延长工作时间的行为，这种限制却存在例外，即当发生自然灾害、事故或因其他原因，对劳动者生命健康和财产安全造成威胁，需要紧急处理的，或生产设备、交通运输线路、公共设施发生故障，影响生产和公众利益，必须及时抢修的，以及存在法律、行政法规规定的其他情形时，用人单位延长工作时间无须与工会、劳动者进行协商，且可以超过法定的时间限制。本案中，水务公司要求老张加班的原因为当地某供水主管网受损，导致许多民众供水受到影响，属于公共设施发生影响公众利益的故障，需要及时抢修的情形。

《中华人民共和国劳动法》第四十二条　有下列情形之一的，延长工作时间不受本法第四十一条规定的限制：（一）发生自然灾害、事故或者因其他原因，威胁劳动者生命健康和财产安全，需要紧急处理的；（二）生产设备、交通运输线路、公共设施发生故障，影响生产和公众利益，必须及时抢修的；（三）法律、行政法规规定的其他情形。

典型案例

小齐听说在春节期间加班可以拿到3倍工资，于是主动向经理要求初一至初三期间加班。但出乎小齐意料的是，节后发放工资时，她并未收到预想的加班费用。小齐前去询问经理，却被告知因酒店决定安排她补休，所以就不支付加班费了。小齐感到十分失望，她想知道酒店的做法是否符合法律规定？自己到底有没有权利拿到加班费用呢？

20　　年

　　月　　日

星期

天气

法律分析

用人单位在法定休假日安排劳动者工作的，应支付不低于工资300%的报酬。如用人单位在休息日安排劳动者工作，并能够为其安排补休，则无须支付加班费用。但由于法定节假日通常具有风俗习惯或纪念意义等特殊含义，关乎广大民众的切身利益，具有不可替代性，因此以补休代替支付加班费用的做法并不适用于法定节假日。结合本案情况，由于小齐在初一至初三曾加班，这三日为国家规定的全体公民放假的法定节假日，酒店应当依法向其支付3倍工资作为加班费，而不得以补休为由拒绝支付相应的加班费用。

《中华人民共和国劳动法》第四十四条　有下列情形之一的，用人单位应当按照下列标准支付高于劳动者正常工作时间工资的工资报酬：（一）安排劳动者延长工作时间的，支付不低于工资的百分之一百五十的工资报酬；（二）休息日安排劳动者工作又不能安排补休的，支付不低于工资的百分之二百的工资报酬；（三）法定休假日安排劳动者工作的，支付不低于工资的百分之三百的工资报酬。

典型案例

陈某在A公司工作10年后，跳槽到B公司。在B公司工作1年后，陈某认为近期工作状态不佳，想进行休整，遂向公司申请休年假。公司表示，由于陈某仅在本公司工作了1年多，只能享有5天年休假。鉴于公司最近业务繁忙，集中安排年假可能会耽误工作进度，只准许陈某在后续五周每周五休息。然而，陈某在休息期间曾在两个周五被叫到公司工作。休假结束后，陈某询问公司加班费事宜，却被告知周五本身就是法定工作日，况且公司在其年假期间也正常支付了工资，无须额外再向他支付加班费。陈某认为公司的做法并不合理，想知道法律上对于年假是如何规定的？

20　　年

　　月　　日

星期

天气

法律分析

职工带薪年休假的天数以职工在不同单位的累计工作年限作为计算基础，而非职工在本单位工作的年限。法律规定，职工累计工作满10年不满20年的，年休假10天。在年休假的具体安排上，公司具有用工自主权，可以决定在1个年度内集中安排或分段安排年假，也可以跨年度进行安排。如因工作需要无法安排职工休年假，可以在职工本人同意后不安排休假，但要按照职工日工资收入的300%支付年休假的加班工资。本案中，虽然公司以业务繁忙为由分段给陈某放假的行为属于对用工自主权的合理行使，但应当按照陈某日工资收入的300%向其支付加班费。

国务院《职工带薪年休假条例》第三条　职工累计工作已满1年不满10年的，年休假5天；已满10年不满20年的，年休假10天；已满20年的，年休假15天。

国家法定休假日、休息日不计入年休假的假期。

典型案例

蔡某自 2018 年 7 月大学毕业后便在一家食品公司工作。2021 年 7 月，因心脏不适，蔡某去医院检查，医生建议他卧床休息 2 个月。蔡某于是向公司提交了医嘱，并请病假 2 个月至 2021 年 9 月 10 日。然而，2021 年 8 月 10 日，公司突然将蔡某移出了工作群，并暂停为其缴纳社保。蔡某前去询问公司的负责人，负责人表示蔡某休病假的时间太长，影响了公司的工作进度，不如大家“好聚好散”，这样蔡某也能多休息一段时间。蔡某很困惑：公司明明准许自己休病假，为何又在病假期间解除了与自己的劳动合同？这种行为究竟合不合法呢？

20　　年

　　月　　日

星期

天气

法律分析

所谓医疗期，即企业职工因患病或非因工负伤停止工作治病休息不得解除劳动合同的时限。医疗期的长度并不受劳动者所患疾病或治疗期限影响，而是根据劳动者本身实际参加工作的年限和在本单位工作的年限，赋予劳动者 3 个月到 24 个月的医疗期。由于蔡某的实际工作年限和在本单位工作的年限都为 3 年，他能够享有 3 个月的医疗期。在 2021 年 8 月 10 日，蔡某的医疗期刚满 1 个月，尚未结束，此时公司无权以蔡某休病假影响了公司的工作进度为由解除其与蔡某间的劳动合同，也不应停止为蔡某缴纳社保费用，公司的做法存在明显的违法性。

《中华人民共和国劳动法》第二十九条　劳动者有下列情形之一的，用人单位不得依据本法第二十六条、第二十七条的规定解除劳动合同……（二）患病或者负伤，在规定的医疗期内的；……

典型案例

小范是某公司的运输司机。一日在开车外出送货途中，小范驾驶的车辆与一货车相撞，导致小范身受重伤。交警认定货车司机对事故负主要责任，小范负次要责任。在小范住院期间，公司虽然曾派人来看望他，却并未支付小范的医药费。因此，小范只得自掏腰包进行垫付。出院后，小范向饮料公司索要赔偿，却被告知小范和公司间只签订了劳务合同，而非劳动合同，这种情形无法进行工伤认定，所以公司无法向小范提供工伤待遇，但可以提供一些补偿。小范认为公司的做法是在推卸责任，想知道未签劳动合同公司就不应对自己的工伤负责吗？

20　　年

　　月　　日

星期

天气

法律分析

尽管法律规定劳动者与用人单位建立劳动关系需要订立书面形式的劳动合同，但这并不意味着未签劳动合同，劳动关系就不存在。只要用人单位存在事实上的用工行为，劳资双方自用工之日起即建立劳动关系。在工伤认定问题上，法律允许劳动者在劳动合同以外提交其他证据以证明其与用人单位间存在事实劳动关系。因此，即便本案中小范未与公司订立书面形式的劳动合同，也依旧可以向社会保险行政部门申请工伤认定，享受相应的工伤保险待遇。同时，由于饮料公司并未给小范缴纳工伤保险费用，则其需要按照相应的工伤保险待遇项目及标准向小范支付费用。

《中华人民共和国劳动合同法》第七条　用人单位自用工之日起即与劳动者建立劳动关系。用人单位应当建立职工名册备查。

国务院《工伤保险条例》第十八条　提出工伤认定申请应当提交下列材料……（二）与用人单位存在劳动关系（包括事实劳动关系）的证明材料……

典型案例

任某是某水泥厂的职工。由于长期工作在布满粉尘的环境中，他的身体健康受到了影响，出现了经常性的咳嗽、胸痛、呼吸困难等问题。任某就此多次向领导反映，要求更换工作岗位，但都没有得到回应。出于健康考虑，任某只得主动与工厂解除劳动合同。此后，任某一直待业在家。在一次健康体检中，医生告知任某可能患有尘肺，后经专业机构鉴定为职业病水泥尘肺一期，伤残四级。任某便向水泥厂提出自己应当享受职业病待遇，却被告知任某已经不是水泥厂的职工，工厂无须对他所患疾病负责。

20　　年

　　月　　日

星期

天气

法律分析

职业病，是指劳动者在职业活动中因接触粉尘、放射性物质和其他有毒、有害因素而引起的疾病。劳动者患职业病的，应当依法认定为工伤。由于用人单位有毒、有害的工作环境对于劳动者的影响往往是潜移默化的，可能会存在劳动者在职期间未发病，离职后被检查出患有职业病的情况。针对这一情况，法律规定如劳动者曾经从事接触职业病危害作业、当时没有发现罹患职业病、离开工作岗位后被诊断或鉴定为职业病，且在离职后未再从事接触职业病危害作业的，可以在诊断、鉴定为职业病之日起一年内申请工伤认定，享受相应的工伤待遇。

人力资源社会保障部《关于执行〈工伤保险条例〉若干问题的意见》　八、曾经从事接触职业病危害作业、当时没有发现罹患职业病、离开工作岗位后被诊断或鉴定为职业病的符合下列条件的人员，可以自诊断、鉴定为职业病之日起一年内申请工伤认定，社会保险行政部门应当受理……（二）劳动或聘用合同期满后或者本人提出而解除劳动或聘用合同后，未再从事接触职业病危害作业的人员。……

典型案例

胡大婶进城务工，自 2011 年 7 月起在某公司从事保洁工作。随着年龄的增长，胡大婶感到身体不如以前，开始担心退休后该如何取得生活来源的问题。公司的前台却让她不必担心，说公司都为员工缴纳了基本养老保险，退休后每月能够拿到一笔退休金。然而，胡大婶却记得自己在与公司订立劳动合同时，公司并未提到养老保险。她向经理询问却被告知，公司只具有给城镇职工上社保的义务，而胡大婶是农村户口，不能参与基本养老保险。胡大婶听了很生气，认为自己受到了歧视，她想知道自己到底能不能参与基本养老保险，并在退休后享受相应的待遇。

20　　年

　　月　　日

星期

天气

法律分析

我国法律明确规定，职工应当参加基本养老保险，由用人单位和职工共同缴纳基本养老保险费用，并明确指出进城务工的农村居民也应依照法律规定参加社会保险。这意味着无论劳动者的户口为城镇户口还是农村户口，只要其与用人单位建立了劳动关系，都应依法参加基本养老保险，在达到法定退休年龄并累计缴费满 15 年时，享有按月领取基本养老金的权益。显然，本案中公司以劳动者的户口类别为依据对其是否参加基本养老保险进行区别对待的行为违反法律规定。公司应当依法为胡大婶补办包括基本养老保险在内的社会保险，并补缴相应的费用。

《中华人民共和国社会保险法》第十条　职工应当参加基本养老保险，由用人单位和职工共同缴纳基本养老保险费。

无雇工的个体工商户、未在用人单位参加基本养老保险的非全日制从业人员以及其他灵活就业人员可以参加基本养老保险，由个人缴纳基本养老保险费。

公务员和参照公务员法管理的工作人员养老保险的办法由国务院规定。

典型案例

小魏大学毕业后入职一家公司。在与公司订立劳动合同时，公司负责人表示小魏如选择由公司为其缴纳社会保险费，每月工资为 8000 元；如选择自己去办理社会保险，缴纳相应的费用，每月工资可以达到 9500 元。小魏认为自己刚刚毕业，想趁着年轻多赚点钱，还是多拿一些工资比较合适，于是选择了后者。工作了一年后，小魏从朋友处了解到社会保险的重要性，还听说公司为其上社保是一项法定义务，于是去找公司负责人理论，却被其以自己曾同意放弃办理社会保险为由拒绝办理。小魏十分后悔当初的选择，想知道公司的做法是否符合法律规定？

20　　年

　　月　　日

星期

天气

法律分析

考虑到社会保险的重要性，我国法律明确规定，用人单位和劳动者必须依法参加社会保险，缴纳社会保险费用，非因不可抗力等法定事由不得缓缴、减免社会保险费。在此意义上，用人单位以向劳动者支付高薪替代缴纳社会保险费的做法无疑是违反法律规定的。即便存在劳动者的事先同意，也不能因此免除单位的法定义务。本案中，公司出于节约用工成本的目的，将社会保险费用折算为工资的做法严重违反法律规定，公司应当尽快为小魏补办保险并补缴费用，提高用工的合法性与规范性。

《中华人民共和国劳动法》第七十二条　社会保险基金按照保险类型确定资金来源，逐步实行社会统筹。用人单位和劳动者必须依法参加社会保险，缴纳社会保险费。

典型案例

小韩利用课余时间做服务员，约定每周三到周日来店里工作 4 个小时。在与老板协商相关福利待遇时，老板表示因为小韩是非全日制员工，店里不会为她办理社会保险，如果小韩有需要可以自行向社会保险行政部门申请办理并缴纳相应的费用。小韩认为这并不是很合理，虽然自己在店里工作的时间短，但也属于正式员工，应当享有相应的权益。老板却说法律就是这么规定的，小韩去其他店工作也是如此。小韩也不知道老板说得对不对，她想知道她这种非全日制工到底应当如何参与社会保险呢？

20　　年

　　月　　日

星期

天气

法律分析

法律在非全日制用工参与社会保险的问题上进行了特别规定：从事非全日制工作的劳动者可以参加基本养老保险和基本医疗保险，但需要自行向社会保险经办机构申请办理社会保险登记，并向社会保险费征收机构缴纳社会保险费；此外，用人单位应当依法为非全日制劳动者办理工伤保险，缴纳工伤保险费。这意味着用人单位在非全日制劳动者的社会保险问题上并非全无责任，仍需承担为劳动者办理工伤保险的法定义务。据此，本案中咖啡店老板的做法显然违反法律规定，其应当依法为小韩办理工伤保险并缴纳工伤保险费用，以维护小韩享有工伤保险待遇的法定权利。

《中华人民共和国社会保险法》第十条第二款　无雇工的个体工商户、未在用人单位参加基本养老保险的非全日制从业人员以及其他灵活就业人员可以参加基本养老保险，由个人缴纳基本养老保险费。

第二十三条第二款　无雇工的个体工商户、未在用人单位参加职工基本医疗保险的非全日制从业人员以及其他灵活就业人员可以参加职工基本医疗保险，由个人按照国家规定缴纳基本医疗保险费。

典型案例

小徐毕业后到某公司从事销售工作。在与公司订立劳动合同时，公司表示需要与小徐约定 1 个月的试用期，在试用期内她的工资待遇为 2500 元，除此之外将不享有包括社会保险在内的其他福利待遇。1 个月后如小徐能够很好地胜任工作，再提高她的工资，并为其办理社会保险等事宜。小徐询问其他正在找工作的同学，发现有的同学与她的情况相同，有的则在试用期内就参加了社会保险。小徐对此感到纳闷，她在试用期内到底应不应该参与社会保险呢？

20　　年

　　月　　日

星期

天气

法律分析

法律规定用人单位应当自用工之日起 30 日内为职工办理社会保险并缴纳相应的费用。虽然试用期为劳资双方提供了相互考察的过程，并且在此期间双方关系也受到劳动法专门规则调整，但这并不意味着试用期是独立于劳动关系之外的特殊关系，其本身包含于劳动合同期限内，其间，实质性用工事实已经展开。用人单位既然已与劳动者成立劳动关系，并开始进行用工，当然有义务在试用期内依法为劳动者办理社会保险。基于此，本案中公司在试用期内不为小徐办理社会保险的做法具有明显的违法性，其应当在小徐到岗之日起 30 日内尽快为其办理社会保险并缴纳社会保险费。

《中华人民共和国社会保险法》第五十八条第一款　用人单位应当自用工之日起三十日内为其职工向社会保险经办机构申请办理社会保险登记。未办理社会保险登记的，由社会保险经办机构核定其应当缴纳的社会保险费。

典型案例

小柳在某公司工作，与公司签订劳动合同约定从事某门店的销售经理工作。后因公司决定取消各门店的行政主管职位，要求小柳服从公司安排进行岗位调配，到公司的加盟管理中心担任营销专员。小柳不愿进行岗位调配，与公司协商未果决定采取法律途径解决争议。然而，公司却告诉他，根据公司规章规定，员工与公司发生纠纷必须先提交公司的劳动争议调解委员会进行调解，之后才能够走其他法律程序。小柳对此表示怀疑，他想知道公司的要求是否符合法律规定？

20　　年

　　月　　日

星期

天气

法律分析

劳动争议调解是劳资双方通过民主协商、互谅互让的方式解决纠纷的重要途径，具有处理及时、便利当事人等优势，可以被视作解决劳动争议的“第一道防线”。然而，当事人是否采取这一举措解决纠纷需要自愿，其并非劳动争议的必经程序。也正因此，法律规定在发生劳动争议后，当事人既可以向调解组织申请调解，也可以申请劳动仲裁以解决纠纷。在调解组织的选择上，法律赋予纠纷当事人三种选择，包括企业劳动争议调解委员会、基层人民调解组织以及在乡镇、街道设立的具有劳动争议调解职能的组织。

《中华人民共和国劳动法》第七十九条　劳动争议发生后，当事人可以向本单位劳动争议调解委员会申请调解；调解不成，当事人一方要求仲裁的，可以向劳动争议仲裁委员会申请仲裁。当事人一方也可以直接向劳动争议仲裁委员会申请仲裁。对仲裁裁决不服的，可以向人民法院提起诉讼。

典型案例

张某和李某均在某县城农产品批发市场从事销售工作。2020 年 8 月 3 日，张某从李某处“调剂”一批货物，约定价格为 1.2 万元。张某当场支付了 2000 元现金，尚欠 1 万元未支付。两日后，张某又临时向李某借款 1 万元，李某通过微信转账给张某 1 万元。2020 年 9 月 2 日，张某给李某写了一张欠条，载明：因向李某借一批货物，以及为进货需要向李某借款 1 万元，共欠款 1.8 万元。此后，李某因向张某多次索款未果，向人民法院起诉，要求张某还款 2 万元及利息。张某却主张 2000 元借款已用货抵消，只需偿还 1.8 万元本金。

20　　年

　　月　　日

星期

天气

法律分析

本案中，“调剂”货物欠款和借款 1 万元时，李某均没有取得书面字据，存在一定风险。但事后，张某出具欠条，弥补了前期形成的风险。只是，欠条上载明“共欠款 1.8 万元”，与李某主张的 2 万元不一致。张某对此的解释是，已经偿还 2000 元，但李某并不认可该说法。对此，双方都需要拿出证据证明该 2000 元是否偿还，以及证明偿还的目的是归还借款，还是支付货款。李某主张借款利息，张某只愿偿还本金，关键要看借款合同中的利息约定；如无约定，视为没有利息。

《中华人民共和国民法典》第六百八十条　禁止高利放贷，借款的利率不得违反国家有关规定。

借款合同对支付利息没有约定的，视为没有利息。

借款合同对支付利息约定不明确，当事人不能达成补充协议的，按照当地或者当事人的交易方式、交易习惯、市场利率等因素确定利息；自然人之间借款的，视为没有利息。

典型案例

2011 年，冯某起诉并提供 3 张借条，称朋友周某 3 次向其借款共计 3.2 万元，要求其归还借款。周某抗辩，两人此前系情人关系，分手算“经济账”时，冯某要求周某写了上述借条，并未发生实际借款关系；借条此前留在周某家中，冯某趁周某不备拿走了借条。法院查明：2008 年两人相识，2011 年两人分手。周某提交了两人分手时对经济往来事务协商处理的一份录音记录。此外，周某还提交了一份 2011 年 8 月 5 日冯某出具的一张收条，载明“今收到周某现金伍仟元整（5000 元）”。庭审中，冯某自述其曾为周某购买电视机等家电物品等。法院应该支持冯某的诉讼请求吗？

20　　年

　　月　　日

星期

天气

法律分析

在现实生活中，人际关系是复杂的，资金转账的理由也千差万别。一些欠条、借据表面呈现借款关系，但也可能隐藏着当事人之间“言不由衷”的具体情况。因此，人民法院审理案件时会查明欠条、借条出具的具体情况，予以分别处理。本案中，冯某只提供了 3 张借条；周某提供了录音证据以证明两人对交往期间经济往来进行协商处理，并且提供了约定中 5000 元的收据。冯某并不能证明前述 3 张借条是真实的借贷关系：既不能提供借款交付给周某的证据，也不能对周某提交的录音证据提出反驳证据。因此，其要承担举证不能的责任，即其诉讼请求无法获得法院的支持。

《中华人民共和国民法典》第一百五十三条第二款　违背公序良俗的民事法律行为无效。

典型案例

2020 年 9 月 1 日，周某请谢某帮忙向第三方借贷平台借钱 2 万元整。周某应在每次到期日前 3 天将当期应还本息交给谢某，由谢某向平台还款。谢某于 2020 年 9 月 3 日通过微信分两次转账 9000 元和 8000 元给周某。2020 年 9 月下旬，谢某将平台提示还款的信息转发给周某，显示第一期应偿还欠款 3510.5 元。当日，周某向谢某微信转账 3511 元，但此后，周某未再偿还后续 5 期欠款，谢某只能自己向借款平台偿还了剩余欠款。2021 年 3 月，谢某依据借条向周某主张：周某应偿还借款本金 2 万元及利息 885.41 元的剩余部分。但周某反驳，其实际只收到 1.7 万元本金。

20　　年

　　月　　日

星期

天气

法律分析

本案需要厘清两个借款关系：一个是谢某向某借贷平台的借款，借款平台实际支付了 2 万元本金；另一个是谢某与周某之间的借款关系，借条上写的金额为 2 万元，谢某实际上通过微信仅转账 1.7 万元。第一个借款关系中的借款金额为 2 万元。第二个借款关系中的借款金额应当按照 1.7 万元计算本金，因为自然人之间的借款合同为实践性合同，应当以实际支付的资金数额来确定借款数额。

《中华人民共和国民法典》第六百七十九条　自然人之间的借款合同，自贷款人提供借款时成立。

典型案例

李某起诉丁某要求返还 2 万元及利息。虽然李某没有借条，但其向法院提供了一段与丁某的电话录音：“李某：我寻思和你说说家庭事。你家买房不还欠我 2 万元吗？你有的话赶紧给我啊。丁某：我现在没有，有了我马上给你。李某：啥时候能给？丁某：等我开工资吧。”

丁某抗辩，李某的借款已经以现金方式偿还了，双方都没有写借条和收条。电话录音是真的，但当时自己喝酒后神志不清。此外，李某要求逾期还款的利息也不成立，因为借款时未约定利息。

法律分析

首先，由于双方都认可并无借条、收据等书面凭据，电话录音便至关重要。录音中，双方表达通顺流利，内容清楚；丁某未否认 2 万元借款的事实，并且承诺开工资后偿还，可以认定借款关系存在。丁某事后抗辩，该电话是酒后神志不清所说的，但未能提供证据证明。丁某作为完全民事行为能力人，应对自己的言行负责。因此，人民法院认定借款关系存在。其次，双方于借款时未约定利息，李某主张自借款时起到其电话中约定的还款日期之间的利息，人民法院不予支持。但逾期还款之后，李某可以主张参照当时一年期贷款市场报价利率标准计算的利息，人民法院应予支持。

《中华人民共和国民法典》第六百八十条第二款　借款合同对支付利息没有约定的，视为没有利息。

典型案例

瑞康农产品公司（贷款方）是禾凯农产品公司（借款方）的控股股东。两公司于 2018 年 9 月 1 日、2019 年 1 月 1 日、2020 年 3 月签订 3 份借款协议。瑞康农产品公司陆续向禾凯农产品公司出借款项，其间禾凯农产品公司偿还了部分本息。2020 年 12 月 31 日，禾凯农产品公司尚欠 400 余万元本息未偿还。瑞康农产品公司起诉禾凯农产品公司要求还款。禾凯农产品公司认为 3 份借款协议无效：瑞康农产品公司事实上的借款本金系其从银行获取的信贷资金，其行为属于利用信贷资金高利转贷的行为，借款协议无效。本案借款协议是否有效？民间借贷中还有哪些导致借贷无效的情形？

20　　年

　　月　　日

星期

天气

法律分析

本案中，瑞康农产品公司和禾凯农产品公司借款协议的效力是争议焦点。《全国法院民商事审判工作会议纪要》第 52 条对“高利转贷”的认定中提出要审查出借人的资金来源：借款人能够举证证明在签订借款合同时出借人尚欠银行贷款未还的，一般可以推定为出借人套取信贷资金，但出借人能够举反证予以推翻的除外。2016 年至 2020 年，两公司几乎每个月都有借款往来，被告没有证据证明在上百笔借款往来中哪笔借款与贷款有关，难以认定瑞康农产品公司从金融机构套取资金转贷的行为。因此，本案借款协议有效，禾凯农产品公司应当按约定偿还各项本息。

最高人民法院《关于审理民间借贷案件适用法律若干问题的规定》第十条　法人之间、非法人组织之间以及它们相互之间为生产、经营需要订立的民间借贷合同，除存在民法典第一百四十六条、第一百五十三条、第一百五十四条以及本规定第十三条规定的情形外，当事人主张民间借贷合同有效的，人民法院应予支持。

典型案例

朱某妻子于某是某食用菌公司的职工，刘某是食用菌公司的法定代表人，朱某与刘某系朋友关系。2018 年 6 月，刘某因食用菌公司资金紧张向朱某借款 20 万元；7 月，为发工人工资，刘某再次向朱某借款 8 万元；12 月 12 日，刘某向朱某出具借条载明：“刘某向朱某借款 28 万元整，用于食用菌公司的经营。借款利息 2 分，借期 6 个月。”该借条上由食用菌公司盖章，刘某签字。事后，朱某未按期收回借款，起诉至人民法院，要求刘某及食用菌公司清偿借款。刘某认为其是法定代表人，借款是其为履行公司职务所为的，应由公司承担清偿责任。

20　　年

　　月　　日

星期

天气

法律分析

公司法人是法律拟制的人，其行为需要由自然人代表或者代理从事。相关法律中规定了法定代表人制度，其代表公司的行为由法人承受相应的法律后果。但在实践中，法定代表人向他人借款，表现为不同形式。本案中，朱某知道刘某是食用菌公司的法定代表人，且借条上明确所借款项用于公司经营发展和发放工资，最后由食用菌公司盖章和刘某签字。尽管借条上并未写明刘某是法定代表人，但其为公司经营借款的事项，朱某应当是知晓的。因此，刘某作为法定代表人出具借条，是履行法定代表人职务的行为，所借款项应当由食用菌公司偿还。

《中华人民共和国民法典》第六十一条　依照法律或者法人章程的规定，代表法人从事民事活动的负责人，为法人的法定代表人。

法定代表人以法人名义从事的民事活动，其法律后果由法人承受。

法人章程或者法人权力机构对法定代表人代表权的限制，不得对抗善意相对人。

典型案例

张某在某银行办理贷款，约定还款日期为每月2日。2021年8月1日上午，张某操作手机银行时，因连续输错3次密码导致银行卡被锁定；当日下午，张某3次致电该银行客服电话均未接通。2021年8月2日，张某打通客服电话，客服回复该业务必须去银行柜台办理解锁。但当日受台风影响，某银行预先通知各网点暂停营业；同时，受天气、交通因素的影响，张某无法外出办理银行卡解锁，导致其征信出现违约记录。张某认为，其因台风影响未按时办理还款相关手续，银行不应认定其行为违约，也不应影响其征信记录。张某的主张能得到支持吗？

20　　年

　　月　　日

星期

天气

法律分析

按照法律规定，因不可抗力不能履行民事义务的，不承担民事责任。若要引用不可抗力条款免责，需注意：第一，应当证明发生的情况属于不可抗力，即“不能预见、不能避免且不能克服的客观情况”；第二，因不可抗力不能履行合同，应当及时通知对方，以减轻可能造成的损失，并在合理期限内提供证明。本案中，张某无法按期还款，是因为银行要求银行卡密码解锁需要到银行柜台办理，但因台风的影响，银行网点暂停营业。在此种情况下，张某未能按期还款是受到了不可抗力因素的影响，不应由其承担违约责任，也不应因此影响其征信记录。

《中华人民共和国民法典》第一百八十条　因不可抗力不能履行民事义务的，不承担民事责任。法律另有规定的，依照其规定。不可抗力是不能预见、不能避免且不能克服的客观情况。

典型案例

2010 年 4 月，胡某购买甲基金公司的基金产品，到期后赎回。2011 年 3 月，胡某在乙商业银行某支行再次购买甲基金公司的后续同类产品，并签订资产管理合同，而后胡某通过乙商业银行某支行认购 100 万元基金产品。乙商业银行支行对胡某进行了客户风险评估，评估结果为：胡某的风险承受能力评级及适合购买的产品为稳健型投资者。胡某提交的相关材料显示，其自愿认购前述基金产品。基金产品到期后，胡某收到扣除投资损失后的剩余资金近82万元。胡某主张，乙商业银行某支行未进行风险提示，向其推荐销售不适当的金融产品，因此要求赔偿亏损的 18 万余元。

20□□年

□□月□□日

星期

天气

法律分析

商业银行在销售理财产品时负有投资者适当性管理义务，并应对销售理财产品予以说明和风险提示。乙商业银行虽已履行了风险承受能力评估和风险提示义务，但披露手续不够完整，存在过错；胡某作为完全民事行为能力人，明知购买的理财产品可能发生亏损，并书面承诺自愿承担风险，应当按照“买者自负”的原则，承担理财产品损失的主要责任。最终，人民法院判决乙商业银行某支行承担胡某本金损失的 40%，即 7.2 万余元赔偿责任。

《中华人民共和国民法典》第一千一百七十三条 被侵权人对同一损害的发生或者扩大有过错的，可以减轻侵权人的责任。

典型案例

小张和小玫预约2022年2月22日到民政局办理结婚登记。当两人到民政局时，民政机关工作人员告知二人，根据《中华人民共和国母婴保健法》的规定，结婚登记应当持有婚前医学检查证明。二人随后查阅了法律法规，发现国务院《婚姻登记条例》规定的办理结婚登记应出具的证明材料中，不包括婚前医学检查证明。于是小张和小玫向全国人民代表大会常务委员会提起了审查建议。全国人民代表大会常务委员会经审查认为，结婚登记不需要以婚前医学检查证明作为前提条件，要求有关部门对相关规范进行修改。

20 年

月 日

星期

天气

法律分析

婚前医学检查，是指准备结婚的男女双方针对是否患有影响结婚和生育的疾病而进行的医学检查。婚前医学检查项目包括询问病史、体格检查、常规辅助检查和其他特殊检查。自2003年10月《婚姻登记条例》实施以来，婚前医学检查事实上已成为公民的自愿行为，"患有医学上认为不应当结婚的疾病"不再被规定为禁止结婚的情形。同样，《中华人民共和国民法典》所列结婚的实质要件中不存在婚前医学检查。所以，身体健康权作为公民的一项宪法权利，结婚前是否进行婚前医学检查属于公民的自由，不得强制。

《中华人民共和国民法典》第一千零五十三条 一方患有重大疾病的，应当在结婚登记前如实告知另一方；不如实告知的，另一方可以向人民法院请求撤销婚姻。

请求撤销婚姻的，应当自知道或者应当知道撤销事由之日起一年内提出。

典型案例

张某是某大厦业主。2021 年 6 月底，物业公司在电梯内张贴“重要通知”，称小区门禁系统已改为人脸识别，限期要求业主自行带上身份证、户口簿、房产证等材料到物业办理人脸和身份信息录入，否则将无法出入小区。因认为此举存在泄露隐私的风险，张某未进行信息录入，每次跟着其他业主进入，非常不便。张某一再要求和投诉未果，于 7 月 29 日将物业公司起诉至法院，要求物业公司为其通行提供除人脸识别之外的其他非生物信息验证方式。法院判决支持张某的诉讼请求，要求物业提供替代性验证方式。

20　　年

　　月　　日

星期

天气

法律分析

人脸等生物识别信息是个人最敏感的信息。生物识别信息是不可更改的信息，深度体现了人的人格特征和行为特征，是人与人区别的根本信息，构成了人格的本质内容。如果被泄露或者非法使用，可能使人受到不公平对待或者歧视，也可能对人身或者财产造成损害。除依据法律规定收集生物识别信息外，任何组织、单位和个人不得任意收集人脸等生物识别信息。本案中，小区物业不具有收集、存储个人信息的条件，无法保证个人信息的安全，也没有获得法律的授权。因此，法院判决要求物业提供替代性验证方式，落实了宪法对人格尊严的保护。

《中华人民共和国民法典》第一千零三十五条第一款　处理个人信息的，应当遵循合法、正当、必要原则，不得过度处理，并符合下列条件：（一）征得该自然人或者其监护人同意，但是法律、行政法规另有规定的除外；（二）公开处理信息的规则；（三）明示处理信息的目的、方式和范围；（四）不违反法律、行政法规的规定和双方的约定。

典型案例

2021 年 3 月 18 日，张某和李某分手。随后张某多次到李某居住的楼下，要求李某与自己复合。李某多次拒绝。张某一时无法化解心中的不满。10 月 3 日，张某在得知李某出去旅游的情况下，撬开李某居住的房屋。找到李某的日记本，在日记本上留言，发泄自己的不满。同时，寻找两人在一起时的纪念品，并随处丢弃。李某回家后，发现自己的房门被撬，随即报警。经过公安机关调查，发现张某有重大嫌疑。逮捕张某后，张某如实供述了自己的罪行。随后，张某被判处非法侵入住宅罪。

20　　年

　　月　　日

星期

天气

法律分析

我国宪法规定，公民的住宅不受侵犯。宪法赋予公民住宅安全权。公民的住宅是公民生活、学习的场所，住宅是否受到保障，直接影响公民其他基本权利的实现。宪法上住宅的概念是广义的概念，不仅包括公民生活用的住宅，还包括工作场所、宿舍等。住宅安全权保障公民的私生活空间，禁止非法搜查或者非法侵入公民的住宅。当然，为了维护公共利益的需要，也可以对公民的住宅安全权进行限制，如为了搜集犯罪证据、查获犯罪人，在出示搜查证的条件下，可以对公民的住宅进行搜查。这是对公民住宅权的合理限制，不侵犯住宅安全权的本质内容。

《中华人民共和国宪法》第三十九条　中华人民共和国公民的住宅不受侵犯。禁止非法搜查或者非法侵入公民的住宅。

典型案例

某市税务部门经税收大数据分析发现网络主播黄某涉嫌偷逃税款。2019~2020 年，其通过隐匿个人收入、虚构业务转换收入性质虚假申报等方式偷逃税款 6.43 亿元，其他少缴税款 0.6 亿元。在税务调查过程中，黄某配合并主动补缴税款 5 亿元，同时主动报告税务机关尚未掌握的涉税违法行为。

20 年

月 日

星期

天气

法律分析

纳税义务是根据宪法和法律规定，公民必须履行的向国家缴纳一定税款的责任。税收是国家组织财政收入的重要途径，为实现国家职能提供了财力上的保证。其特点是具有强制性和无偿性，是国家财政收入的重要来源之一。有国必有税。税收是取之于民、用之于民的，国家通过税收实现全体人民的根本利益。公民在享受国家提供的服务的同时，必须承担义务，自觉诚实纳税。因此，我国公民依法纳税，既是履行自己应尽的义务，也是对国家、对社会的一种贡献。本案中，黄某采取非法手段，偷逃应缴税款，违反了法律规定，应当予以处罚。

《中华人民共和国刑法》第二百零一条第一款 纳税人采取欺骗、隐瞒手段进行虚假纳税申报或者不申报，逃避缴纳税款数额较大并且占应纳税额百分之十以上的，处三年以下有期徒刑或者拘役，并处罚金；数额巨大并且占应纳税额百分之三十以上的，处三年以上七年以下有期徒刑，并处罚金。

典型案例

张三和李四是同村村民，张三经营一家蔬菜店，李四跑长途货物运输。张三和李四口头商定：由李四将新鲜蔬菜 3500 公斤运到某车站。商定的当天，张三将蔬菜交给李四运输，并交了 7741 元给李四的经办人王五。王五收到该款后出示收款收据。当李四运输的该批蔬菜到达终点站时，当地车站检查发现集装箱调温机不工作。交货时，该批蔬菜全部腐烂。张三向法院提起诉讼，要求李四赔偿损失 421，582 元并退回运费 7741 元。李四辩称：我与张三订立的运输合同因为没有采取书面形式而是口头形式，因此该合同并没有成立，要求法院驳回张三的起诉。

20　　年

　　月　　日

星期

天气

法律分析

依据有关法律规定，当事人订立合同，可以采用书面形式、口头形式或其他形式。在本案中，张三和李四订立的蔬菜运输合同尽管采用了口头形式，但这并不违反法律对于合同订立形式的规定，并且该合同是二人在协商一致、意思表示真实的基础上订立的，内容也没有违反法律、法规的规定，因此该蔬菜运输合同成立且生效，二人应依据合同约定履行义务。由于张三依据约定已将所运的蔬菜及运费共计 7741 元交给李四的经办人王五，并且王五的经营活动应由李四承担民事责任，所以李四应对承运的蔬菜腐烂承担赔偿责任。

《中华人民共和国民法典》第四百六十九条第一款　当事人订立合同，可以采用书面形式、口头形式或者其他形式。

典型案例

张某向同村罗某借钱做生意，共积欠罗某 80 万元债务。在罗某向张某主张偿还债务期间，张某将自己名下的房屋以市场价 120 万元卖给同村李某，并将该卖房款继续投入经营，损失殆尽。罗某以张某与李某恶意串通转移资产为由，提起债权人撤销权诉讼，请求撤销张某与李某签订的买卖合同。

20 年

月 日

星期

天气

法律分析

依据《中华人民共和国民法典》的规定，因债务人放弃到期债权或者无偿转让财产，对债权人造成损害的，债权人可以请求法院撤销债务人的行为。债务人以明显不合理的低价转让财产，对债权人造成损害，并且受让人知道该情形的，债权人也可以请求人民法院撤销债务人的行为。在本案中，李某购房价格的确定及支付均符合市场行情和法律规定，买受价格也属合理，不存在不合理低价的情形。因此，罗某的诉讼请求不符合债权人撤销权行使的条件，不应支持。

◇◇◇

《中华人民共和国民法典》第五百三十八条 债务人以放弃其债权、放弃债权担保、无偿转让财产等方式无偿处分财产权益，或者恶意延长其到期债权的履行期限，影响债权人的债权实现的，债权人可以请求人民法院撤销债务人的行为。

典型案例

王某在 2021 年 5 月 31 日与某汽车销售公司签订了客车买卖合同，打算承包该村到市中心的某公交运营线路跑客运。王某于合同签订当日向某汽车销售公司交付购车定金 16 万元，并于同年 6 月 27 日通过银行汇款的方式向某汽车销售公司支付购车款 60 万元。2021 年 9 月 16 日，某汽车销售公司告知王某及时办理提车手续并将车款全额付清。由于王某申请的某公交运营线路没审批下来而未能取得营运手续，因此，其向某汽车销售公司提出解除买卖合同，返还购车款。

20　　年

　　月　　日

星期

天气

法律分析

王某在违约的情况下，能否解除客车买卖合同？首先，现行法并未明确禁止违约方解除合同的权利。一般来讲，合同是当事人之间的契约，按约履行合同除囿于法律规定的约束外，很大程度上还要取决于当事人的自愿。在合同一方当事人不愿意继续履行合同时，虽然有强制履行的制度设定，但强制履行显然不可能适用于所有不自愿履行的情形。因此，在法律没有明确禁止违约方行使合同解除权的情形下，违约方主张解除合同的权利不应完全予以排斥。在本案中，王某未取得营运手续，双方的合作基础已经丧失，应允许其解除合同。

《中华人民共和国民法典》第五百八十条第一款　当事人一方不履行非金钱债务或者履行非金钱债务不符合约定的，对方可以请求履行，但是有下列情形之一的除外：（一）法律上或者事实上不能履行；（二）债务的标的不适于强制履行或者履行费用过高；（三）债权人在合理期限内未请求履行。

典型案例

2020 年，法院生效判决判令解除王某与甲公司所签订的商品房买卖合同，王某将已交付的房屋返还给甲公司，甲公司将相应的购房款返还给王某。由于甲公司一直没有返还购房款，所以王某拒绝腾房。2022 年 3 月，甲公司将涉案房屋卖给周某，并协助周某办理了房屋产权证。2022 年 4 月，周某诉请王某腾房。王某以甲公司未返还购房款拒绝腾房。

20　　年

　　月　　日

星期

天气

法律分析

本案中，生效判决解除了王某与甲公司之间的房屋买卖合同关系，王某对涉案房屋既不享有所有权，也无基于买卖合同关系的合同债权，因此负有腾退涉案房屋的义务；但是，王某履行腾房义务需与开发公司对生效判决的履行同时进行。在甲公司未向王某履行生效判决所确定的关于购房款的返还义务时，即无法确定王某应履行腾房义务的到期日，继而不能认定王某已对涉案房屋构成无权占有。所以，周某虽系涉案房屋登记产权人，但其要求王某腾退涉案房屋尚不具备条件，法院难以支持其相关诉讼请求。

《中华人民共和国民法典》第五百六十六条　合同解除后，尚未履行的，终止履行；已经履行的，根据履行情况和合同性质，当事人可以请求恢复原状或者采取其他补救措施，并有权请求赔偿损失。

合同因违约解除的，解除权人可以请求违约方承担违约责任，但是当事人另有约定的除外。

主合同解除后，担保人对债务人应当承担的民事责任仍应当承担担保责任，但是担保合同另有约定的除外。

典型案例

承租人甲公司与出租人乙在 2021 年 3 月 29 日就涉案厂房签订租赁合同，租赁期自 2021 年 5 月 1 日至 2026 年 4 月 30 日，年租金 23 万元。该厂房未办理合法的规划审批手续，系无证建筑。合同签订后，甲公司如期装修并进行生产经营。后涉案厂房列入动迁范围，甲公司因拆迁无法继续经营，认为搬迁期间不应承担租金。乙诉请法院请求甲公司支付租金，甲公司提出反诉，要求乙承担装修补偿等费用。

20　　年

　　月　　日

星期

天气

法律分析

合同只有在当事人具有相应的行为能力，意思表示真实，不违反法律、行政法规的强制性规定或者不违背公序良俗时才有效，违反则属于无效合同。在本案中，由于涉案争议的租赁房屋是无证建筑，合同双方就该违法租赁标的物签订的租赁合同应属无效。房屋租赁合同无效，当事人请求参照合同约定的租金标准支付房屋占有使用费的，法院一般予以支持。对于甲公司请求乙赔偿其装修损失的请求，应综合考虑双方对合同无效的过错程度、对甲公司造成的实际损失以及双方对合同的实际履行情况等酌情确定。

《中华人民共和国民法典》第一百五十七条　民事法律行为无效、被撤销或者确定不发生效力后，行为人因该行为取得的财产，应当予以返还；不能返还或者没有必要返还的，应当折价补偿。有过错的一方应当赔偿对方由此所受到的损失；各方都有过错的，应当各自承担相应的责任。法律另有规定的，依照其规定。

典型案例

成某与田某于 2019 年 11 月建立恋爱关系，2021 年 3 月双方解除恋爱关系。在恋爱期间，成某自 2019 年 11 月 4 日至 2021 年 1 月 31 日通过微信及 QQ 转账方式多次给田某转账共计 52, 438 元。成某以赠与附结婚条件而双方并未结婚，赠与条件未成就为由，要求田某返还赠与的 52, 438 元。

20 年

月 日

星期

天气

法律分析

赠与合同是赠与人将自己的财产无偿给予受赠人，受赠人表示接受赠与的合同。赠与财产的权利一旦转移，除非发生法律规定的事由，否则不得撤销。在本案中，成某主张对田某的赠与是以双方结婚为条件的赠与，但其提供的证据中并未有赠与款项系附结婚条件的内容，且成某赠与田某的款项的数额及形式与本地以结婚为目的给付彩礼款的婚俗形式存在明显区别。因此，成某对田某的赠与系恋爱期间的一般赠与，并非附结婚条件的赠与，现赠与合同已经履行完毕，故成某不得要求田某返还赠与款项。

《中华人民共和国民法典》第六百五十八条 赠与人在赠与财产的权利转移之前可以撤销赠与。

经过公证的赠与合同或者依法不得撤销的具有救灾、扶贫、助残等公益、道德义务性质的赠与合同，不适用前款规定。

典型案例

韩某与宋某是夫妻关系，韩某海、韩某江、韩某河是二人的子女。2018年，韩某、宋某与韩某河签订赠与协议，约定由于韩某河对二人照顾较多，二人同意在生前将房产赠与韩某河。赠与协议签订后，韩某河为顾及二老感受，未及时要求将房屋过户。后来，韩某与宋某相继去世。2022年，韩某河要求韩某海、韩某江履行赠与协议，办理过户手续，但韩某海、韩某江主张二人并不清楚赠与协议的情况，并表示房屋三兄弟都有权继承，不同意将房屋过户到韩某河名下。于是，韩某河将韩某海、韩某江起诉到法院，要求他们履行赠与合同配合办理房屋过户手续。

20____年

____月____日

星期

天气

法律分析

在一般情形下，赠与人在赠与财产的权利转移之前可以撤销赠与。因为在被继承人死亡后，继承人概括继承了被继承人的财产性权利和义务，对被继承人生前签订但尚未履行的赠与合同而言，继承人既继承了赠与人配合受赠人过户的义务，也继承了赠与人在一定条件下撤销赠与的权利。在本案中，由于韩某与宋某在世时未办理房产过户登记，且双方签订的赠与合同并未办理公证，因此韩某与宋某去世后，在韩某海、韩某江行使撤销权的情况下，韩某河就无权要求其他继承人继续履行赠与合同。

《中华人民共和国民法典》第六百五十八条 赠与人在赠与财产的权利转移之前可以撤销赠与。

经过公证的赠与合同或者依法不得撤销的具有救灾、扶贫、助残等公益、道德义务性质的赠与合同，不适用前款规定。

典型案例

李甲的银行交易明细记载：2021 年 4 月 4 日，由周某汇入 8 万元；2021 年 4 月 8 日，汇出 2 万元至李乙（李甲女儿），资金用途为“家用”。除此之外，上述期间，李甲的上述账号无其他资金往来。周某起诉李甲要求归还 8 万元借款及利息。李甲抗辩与周某之间不存在借贷，8 万元系周某委托李甲理财的款项。

20　　年

　　月　　日

星期

天气

法律分析

自然人之间借贷合同的成立与生效包括两个要素：一是出借人和借款人形成了借贷合意，即以书面或口头等形式表现出的民间借贷合同，证明双方就借贷事项达成一致意见；二是出借人支付了款项，完成了出借款项的义务。这两个要素须同时具备，缺一不可。在本案中，李甲对其抗辩的 8 万元系委托理财而非借贷的主张承担举证责任。李甲可以提供书面委托协议、理财相关的账户信息或者微信、短信等聊天记录来证明双方存在委托理财关系。但在本案中，李甲无法提供相关证据，因此可以结合其他证据最终认定双方存在借贷关系。

《中华人民共和国民法典》第六百六十八条　借款合同应当采用书面形式，但是自然人之间借款另有约定的除外。

借款合同的内容一般包括借款种类、币种、用途、数额、利率、期限和还款方式等条款。

典型案例

王某承租赵某的房屋，承租期间欲对外转租。曹某经人介绍认识王某，双方商定转让费等事宜后，在未签订租赁合同的情况下，曹某便投入资金装修房屋。装修过程中，赵某不同意转租双方议定的租金数额，提出须提高租金才能签合同。曹某虽然停止装修但已支出数万元装修费。为此，曹某起诉王某等要求赔偿装修损失等费用。

法律分析

房屋转租合同，是指房屋承租人将承租的房屋部分或者全部租赁给第三人，由第三人向承租人支付租金的合同。依据《中华人民共和国民法典》规定，承租人经出租人同意，可以将租赁物转租给第三人。承租人转租的，承租人与出租人之间的租赁合同继续有效。承租人未经出租人同意转租的，出租人可以解除合同。在本案中，承租人王某与次承租人曹某之间未签订房屋转租合同，由于出租人赵某不同意，使次承租人曹某不能依据合同约定占有使用房屋并遭受装修费用的损失，因此承租人王某应承担相应的赔偿责任。

《中华人民共和国民法典》第七百一十六条 承租人经出租人同意，可以将租赁物转租给第三人。承租人转租的，承租人与出租人之间的租赁合同继续有效；第三人造成租赁物损失的，承租人应当赔偿损失。

承租人未经出租人同意转租的，出租人可以解除合同。

典型案例

张某作为承租人与出租人李某签订房屋租赁合同，约定：承租人提前退租，应提前 30 日书面通知出租人，结清各项费用后，按月租金的 200% 支付违约金。在房屋租赁期间，张某欲解除合同，便通过微信向李某提出。但因支付违约金等事宜双方未达成一致意见，张某即直接搬离租住房屋，未办理交接手续，也未交还钥匙。后张某向法院提起诉讼，请求法院确认搬离房屋时租赁合同解除，并要求李某退还相应费用数千元。

20　　年

　　月　　日

星期

天气

法律分析

合同解除，是指合同当事人一方或者双方依照法律规定或者当事人的约定，依法解除合同效力的行为。合同一旦签订生效，除非满足约定解除或法定解除条件而解除合同，否则合同双方当事人即应依据合同约定履行义务。在本案中，张某与李某签订的房屋租赁合同合法有效，双方应当按照合同约定履行义务。在房屋租赁期间，并未发生使张某可以解除合同的法定或约定事由，张某无权解除合同，应依据合同约定承担违约责任。

《中华人民共和国民法典》第七百二十二条　承租人无正当理由未支付或者迟延支付租金的，出租人可以请求承租人在合理期限内支付；承租人逾期不支付的，出租人可以解除合同。

典型案例

出租人刘某将其名下房屋出租给承租人牟某使用，双方签订租赁合同，约定房屋租赁期 12 个月。刘某依约将房屋交付牟某，牟某按照合同约定交纳了租金及押金。合同履行约 4 个月后，牟某以工作地点变动无法继续履行合同为由申请解除合同，刘某不同意解除合同。后牟某搬离涉案房屋，告知了刘某，并要求返还剩余租金及押金，刘某坚持合同应当继续履行完毕，拒不返还租金和押金。

20　　年

　　月　　日

星期

天气

法律分析

依据《中华人民共和国民法典》规定，当事人一方不履行非金钱债务或者履行非金钱债务不符合约定的，对方可以请求履行，但是有下列情形之一的除外：一是法律上或者事实上不能履行；二是债务的标的不适于强制履行或者履行费用过高；三是债权人在合理期限内未请求履行。在本案中，承租人牟某在合同履行期限内，因自身原因要求解除合同，违反了双方的约定，构成违约，应当承担违约责任。同时，因为房屋租赁合同本身的特性，要求承租人继续租赁使用房屋无异于限制其人身自由，显然不适于继续履行，所以对于出租人继续履行的请求不应支持。

《中华人民共和国民法典》第五百八十条第一款　当事人一方不履行非金钱债务或者履行非金钱债务不符合约定的，对方可以请求履行，但是有下列情形之一的除外：（一）法律上或者事实上不能履行；（二）债务的标的不适于强制履行或者履行费用过高；（三）债权人在合理期限内未请求履行。

典型案例

张某与常某签订房屋租赁合同，约定将房屋出租给常某使用，合同约定租赁期限为 2 年，并同意承租人对外转租。合同还约定了租金数额、违约责任等条款。合同履行中，张某在合同到期前 6 个月，通知常某到期后将不再续租，要求常某搬离涉案房屋。常某不同意，称双方实际商谈的租期是 6 年，但因张某要求分期签约才 2 年一签；常某已对房屋进行了大规模的装修，并且常某已与案外人签订长期租赁合同，如果合同按 2 年期计，期满腾让房屋，不仅其装修投入无法回本，还会导致其对很多次承租人的违约赔偿。

20□□年

□□月□□日

星期

天气

法律分析

租赁期限 6 个月以上的，应采用书面形式。当事人未采用书面形式，无法确定租赁期限的，视为不定期租赁。不定期租赁，当事人可以随时解除合同，但是应当在合理期限之前通知对方。因此，拟长期租赁的合同，当事人应当采用书面形式并明确约定租赁期限。在本案中，涉案房屋租赁合同约定合同期限为 2 年十分明确，该履行期限届满后，出租人不同意继续出租房屋，法院无法强制双方续约，因此，双方租赁关系只能终止。常某虽然抗辩实际租赁期限应为 6 年，但并没有任何证据加以证明，因此，只能根据双方之间的书面合同认定租赁合同履行完毕，常某须搬离涉案房屋。

《中华人民共和国民法典》第七百零七条 租赁期限六个月以上的，应当采用书面形式。当事人未采用书面形式，无法确定租赁期限的，视为不定期租赁。

典型案例

林某与鞠某双方签订的房屋租赁合同约定，鞠某居住期间，水、电、煤气、电器等设施如使用不当出现损坏或火灾由鞠某承担责任，但如房屋出现漏水、漏雨等问题，则由出租人林某负责修缮。在鞠某租住期间，某天凌晨，房屋厨房水管断裂漏水，致使楼下住户董某家中被水淹，对出租人林某的房屋也造成损害。林某赔偿了董某 15 万元后，向法院起诉鞠某要求赔偿，认为鞠某的行为同时给其房屋造成经济损失 3 万元，鞠某共计应该赔偿 18 万元。双方当事人对涉案房屋水管断裂漏水的原因产生争议，林某认为是鞠某使用不善所致，鞠某则称系水管年久失修所致。

20　　年

　　月　　日

星期

天气

法律分析

合同生效后，双方当事人应当按照合同约定全面履行义务。在房屋租赁合同中，依据《中华人民共和国民法典》的规定，承租人未按照约定的方法或没有根据租赁物的性质使用租赁物，致使租赁物受到损失的，出租人可以解除合同并请求赔偿损失。在本案中，鞠某否认水管断裂漏水的原因与其有关，根据"谁主张，谁举证"的原则，林某应当就其主张的"鞠某使用不善所致"提供证据予以证明。林某没有证据证明系鞠某使用不当导致水管断裂漏水，因此应由其自己承担水管断裂漏水导致的损失。

《中华人民共和国民法典》第七百一十一条　承租人未按照约定的方法或者未根据租赁物的性质使用租赁物，致使租赁物受到损失的，出租人可以解除合同并请求赔偿损失。

典型案例

出租人张某与承租人匡某签订租赁合同，约定租赁房屋租期 5 年，免租期 1 年，另对租金计算方式及支付方式等进行了约定。张某起诉称，匡某使用涉案房屋 3 年一直未交租金，多次催交，仍不交租金，所以请求解除合同，要求匡某交纳欠付租金并承担违约责任。匡某抗辩称，涉案房屋漏水，导致其不能使用，是张某违约在先，张某应承担违约责任，匡某未交租金是行使其先履行抗辩权。

20□□年

□□月□□日

星期

天气

法律分析

在房屋租赁合同关系中，提供适租的房屋是出租人的主要合同义务，而交纳租金则是承租人的主要合同义务。在本案中，出租人张某具有维修房屋的义务，但在出现漏水的情况下，承租人应积极告知出租人漏水的情况并通知其维修。如果出租人没有及时维修，承租人也可先行维修，由出租人承担维修费用。如果出租人未及时维修的后果足以影响房屋正常使用，足以影响承租人租赁合同的目的不能实现，则承租人可以提出解除合同。但承租人既使用租赁房屋又以此拒绝交纳租金，缺乏事实和法律依据，应承担相应的违约责任。

《中华人民共和国民法典》第七百一十三条 承租人在租赁物需要维修时可以请求出租人在合理期限内维修。出租人未履行维修义务的，承租人可以自行维修，维修费用由出租人负担。因维修租赁物影响承租人使用的，应当相应减少租金或者延长租期。

因承租人的过错致使租赁物需要维修的，出租人不承担前款规定的维修义务。

典型案例

吕某与徐某私交较好，吕某和徐某各有一辆小货车。2021 年 2 月 15 日中午，吕某在徐某家吃过饭后，要到市场运输货物。因吕某的车噪声较大，双方决定交换车辆，由吕某驾驶徐某的小货车，吕某将自己的小货车及车钥匙交给徐某。当天下午 6 时，徐某开着吕某的小货车并将该车停放在自家附近自己经常停车的公路上。第二天上午 10 时左右，徐某告知吕某，吕某的车被盗，徐某已于当日向公安局报案。公安局接警后，对吕某、徐某及相关证人进行询问，并立案侦查，此案至今未破。吕某与徐某因赔偿一事发生纠纷，吕某诉请法院判决徐某赔偿其损失。

法律分析

保管合同，是指保管人保管寄存人交付的保管物并返还该物的合同。在保管期间，因为保管人保管不善造成保管物损毁、灭失的，保管人应当承担损害赔偿责任，但如果保管是无偿的，则保管人只要证明自己没有重大过失，就不承担损害赔偿责任。在本案中，在吕某开走徐某的车辆，徐某也使用了吕某的车辆后，双方形成了事实上的保管合同关系。徐某将吕某的车辆放在无人管理的经常停车地点过夜存放，显属管理不当，应承担该车丢失 50% 的责任。引起该车丢失的原因是吕某的车坏后借用徐某的车而引起的，故吕某也应承担 50% 的责任。

《中华人民共和国民法典》第八百九十七条 保管期内，因保管人保管不善造成保管物毁损、灭失的，保管人应当承担赔偿责任。但是，无偿保管人证明自己没有故意或者重大过失的，不承担赔偿责任。

典型案例

马某将一套二手房委托中介公司挂牌出售，并与中介公司签订了居间合同。合同约定，马某委托中介公司为其提供居间服务，并约定了房屋最低售价。合同约定，委托人在委托期内私下与他人成交的，视作居间合同成立，应按房屋成交价格的 2.5% 计收中介服务费。居间合同签订后不久，中介公司发现马某与中介公司推荐的客户王某私下成交。经交涉，马某认为，房屋是其夫妻共有财产，自己以个人名义与中介公司签订的居间合同是无效合同，并以此为由拒付中介费。多次协商无果，中介公司将马某告上法庭，要求马某按居间合同的约定支付中介费。

20□□年

□□月□□日

星期

天气

法律分析

中介合同，是指中介人向委托人报告订立合同的机会或者提供订立合同的媒介服务，委托人支付报酬的合同。依据《中华人民共和国民法典》的规定，委托人在接受中介人的服务后，利用中介人提供的交易机会或者媒介服务，绕开中介人直接订立合同的，应当向中介人支付报酬。在本案中，委托人马某与中介公司签订的中介合同合法有效，双方当事人应当按照合同约定履行义务，但马某利用中介公司推荐的机会私下成交，违反了中介合同约定，依据《中华人民共和国民法典》第 965 条的规定，应当向中介人支付合同约定的报酬。

《中华人民共和国民法典》第九百六十五条 委托人在接受中介人的服务后，利用中介人提供的交易机会或者媒介服务，绕开中介人直接订立合同的，应当向中介人支付报酬。

典型案例

某小区顶层露台下水不畅，雨水渗入楼下业主陈某家中，造成陈某家厨房多处积水。陈某将顶层业主宣某和某物业管理公司诉至法院，要求赔偿相应损失。经查明，如果要进入露台，必须经过顶层业主宣某家。宣某房屋的房产证中的产权范围不包含露台，其购房合同及补充协议也未约定露台归其所有。诉讼中，陈某、宣某及某物业管理公司认为，相关主管部门在拆除其他住户露台的相关建筑设施时，有部分杂物掉落在宣某房屋外面的露台上，堵塞了该露台的下水管。发生漏水事件时，宣某在外地，某物业管理公司人员从其他住户进入涉案露台将存水释放。

20＿＿年

＿＿月＿＿日

星期

天气

法律分析

物业服务人应按照约定和物业的使用性质，妥善维修、养护、清洁、绿化和经营管理物业服务区域内的业主共有部分，维护物业服务区域内的基本秩序，采取合理措施保护业主的人身、财产安全。在本案中，宣某不是顶层房屋外面露台的所有权人，对该露台没有法定的维护、清扫义务。某物业管理公司对小区建筑物的公共部分，有管理、维护的义务。物业管理公司应当熟知自己所管理的物业的情况，应当预见大雨时有可能造成露台积水而发生渗漏的风险。物业管理公司没有及时处理露台杂物，在物业管理过程中存在过失，故对陈某有证据证明的合理损失应予赔偿。

《中华人民共和国民法典》第九百四十二条 物业服务人应当按照约定和物业的使用性质，妥善维修、养护、清洁、绿化和经营管理物业服务区域内的业主共有部分，维护物业服务区域内的基本秩序，采取合理措施保护业主的人身、财产安全。

对物业服务区域内违反有关治安、环保、消防等法律法规的行为，物业服务人应当及时采取合理措施制止、向有关行政主管部门报告并协助处理。

典型案例

某小区业主委员会与某物业公司签订物业服务合同。在物业公司接管小区之初，业主委员会曾委托某物业服务评估监理公司对小区状况进行评估。评估报告的结论为：小区交付使用至今已近15年，由于日常维护保养不当，项目共用部位破损情况较为普遍，共用设施设备组件均已出现不同程度的老化、失效，经年损耗现象尤为突出且明显……电梯系统、安全防范等9项查验项目均不合格。鉴定报告附有大量现状问题的照片。业主苏某以某物业公司的服务质量没有达到物业合同约定的服务标准、物业服务存在重大瑕疵为由拒交物业费。某物业公司起诉业主苏某，要求其交纳物业费。

20　　年

　　月　　日

星期

天气

法律分析

物业服务合同双方当事人应当按照合同约定履行各自的义务。在本案中，业主苏某称某物业公司在提供物业服务的过程中，并未达到双方约定的物业服务标准，出现物业服务问题。但根据小区业主委员会委托的第三方评估监理公司出具的物业项目交接查验评估报告可以看出，案涉小区在某物业公司入驻之前已存在物业设施老化、失效等诸多问题。某物业公司入驻案涉小区后，已积极履行维护和整改义务。因此，苏某所主张的小区物业服务尚存在诸多问题的理由不能成为其少交或不交物业费的合理理由。

《中华人民共和国民法典》第九百四十二条　物业服务人应当按照约定和物业的使用性质，妥善维修、养护、清洁、绿化和经营管理物业服务区域内的业主共有部分，维护物业服务区域内的基本秩序，采取合理措施保护业主的人身、财产安全。

对物业服务区域内违反有关治安、环保、消防等法律法规的行为，物业服务人应当及时采取合理措施制止、向有关行政主管部门报告并协助处理。

典型案例

某物业公司与某小区业主委员会签订了物业服务合同。业主刘某认为自己的房屋与开发商宣传的样板间存在差异。开发商宣传的和其参观的房屋带有阁楼，但交付的房屋是闷顶。开发商虚假宣传欺骗其购房，导致其未完成房屋验收交接。刘某据此认为，按照合同约定，物业费应由开发商交纳，因此拒绝向某物业公司交纳物业费。某物业公司起诉业主刘某，要求其交纳物业费。

20　　年

　　月　　日

星期

天气

法律分析

物业服务合同与房屋买卖合同是两个独立的合同，两个合同中分别约定的权利义务通常情形下并无牵连关系。物业服务合同中的当事人通常不能以房屋买卖合同的履行瑕疵来对抗其在物业服务合同中的对方当事人。在本案中，某物业公司与业主刘某之间已经形成了物业服务合同关系。在某物业公司已经为涉案小区提供了物业服务的情况下，其有权收取物业费。刘某主张开发商交付的涉案房屋不合格、未完成房屋验收交接等问题，均为刘某与开发商之间的纠纷，属于另一法律关系，而不能成为其拒绝向某物业公司支付物业费的理由。

《中华人民共和国民法典》第九百三十七条　物业服务合同是物业服务人在物业服务区域内，为业主提供建筑物及其附属设施的维修养护、环境卫生和相关秩序的管理维护等物业服务，业主支付物业费的合同。

物业服务人包括物业服务企业和其他管理人。

典型案例

业主何某将其车辆停放在小区非停车位处，该小区的物业管理中心未向何某收取单独的车辆管理费。在车辆停放期间，小区内的流浪狗将何某车辆的叶子板和保险杠咬坏。何某以物业管理中心未尽到驱赶小区流浪狗的责任和义务，致使其小轿车被流浪狗咬坏为由，向法院起诉，要求物业管理中心赔偿修车费用。

20　　年

　　月　　日

星期

天气

法律分析

在物业服务合同中约定财物保管服务的，在发生财物丢失或毁损时，业主可以要求物业服务人承担相应的赔偿责任；没有约定财物保管服务的，但物业服务人在其职责范围内未尽到安全防范义务或未配置应有的安全防范设备，对财物丢失或毁损有过错的，业主可以要求物业服务人承担与其过错相适应的赔偿责任。在本案中，因某物业管理中心未收取车辆管理费，对小区内停放的车辆仅具有一般管理义务，而何某主张的流浪狗造成其停放在小区非停车位处的车辆损坏，超出某物业管理中心应尽的一般管理义务，因此，何某要求赔偿修车费的诉讼请求于法无据，不应支持。

《中华人民共和国民法典》第九百四十二条　物业服务人应当按照约定和物业的使用性质，妥善维修、养护、清洁、绿化和经营管理物业服务区域内的业主共有部分，维护物业服务区域内的基本秩序，采取合理措施保护业主的人身、财产安全。

对物业服务区域内违反有关治安、环保、消防等法律法规的行为，物业服务人应当及时采取合理措施制止、向有关行政主管部门报告并协助处理。

典型案例

养殖户杨某与饲料公司签订买卖合同，约定饲料公司先向杨某提供饲料200吨，杨某收到全部饲料后付款。饲料公司在向杨某提供饲料20吨后，发现市场生猪价格大跌，担心杨某不能及时付款，遂要求杨某先付款，其再提供饲料。杨某拒绝并要求饲料公司继续履行合同。

20　　年

　　月　　日

星期

天气

法律分析

先履行抗辩权，是指合同双方当事人互负债务并有先后履行顺序的，后履行一方在对方履行之前或不适当履行时，拒绝对方向自己提出的履行要求的权利，其是后履行方的权利。在本案中，杨某以饲料公司未履行在先提供饲料义务为由行使先履行抗辩权，符合《中华人民共和国民法典》第526条规定的先履行抗辩权行使条件，应予支持。

《中华人民共和国民法典》第五百二十六条　当事人互负债务，有先后履行顺序，应当先履行债务一方未履行的，后履行一方有权拒绝其履行请求。先履行一方履行债务不符合约定的，后履行一方有权拒绝其相应的履行请求。

典型案例

某村村民张某自制竹制品，为拓展销路，于 2021 年 5 月向邻村某水果种植大户李某提供装水果用的竹筐 50 个试用，报价单载明单价为每个 45 元，备注栏明确“此报价为最终报价，按此价格签订合同后，之前所送 50 个竹筐不计任何费用，如合同未签订，50 个竹筐按 80 元结算”。试用期满，李某并未与张某签订买卖合同，李某以手机短信形式向张某确认了约定试用期每个竹筐 80 元的事实。2022 年，张某诉请李某支付试用品使用费 4000 元。

20　　年

　　月　　日

星期

天气

法律分析

试用买卖合同属于特种买卖合同，是指当事人双方约定于合同成立时，出卖人将标的物交付买受人试验或者检验，并以买受人在约定期限内对标的物的认可为生效要件的买卖合同。在本案中，张某与李某之间所形成的试用买卖合同关系是双方当事人真实意思表示，且未违反法律、行政法规禁止性规定，合法有效。张某提供的报价单备注栏中明确试用期免费试用承诺是附条件的，即免费试用条件是签订正式买卖合同，因试用期满后双方业务关系终止，并没有订立书面合同，因此免费试用条件并未成就，应根据合同约定支付使用费。

《中华人民共和国民法典》第六百三十九条　试用买卖的当事人对标的物使用费没有约定或者约定不明确的，出卖人无权请求买受人支付。

典型案例

某村村民张某与邻县李某在 2021 年签订农用车买卖合同，约定张某出售自己的农用车给李某，所有权自李某付清价款时转移；如李某未履行支付价款义务，则标的物属张某所有。李某预付 2 万元后，收到价值 20 万元的农用车。2022 年，因李某未依约付余款 18 万余元，张某依买卖合同中所有权保留条款诉请确认其对车辆享有所有权，并要求取回车辆，同时要求李某偿付车辆折价损失、取回费用等。

20　　年

　　月　　日

星期

天气

法律分析

所有权保留，是指在移转财产所有权的商品交易中，根据法律的规定或者当事人的约定，财产所有人移转标的物的占有于对方当事人，但仍保留其对该财产的所有权，待对方当事人支付部分或全部价款，或完成特定条件时，该财产的所有权才发生移转的一种法律制度。在本案中，张某与李某签订的买卖合同，约定的标的物所有权转移条款，即合同标的物所有权自李某付清价款时转移，李某未履行支付价款义务的，标的物属张某所有，符合法律规定，合法有效。张某有权在取回设备时要求李某一并偿付，并可要求将相应取回费用从张某应返还李某的价款中扣除。

《中华人民共和国民法典》第六百四十二条　当事人约定出卖人保留合同标的物的所有权，在标的物所有权转移前，买受人有下列情形之一，造成出卖人损害的，除当事人另有约定外，出卖人有权取回标的物：（一）未按照约定支付价款，经催告后在合理期限内仍未支付；（二）未按照约定完成特定条件；（三）将标的物出卖、出质或者作出其他不当处分。

出卖人可以与买受人协商取回标的物；协商不成的，可以参照适用担保物权的实现程序。

典型案例

某村村民王某与供电公司签订供电合同，约定供电公司于 2016 年 12 月 1 日开始向王某提供供电服务。从 2020 年 11 月至 2021 年 11 月王某没有按约支付电费。在王某逾期支付电费期间，供电公司多次催告无果，遂于 2021 年 12 月 1 日在提前通知王某的前提下中止供电。此次断电导致王某经营的民宿不能正常经营，王某遂向供电公司主张赔偿损失，供电公司提出反诉，要求王某支付电费和违约金。

20　　年

　　月　　日

星期

天气

法律分析

支付电费是用电人的主要义务，用电人应按照国家有关规定和合同的约定及时支付电费。用电人逾期不支付电费的，应承担迟延支付的违约责任。如果双方就迟延支付电费约定了违约金，则用电人应当支付违约金。但是，供电人不能因用电人逾期不支付电费而直接断电。在本案中，王某违反供电合同约定逾期支付电费，应承担违约责任；而供电公司在中止供电之前依据法律规定履行了催告和事先通知义务，对于王某因中止供电导致的损失无须承担责任。因此，法院支持了供电公司主张的支付电费并赔偿违约金的请求。

《中华人民共和国民法典》第六百五十四条　用电人应当按照国家有关规定和当事人的约定及时支付电费。用电人逾期不支付电费的，应当按照约定支付违约金。经催告用电人在合理期限内仍不支付电费和违约金的，供电人可以按照国家规定的程序中止供电。

供电人依据前款规定中止供电的，应当事先通知用电人。

典型案例

张某因修缮自家住宅向邻居田某借款 60 万元，妻子王某以及亲戚李某为张某的债务清偿提供连带责任保证。2022 年，因张某逾期未能清偿借款，田某向法院起诉请求张某按照约定还款，同时请求李某、王某承担保证责任。王某以李某虚假签名为由诉请免除保证责任。

20 年

月 日

星期

天气

法律分析

保证合同是为保障债权的实现，保证人和债权人约定，当债务人不履行到期债务或者发生当事人约定的情形时，保证人履行债务或者承担责任的合同。在本案中，李某在保证合同上虚假签名，并不影响张某与王某之间的保证合同效力。并且，王某也并未提供证据证明其提供的保证依赖于另一保证人李某的保证，而王某所担保的张某正是其丈夫，张某的债务与王某更具利益直接相关性，因此王某无权主张免除保证责任。王某以其代偿还主债务后不能对李某行使追偿权为由对抗田某诉求，于法无据。

《中华人民共和国民法典》第六百八十一条 保证合同是为保障债权的实现，保证人和债权人约定，当债务人不履行到期债务或者发生当事人约定的情形时，保证人履行债务或者承担责任的合同。

典型案例

姜某于2017年承包经营某砖瓦厂。陈某于2017年向姜某汇款25万元，但未参与该厂经营活动。2018年，姜某向陈某出具投资证明，证明中载明：陈某投资某砖瓦厂25万元，如果某砖瓦厂复垦拆迁，则对全额款项按拆迁比例分成。后该砖瓦厂因复垦拆迁而停产。2021年11月，姜某陆续通过某村委会领取了310余万元补偿款，其未向陈某结账还款。陈某遂主张返还投资款25万元及收益50万元。

20 年

月 日

星期

天气

法律分析

合伙合同是两个以上合伙人为了共同的事业目的，订立的共享利益、共担风险的协议。在本案中，虽然陈某主张其向姜某汇款25万元是基于双方之间的合伙合同而交付的，但其并没有提交相关合伙协议或举证证明双方存在合伙约定，也没有证据证明双方共同经营、管理砖瓦厂并进行过合伙分成和共担债务的事实，故应认定陈某向姜某支付的款项名为合伙经营出资实为借款。因此，姜某应向陈某返还借款，但无须支付收益。

《中华人民共和国民法典》第九百六十七条 合伙合同是两个以上合伙人为了共同的事业目的，订立的共享利益、共担风险的协议。

典型案例

某小区业主委员会与某物业公司签订物业委托合同，合同约定：委托管理期限 3 年。合同期满后，业主委员会没有将续聘或解聘物业公司的意见通知物业公司，且没有选聘新的物业服务人的，如果物业公司继续服务，那么视为此合同自动延续，直到业主委员会与物业公司续签合同或选聘了新的物业服务人时止。在该合同约定的管理期限届满后，发生了上述合同约定的情形，因此某物业公司要求业主张某交纳物业费。但张某认为，某小区业主委员会与某物业公司签订的物业委托合同到期后未及时选聘新的物业公司，不能视为自动续约，故其拒绝交纳合同期满后的物业费。

20　　年

　　月　　日

星期

天气

法律分析

业主委员会与业主大会依法选聘的物业服务人签订的物业服务合同，对业主具有约束力。业主应当按照约定向物业服务人支付物业费。在本案中，业主委员会与业主大会依法选聘的物业服务人签订的物业服务合同约定的 3 年委托管理期限虽已届满，但物业管理公司继续在该小区进行物业管理服务工作，业主委员会没有将续聘或解聘的意见通知某物业管理公司，且没有选聘新的物业服务人，故按照合同约定，上述合同已自动延续。某物业管理公司对涉案房屋提供了物业服务管理行为，张某获得了某物业管理公司为其提供的物业服务。张某作为接受物业服务的一方，应交纳相关费用。

《中华人民共和国民法典》第九百四十七条　物业服务期限届满前，业主依法共同决定续聘的，应当与原物业服务人在合同期限届满前续订物业服务合同。

物业服务期限届满前，物业服务人不同意续聘的，应当在合同期限届满前九十日书面通知业主或者业主委员会，但是合同对通知期限另有约定的除外。

典型案例

小丁出生于1985年，他的父母在一起已将近40年了。小丁盘算给父母过一个40周年结婚纪念日。在跟父亲就此闲聊时，小丁才得知，父母当年结婚时，只按照村里习俗举办过婚礼，并未在民政部门办理结婚登记。小丁当场提出父母应该去补办个登记，作为纪念。父亲则回道：这么大年纪了，没必要！事后，小丁跟身边的朋友又说起此事。朋友善意提醒道：按照我国的法律规定，没有办理结婚登记只能算“非法同居”，当事人之间不存在合法的婚姻关系。将来老人百年后，子女继承等都是问题。小丁这下着急了，真会这样吗？

20　　年

　　月　　日

星期

天气

法律分析

根据我国法律规定，结婚行为生效的要件之一，就是双方当事人办理结婚登记。但是，在20世纪90年代以前，也曾有过例外。当时，我国司法实践在一定范围内认可“事实婚姻”，使之在民事领域具有合法婚姻的效力。但是，在婚姻登记制度逐步建立之后，以1994年2月1日民政部《婚姻登记管理条例》的颁行为节点，“事实婚姻”就不再被承认。本案中，小丁父母的“夫妻”共同生活关系应在1986年之前，早于1994年。因此，二老之间存在“事实婚姻”，即使未办理结婚登记，其彼此之间的权利义务关系都如同合法婚姻中的夫妻。

《中华人民共和国民法典》第一千零四十九条　要求结婚的男女双方应当亲自到婚姻登记机关申请结婚登记。符合本法规定的，予以登记，发给结婚证。完成结婚登记，即确立婚姻关系。未办理结婚登记的，应当补办登记。

典型案例

小马与小刘经人介绍结婚，婚前的感情基础并不牢固。婚后五六年，小刘一直没有生养，小马的父母对其多有抱怨，小马也一直冷眼相待。小刘无法忍受这种冷暴力，于是离家出走。听人说，小刘是去外地务工了，但小马一直联系不上。又过了五六年，小马和同村的另一个姑娘小张日久生情，打算结婚。可是，他之前和小刘领过结婚证，这下就犯了难：若离婚，联系不上小刘，没法办理离婚事宜；若不离婚，没法再与小张领取结婚证。小马该怎么办？

20　　年

　　月　　日

星期

天气

法律分析

根据我国法律规定，离婚包括协议离婚、诉讼离婚两种途径。诉讼离婚通常指“判决离婚”，无须夫妻双方同意，只需向法院起诉，并满足“感情破裂”等实体法标准即可。感情破裂有很多种情形，其中之一是夫妻“因感情不和分居满二年”。本案就属于此种分居的情形。因此，本案小马可以考虑的第一条途径，就是直接以该条规定为由向人民法院诉请离婚。如果无法联系上小刘，小马仍可以正常起诉，不过，届时人民法院须以公告送达的方式，向“下落不明”的小刘送达诉讼文书。此外，小马还有另一条间接离婚的途径，即先宣告小刘失踪再向法院起诉离婚。

《中华人民共和国民法典》第一千零七十九条第四款　一方被宣告失踪，另一方提起离婚诉讼的，应当准予离婚。

典型案例

小孙最近很苦恼，因其偶然发现，自己辛辛苦苦抚养多年的“儿子”，竟然是妻子小赵与王某所生，他被蒙在鼓里整整十年。小孙决定离婚。他想知道：他能够以儿子非亲生为由，主张与小赵离婚吗？如果离婚，他能够对小赵提出哪些赔偿？

20　　年

　　月　　日

星期

天气

法律分析

本案的情形根据通常的社会观念，应认为足以导致夫妻感情破裂。只要小孙可以证明，儿子并非其亲生，则其对孩子并不负有法定的抚养义务。其多年来实际支出的子女抚养费用，可以向小赵主张赔偿。另外，小孙多年来被蒙骗，遭受了严重的精神损害，故他还有权向小赵主张精神损害赔偿。此外，《中华人民共和国民法典》第1087条还规定，离婚分割夫妻共同财产时，应当“按照照顾子女、女方和无过错方权益的原则判决”。本案中，虽应适当予以女方照顾，但更应照顾无过错方即小孙。

◇◇◇

《中华人民共和国民法典》第一千零九十一条　有下列情形之一，导致离婚的，无过错方有权请求损害赔偿：（一）重婚；（二）与他人同居；（三）实施家庭暴力；（四）虐待、遗弃家庭成员；（五）有其他重大过错。

典型案例

小徐与小蒋经人介绍认识，一见如故，很快萌生了结婚的念头。从“闪恋”到“闪婚”，二人才经历了不到三个月。然而，婚后小徐意识到，她与小蒋的婚姻缺乏坚实的感情基础，二人甚至不真正地了解对方。于是，她想到了离婚，并将该想法告诉朋友。朋友却说，《中华人民共和国民法典》新增了“离婚冷静期”制度，“闪离”可没以前那么容易啦！小徐不解：“离婚冷静期”是什么？它真的会阻碍自己离婚吗？

20　　年

　　月　　日

星期

天气

法律分析

《中华人民共和国民法典》第1077条针对协议离婚设置了“离婚冷静期”制度。设置“离婚冷静期”的目的不在于限制当事人的离婚自由，而在于让当事人避免一时冲动，审慎地考虑是否结束婚姻。如果在“离婚冷静期”结束以后，当事人仍欲摆脱婚姻关系，双方可以继续办理离婚登记手续。但是，“离婚冷静期”仅限制协议离婚，而不限制诉讼离婚。此外，如果小徐是因受胁迫而结婚或者小蒋未如实告知其重大疾病而申请撤销婚姻，同样不受“离婚冷静期”限制。

《中华人民共和国民法典》第一千零七十七条　自婚姻登记机关收到离婚登记申请之日起三十日内，任何一方不愿意离婚的，可以向婚姻登记机关撤回离婚登记申请。

前款规定期限届满后三十日内，双方应当亲自到婚姻登记机关申请发给离婚证；未申请的，视为撤回离婚登记申请。

典型案例

杨某经人介绍与高女士相识，半年后，两人领取了结婚证，并举办了婚礼。根据当地习俗，杨某的父母在婚前向高某给付彩礼现金 28，888 元，并向其赠送汽车一辆。可是，由于感情基础并不牢固，杨某与高某婚后矛盾不断，最终在一年后离婚。杨某的父母想知道：他们送出的彩礼还可以要回来吗？

20　　年

　　月　　日

星期

天气

法律分析

在法律层面，彩礼显然无法作为男女双方结婚行为的某种条件（如生效条件）。尽管彩礼无法直接影响结婚行为的效力，但是，两者在事实上存在紧密关联，彩礼依然具有当事人意思表示解释层面的法律意义。对于给予彩礼的一方当事人来说，倘若结婚行为并未完成，或者至少在日常观念上并未完成，那么，当事人给付彩礼的目的就落空了。在此种情形下，彩礼就应当予以返还。如果前述目的是部分落空，彩礼就应当被相应地部分返还。在本案中，鉴于双方结婚一年就离婚，杨某的父母请求返还部分彩礼可能会得到支持。

《中华人民共和国民法典》第一千零四十二条第一款　禁止包办、买卖婚姻和其他干涉婚姻自由的行为。禁止借婚姻索取财物。

典型案例

刘某与女孩王某经人介绍相识不久就确定了恋爱关系。两人先是同居，继而订婚。但是，因种种矛盾，双方最终和平分手。刘某与王某都在县城上班，有稳定的收入。在同居的大约两年时间里，刘某的收入主要用于双方的日常开销，王某的收入则攒下来买了一辆小汽车，登记在王某名下，主要由刘某开。刘某认为，对王某的小汽车自己也有一半的权利。这种说法成立吗？

20　　年

　　月　　日

星期

天气

法律分析

非婚同居关系明显不同于婚姻关系。非婚同居一方当事人的工资、奖金、生产经营收益等各种收入，原则上仍为各方单独所有，而非共同所有。作为例外，只有双方在同居期间共同购置的财产或者共同经营所得的收入，才能够被认定为双方共有。就本案而言，刘某如果能够证明，其和王某有共同购置小汽车的意思，如双方存在刘某的收入用于日常花销、王某的收入用于购置小汽车的约定，则小汽车应被认定为双方共同购置的财产，由双方共有，刘某有权分得相应的份额。

最高人民法院《关于适用〈中华人民共和国民法典〉婚姻家庭编的解释（一）》第二十二条　被确认无效或者被撤销的婚姻，当事人同居期间所得的财产，除有证据证明为当事人一方所有的以外，按共同共有处理。

典型案例

张先生与李女士是夫妻关系。结婚时，按照当地习俗，男方买房、女方买车，本来相安无事。但生完孩子后，李女士从多种渠道了解到，他们家这种买房买车的情形，一旦日后婚姻破裂，女方在财产方面将遭受很大的不利。于是，劝说张先生在婚前就全款购买的房产上加上了自己的名字。房产证上载明的产权状态为“按份共有”，但并未注明具体的份额。李女士还是不放心，她多方打听，想知道：万一将来离婚，自己对该房屋享有何种权利？

20　　年

　　月　　日

星期

天气

法律分析

《中华人民共和国民法典》第658条所确立的一般规则是，一旦赠与合同履行完毕，原则上就不能撤销。在司法实践中，从部分地区高级人民法院的规定来看，一方面，法院会认为，夫妻之间的赠与合同一旦履行，即不能撤销；另一方面，以“加名”为代表的赠与行为会形成一份夫妻共同财产。而且，在分割该夫妻共同财产时，依然会考虑出资多少、婚姻存续期间长短等因素，对出资较多的一方适当多分。

上海市高级人民法院《关于审理婚姻家庭纠纷若干问题的意见》（2007年）第13条　夫妻一方婚前出资购置房屋，权利登记在双方名下的，为夫妻双方共有财产。如未约定按份共有，可认定共同共有，但在离婚分割该房产时，出资一方可适当多分。

典型案例

张先生在与李女士结婚前已经全款购买婚房，婚后二人共同居住。但是，在李女士孕期，张先生出轨了。李女士得知此事时，两人的孩子小张已经出生。为了家庭，李女士选择了原谅。但是她提出一个条件：张先生应当在婚房上面加上她和小张的名字。张先生答应了，当场写下一份保证书：自愿在共同居住的婚房上加上李女士和小张的名字，绝不反悔。之后，房产“加名”的事被耽搁下来。然而，没过一年，张先生又出轨了。李女士心灰意冷，决定离婚。她要求张先生履行之前的加名约定，遭到拒绝。李女士的主张成立吗？

20　　年

　　月　　日

星期

天气

法律分析

在房屋是夫妻一方的个人财产的情形下，实务中常见的房屋“加名”约定性质上属于夫妻一方对另一方（以及子女等其他家庭成员）的赠与。而我国法律关于赠与合同可执行性的一般规则是：除少数例外，在实际履行之前，赠与人有权任意撤销赠与；而一旦实际履行，赠与人无权撤销赠与。在此，一个有待解释的问题是夫妻之间的赠与，是否属于“依法不得撤销的……道德义务性质的赠与”。主流意见认为，夫妻间赠与仍应遵守一般规则，在未履行之前可以撤销。在本案中，张先生可以撤销赠与合同；而一旦赠与合同被撤销，李女士和小张就无权请求房屋“加名”。

《中华人民共和国民法典》第六百五十八条　赠与人在赠与财产的权利转移之前可以撤销赠与。

经过公证的赠与合同或者依法不得撤销的具有救灾、扶贫、助残等公益、道德义务性质的赠与合同，不适用前款规定。

典型案例

刚刚结婚的曹先生与刘女士希望找些办法“加固”自己的婚姻。听朋友说，现在年轻人结婚都喜欢签订“忠诚协议”，即约定如果一方在婚内出轨，其就会面临惩罚。两人觉得这是个好主意，拟订了如下条款：“（一）两人永远相爱，任何人不得提出离婚；（二）两人相互忠诚，任何人不得出轨；（三）如有一方违反，分手时须净身出户，自动丧失子女抚养权。”两人想知道：他们订立的“忠诚协议”会得到法律的承认吗？

20　　年

　　月　　日

星期

天气

法律分析

本案中，曹先生与刘女士订立的“忠诚协议”是无效的。其一，“任何人不得提出离婚”的条款剥夺了民事主体的婚姻自由，明显违反了法律的强制性规定。其二，“自动丧失子女抚养权”的条款也违反了关于亲子关系的法律规定。退一步说，即使本案中夫妻双方仅约定了“相互忠实”的义务，但违反该义务时必须承担高额的金钱赔偿（如“净身出户”），法院也可以根据违约方的过错程度、受害方的受损程度、家庭的经济状况等实际因素酌情调减赔偿的数额。

◇◇

《中华人民共和国民法典》第一千零四十三条　家庭应当树立优良家风，弘扬家庭美德，重视家庭文明建设。
夫妻应当互相忠实，互相尊重，互相关爱；家庭成员应当敬老爱幼，互相帮助，维护平等、和睦、文明的婚姻家庭关系。

典型案例

小曹遇到一件纠结的事情：他和女友小马已经看好了一处婚房，如果按揭购买，则首付款需要 50 万元。这笔钱，他的父母已经答应赞助。但是，小曹的一个朋友悄悄建议，购房合同最好在结婚之前签订，首付款也要由父母在结婚之前打款，如此，小曹父母给的首付款在法律上就是小曹的个人财产；如果这笔钱是婚后才到账，则会被认定为对小曹和小马两人的赠与，进而成为两人的夫妻共同财产。简单地说，给钱的时间点非常重要。小曹很纠结，想知道：根据我国法律规定，父母赞助购房款的时间点真的这么重要吗？

20 年

月 日

星期

天气

法律分析

《中华人民共和国民法典》规定：夫妻一方在婚后受赠的财产，原则上是夫妻共同财产；但是，“赠与合同中确定只归一方的财产”，仍为夫妻一方的个人财产。《中华人民共和国民法典》相关司法解释着重考虑赠与的时点：结婚前，父母的赠与应认定为对自己子女个人的赠与，除非有明确的相反表示；结婚后，父母的赠与应按照《中华人民共和国民法典》第 1062 条第 1 款第 4 项规定的原则处理。但《中华人民共和国民法典》第 1062 条第 1 款第 4 项包含了两种可能性：受赠财产原则上为夫妻共同财产；但若赠与人“确定只归一方”，则受赠财产理应为相应夫妻一方的个人财产。

最高人民法院《关于适用〈中华人民共和国民法典〉婚姻家庭编的解释（一）》第二十九条 当事人结婚前，父母为双方购置房屋出资的，该出资应当认定为对自己子女个人的赠与，但父母明确表示赠与双方的除外。当事人结婚后，父母为双方购置房屋出资的，依照约定处理；没有约定或者约定不明确的，按照民法典第一千零六十二条第一款第四项规定的原则处理。

典型案例

小白要和女友小王结婚了。但是，两人在和家人商量筹备婚事的过程中，却闹起了不快。原来，他们所在县城的婚俗之一是“男方买房、女方买车”。但是，小王的父母却坚持“女方买房、男方买车”。因为他们听朋友说，房子将来会增值，而车子只会贬值，万一小两口将来离婚，买车一方亏大了。但是，小白父母则坚持按当地婚俗准备。小白自己纳闷：谁买房、谁买车，差别真的那么大吗？

20　　年

　　月　　日

星期

天气

法律分析

本案涉及父母对子女的赠与，在适用相关规定后，如果房屋和车辆都属于夫妻双方的夫妻共同财产，那么，婚姻存续期间房屋的增值、车辆的贬值，都由夫妻双方共同承受，并无不利于夫妻一方之说；相反，如果房屋和车辆分别为相关一方的夫妻个人财产，则须进一步考察房屋的增值、车辆的贬值在法律上的归属。本案中，父母送房、送车的行为发生在小两口结婚前，那么因为房屋、车辆会成为受赠一方的夫妻个人财产，对应的婚后增值、贬值也会由相应夫妻一方承受，而非由夫妻双方共享或共担。

最高人民法院《关于适用〈中华人民共和国民法典〉婚姻家庭编的解释（一）》第二十九条第一款　当事人结婚前，父母为双方购置房屋出资的，该出资应当认定为对自己子女个人的赠与，但父母明确表示赠与双方的除外。

典型案例

老朱事业有成以后，开始嫌弃跟他患难与共的妻子，与邻村的刘女士发展起了“地下情”，后便向妻子提出了离婚。妻子已经对老朱心灰意冷，遂表示同意离婚，但提出老朱婚内出轨属于重大过错，自己有权多分财产。老朱妻子的主张有法律依据吗？

20 年

月 日

星期

天气

法律分析

在我国的离婚制度中，保护无过错方是一项重要原则。该原则主要体现于两个功能近似的制度，即夫妻共同财产的分割与离婚损害赔偿。具体来说，《中华人民共和国民法典》第 1087 条第 1 款规定夫妻共同财产的分割应“照顾子女、女方和无过错方权益”，第 1091 条则规定离婚时无过错方有权请求损害赔偿，二者共同发挥着惩罚过错方、保护无过错方的功能。因此，在实际操作中，这两项制度需要相互协调，既要保证制度目标得以实现，又要避免“重复评价”的问题。

《中华人民共和国民法典》第一千零九十一条 有下列情形之一，导致离婚的，无过错方有权请求损害赔偿：（一）重婚；（二）与他人同居；（三）实施家庭暴力；（四）虐待、遗弃家庭成员；（五）有其他重大过错。

典型案例

冯先生在外打拼多年，是一家农产品公司的老总，事业蒸蒸日上；妻子吴女士则安心地在家当“家庭主妇”，一人操持日常家务，照料老人与小孩，将整个家打理得井井有条。不料，冯先生后见异思迁，开始嫌弃这个没见过世面的妻子，最后提出了离婚。吴女士心碎不已，她为这个家庭奉献了青春、放弃了工作，最后竟被无情抛弃。她想知道：自己为家庭牺牲了这么多，能否在离婚时获得补偿呢？

20　　年

　　月　　日

星期

天气

法律分析

《中华人民共和国民法典》第1088条确立了离婚时的家务劳动补偿规则，使家务劳动补偿规则可以适用于法定的夫妻共同财产制。据此，无论夫妻双方采取共同财产制还是分别财产制，只要一方因抚育子女、照料老年人、协助另一方工作等负担了较多义务，即有权在离婚时向另一方请求补偿。具体的补偿方案，先由双方协议决定；如果无法达成协议，则由人民法院判决。家务劳动补偿规则需要进行妥当的个案衡量，既要合理补偿一方对家务劳动的不均等付出，又要在功能上协调好其与夫妻共同财产分割（以及离婚经济帮助制度）的关系。

《中华人民共和国民法典》第一千零八十八条　夫妻一方因抚育子女、照料老年人、协助另一方工作等负担较多义务的，离婚时有权向另一方请求补偿，另一方应当给予补偿。具体办法由双方协议；协议不成的，由人民法院判决。

典型案例

雷女士与宋先生“闪婚”之后，不久就因为琐事失和，开始闹离婚。“冷战”之际，雷女士想到宋先生在婚姻存续期间的收入寥寥，而自己既有较高的工资，又有出租房屋的租金收益，到时候分割共有财产肯定会吃亏。于是雷女士把自己婚后获得的工资与租金收益全部转到了弟弟小雷的银行账户上，宣称婚后收入已经全部用于“还债”，自己早已分文不剩。宋先生能否获得相关的法律救济呢？

20　　年

　　月　　日

星期

天气

法律分析

在离婚时，夫妻双方需要就共同财产进行分割。有的夫妻一方出于侵占另一方财产、实现个人利益最大化的目的，可能隐藏、转移、变卖、毁损、挥霍夫妻共同财产，或者伪造夫妻共同债务。对此，《中华人民共和国民法典》第1092条明确规定，如果夫妻一方存在上述行为，在离婚分割夫妻共同财产时，法院可以对该方可以少分或者不分；离婚后，另一方发现该方存在上述行为的，可以向人民法院提起诉讼，请求再次分割夫妻共同财产。法律通过制裁实施隐藏财产、伪造债务等不当行为的一方，实现对另一方合法财产权益的保护。

最高人民法院《关于适用〈中华人民共和国民法典〉婚姻家庭编的解释（一）》第八十三条　离婚后，一方以尚有夫妻共同财产未处理为由向人民法院起诉请求分割的，经审查该财产确属离婚时未涉及的夫妻共同财产，人民法院应当依法予以分割。

典型案例

黄先生和洪女士结婚十年，正盘算在所在的城市购买第二套住房。可是，根据当地的信贷政策，以家庭为单位，只有首套房的购买者才能享受按揭贷款利率折扣的优惠；如果是购买第二套房，贷款利率不仅没有折扣，还会上浮，而且首付比例也会提高许多。一琢磨，黄先生提出了“假离婚”的方案，也就是他们夫妻两人先协议离婚，这样名下无房的洪女士就获得了首套房的购房资格。购房后，两人再自行复婚。这样就能早几年凑齐所需要的首付款。可是，洪女士总觉得有些不安。洪女士的担心有道理吗？

20 年

月 日

星期

天气

法律分析

法律上没有“假离婚”，只有真离婚。本案所涉及的假离婚买房显然是不靠谱的，蕴含诸多风险：其一，“假戏真做”的风险。在不少情形下，假离婚可能演化成真离婚。其二，目的落空的风险。在不少地方，有关方面为了避免政策调控被架空，已经采取了应对假离婚的措施。例如，在贷款政策方面，“离婚一年以内的房贷申请人”仍无法享受首套房的优惠政策。如此一来，至少短时间内的假离婚就仍然无法实现政策套利的目的。其三，在有些情形下，如假离婚骗取拆迁款等，在实践中还可能会被认定为构成诈骗罪，引发刑事责任。这更是得不偿失。

《中华人民共和国民法典》第一百四十六条 行为人与相对人以虚假的意思表示实施的民事法律行为无效。以虚假的意思表示隐藏的民事法律行为的效力，依照有关法律规定处理。

典型案例

小黄和小金协议离婚，离婚协议里载明：（1）孩子由母亲即小金抚养，小黄定期支付抚养费若干。（2）为了孩子的健康成长，婚后购买的房产（价值 100 万元）由小金单独所有；婚后存款 20 万元，一人一半。此外，两人无其他财产可分割。但是，双方办理离婚登记不久后，小黄的一个朋友听说此事后为小黄不值，小黄听后也有些后悔，想找小金再要 40 万元。小黄的请求在法律上能成立吗？

20　　年

　　月　　日

星期

天气

法律分析

离婚财产分割协议是离婚协议的一部分，两者性质上都属于合同，大体也受制于合同法有关规则的调整。

在本案中，小黄和小金的离婚财产分割协议（以及离婚协议）是双方真实的意思表示，并不存在欺诈、胁迫等情形；财产分割虽然不均，但系小黄自愿照顾女方和子女而为之，并无可撤销的余地。因此，小黄在法律上无权再向小金请求支付 40 万元。

最高人民法院《关于适用〈中华人民共和国民法典〉婚姻家庭编的解释（一）》第七十条　夫妻双方协议离婚后就财产分割问题反悔，请求撤销财产分割协议的，人民法院应当受理。

人民法院审理后，未发现订立财产分割协议时存在欺诈、胁迫等情形的，应当依法驳回当事人的诉讼请求。

典型案例

老许早年丧偶，辛苦打拼大半生，一个人把孩子养育大，还在老家买了一套房子，父子俩一起在这栋房子里居住。老许想，自己年岁大了，儿子小许与女友相恋已经数年，也到了该娶媳妇的年纪，不如把房子送给他。于是，老许和小许到房管局办理了房屋过户登记，将房屋登记在小许的名下。几个月之后，小许与女友顺利成婚。不料，婚后二人认为老许与他们同住妨碍了他们的生活，居然狠下心对老许下了“逐客令”，要求老许从房子里搬出去。老许欲哭无泪，他能主张什么法律救济呢？

20 年

月 日

星期

天气

法律分析

老人将房屋赠与给独生子女，独生子女“忘恩负义”的，老人首先可以考虑撤销赠与。根据《中华人民共和国民法典》第663条的规定，如果受赠人“对赠与人有扶养义务而不履行”，赠与人可以在知道或者应当知道撤销事由之日起一年内撤销赠与。成年子女对父母负有赡养义务，而为父母提供住所当然属于赡养义务的范围。

其实，除寻求上述事后救济外，老人还可以在实施赠与行为时设立居住权，为自己提供事前的保障。

《中华人民共和国民法典》第三百六十六条 居住权人有权按照合同约定，对他人的住宅享有占有、使用的用益物权，以满足生活居住的需要。

典型案例

杨某与吴某的儿子小杨是一个典型的“啃老族”，都已经 20 岁了却拒绝外出工作，整日在家游手好闲，衣来伸手，饭来张口。最近，小杨还染上了网络赌博的恶习，欠了好几万元赌债，让本不富裕的家庭雪上加霜。杨某与吴某对小杨实在忍无可忍，凑钱替小杨还了赌债以后，将小杨赶出了家，逼他去找一份工作。但是，小杨不乐意了，声称房子是家庭共同财产，自己也“有份儿”，父母不仅无权将自己赶走，还应该给自己支付抚养费。小杨说得对吗？

20　　年

　　月　　日

星期

天气

法律分析

父母对子女的抚养义务是有限的。根据《中华人民共和国民法典》第 1067 条第 1 款的规定，父母只对未成年子女或者不能独立生活的成年子女负担抚养义务。所谓“不能独立生活”，根据最高人民法院《关于适用〈中华人民共和国民法典〉婚姻家庭编的解释（一）》第 41 条的规定，主要是指“尚在校接受高中及其以下学历教育，或者丧失、部分丧失劳动能力等非因主观原因而无法维持正常生活”等情形。显然，本案中的小杨不属于此处的“不能独立生活”。因此，杨某与吴某不对小杨负有抚养义务，当然也无须支付扶养费。

《中华人民共和国民法典》第二十六条　父母对未成年子女负有抚养、教育和保护的义务。成年子女对父母负有赡养、扶助和保护的义务。

典型案例

老李的儿子因下河游泳，不幸溺水离世。白发人送走黑发人，老李一家悲痛欲绝。含泪办理完儿子的后事后，老李被告知，儿子生前酷爱网上冲浪，有社交平台、支付平台、电子邮箱以及网络游戏等一系列网络账户。老李十分激动，虽然他是一个老庄稼汉，并不太清楚这些账户有什么用，但这毕竟是儿子的“遗物”，可以当作一个念想。老李想知道，他能“继承”儿子的网络账户吗？

20　　年

　　月　　日

星期

天气

法律分析

父母是子女的第一顺序继承人，可以继承子女的遗产。不过，并非子女留下的所有“遗物”，都属于可以继承的遗产。依据《中华人民共和国民法典》第 1122 条的规定，遗产仅包括自然人死亡时遗留的个人合法财产；依照法律规定或者根据其性质不得继承的遗产，继承人不得继承。那么，网络账户是否属于死者的“个人合法财产”，进而可以由继承人继承呢？本案中，老李可以继承儿子的财产性网络账户，但对社交平台等人格属性较强的网络账户，老李原则上不能继承。

◇◇◇

《中华人民共和国民法典》第一百二十七条　法律对数据、网络虚拟财产的保护有规定的，依照其规定。

典型案例

张小三与父亲张三相依为命，二人靠经营一家小卖部为生。去年，张三被确诊胃癌，一年以后去世。张小三痛心不已并决定继续经营小卖部。不料，父亲刚去世不久就有债主上门讨债，声称“父债子还”。张小三这才了解到，父亲生前因手头拮据，向朋友借款 20 万元补贴家用，还开了这家小卖部维持生活。可是，即使算上小卖部，父亲也只为张小三留下价值 10 万元的遗产。张小三真的必须替父亲清偿生前的债务吗？

20　　年

　　月　　日

星期

天气

法律分析

“父债子还”的表述在法律上并不准确。依照《中华人民共和国民法典》第 1161 条的规定，我国采取限定继承的立场，即继承人仅以所得遗产的实际价值为限，为被继承人生前的债务承担清偿责任。对超出的部分，继承人并不负有清偿的义务。在本案中，张小三继承了包括小卖部在内的遗产，价值为 10 万元，故仅须以此为限向债务人清偿债务。剩余的 10 万元债务，张小三无须负责。当然，法律也不禁止张小三在有积蓄后，自愿清偿这笔债务。此外，张小三还可以放弃继承，自然也无须对张三的债务承担任何清偿责任。

《中华人民共和国民法典》第一千一百六十一条　继承人以所得遗产实际价值为限清偿被继承人依法应当缴纳的税款和债务。超过遗产实际价值部分，继承人自愿偿还的不在此限。

继承人放弃继承的，对被继承人依法应当缴纳的税款和债务可以不负清偿责任。

典型案例

老赵近年工作不顺，家庭不和，每天的精神支柱就是在彩票站购买几注彩票，期待自己时来运转。一天，老赵猛然间发现自己前些天购买的彩票竟然中了 800 万元大奖，激动之余，妻子平日里冷嘲热讽的画面浮现在他的脑海，他心想：“这奖是我中的，凭什么分她一半？何不隐瞒中奖消息，赶紧离婚，然后再偷偷去兑奖，这样 800 万元大奖就可以全部收入囊中啦！”老赵的如意算盘可以成真吗？

20　　年

　　月　　日

星期

天气

法律分析

根据《中华人民共和国民法典》第 1062 条第 1 款的规定，夫妻在婚姻关系存续期间所得的“投资的收益”，为夫妻的共同财产。如果老赵试图隐瞒中奖事实，待到离婚以后再去兑奖，则还可能构成隐瞒夫妻共同财产。在这种情况下，妻子可以在发现这一事实后三年内请求再次分割，而且法院也可能在分割共同财产时考虑这一因素，对老赵少分财产甚至不分财产。

《中华人民共和国民法典》第一千零六十二条第一款　夫妻在婚姻关系存续期间所得的下列财产，为夫妻的共同财产，归夫妻共同所有……

（二）生产、经营、投资的收益……

典型案例

王某与妻子李某婚后育有一子，现年八周岁。因王某常年游手好闲，整日赌钱酗酒，李某欲与之离婚。但是，李某担心，由于她对儿子管教甚严，而王某对儿子向来不加管教，儿子更希望在离婚后跟着父亲。这样，法院会不会根据儿子的意愿，将抚养权判给王某？李某的担心有道理吗？

20 年

月 日

星期

天气

法律分析

根据我国法律的规定，子女抚养权必须以子女利益最大化（未成年人利益最大化）作为原则，具体情况具体判断。

本案中，李某的儿子刚八周岁，人民法院虽然应尊重子女的意愿，但更应当以未成年人利益最大化为原则，考虑本案中王某有赌钱、酗酒等恶习，原则上应将子女判由李某直接抚养。当然，如果王某、李某达成轮流直接抚养等共同抚养的协议，自应予以尊重。

《中华人民共和国未成年人保护法》第一百零七条第二款 人民法院审理离婚案件，涉及未成年子女抚养问题的，应当尊重已满八周岁未成年子女的真实意愿，根据双方具体情况，按照最有利于未成年子女的原则依法处理。

典型案例

已婚的韩先生与马女士发展了一段“婚外情”。其先是拿出自己婚后攒下的私房钱，为马女士买了一枚昂贵的钻戒，后来更将夫妻婚后购置的一栋房屋赠送给她，并办理了过户登记。妻子蔡女士最终发现了这一段“婚外情”，得知巨额财产竟归第三者所有，怒火中烧。韩先生也后悔不已，连忙向马女士索回财产，不料马女士拒绝返还。蔡女士有权追回被赠与第三者的财产吗？

20　　年

　　月　　日

星期

天气

法律分析

韩先生拥有根据其意愿与他人订立赠与合同的自由。但是，一旦韩先生实施的赠与行为违反了法律、行政法规的强制性规定，或者违背了公序良俗，该行为就归于无效。本案中，韩先生基于维持“婚外情”的目的，向马女士赠与价值不菲的钻戒、房屋，严重违背了夫妻之间相互忠诚的善良风俗，因此赠与合同无效。马女士应返还基于赠与合同获得的财物。

《中华人民共和国民法典》第一百五十三条　违反法律、行政法规的强制性规定的民事法律行为无效。但是，该强制性规定不导致该民事法律行为无效的除外。

违背公序良俗的民事法律行为无效。

典型案例

王某与邓某婚后共育有一子一女。儿子王一，家境颇为殷实，但素来与父母关系紧张，15 年来没有什么往来。女儿王二，出嫁不久就生了一对双胞胎，她把老父老母接到自己家中，请父母帮忙照料孩子。此外，二老还需要替女儿、女婿打理整个家。但女儿和女婿从来不在经济上“补贴”二老。一年以后，王某因意外去世，未留下遗嘱。邓某情绪激动，突患中风，瘫痪在床。王某只留下了一套婚前购买的房屋，此外，几乎没剩下什么存款。请问，王某的遗产应如何分配给各继承人呢？

20 年

月 日

星期

天气

法律分析

本案中，邓某生活拮据又瘫痪在床，属于“生活有特殊困难又缺乏劳动能力的继承人”，在分割遗产时可以得到适当照顾。儿子王一家境殷实却不履行对王某的扶养义务，甚至十余年以来都不与父母往来，应当不分遗产。女儿王二虽然与王先生共同生活，但事实上并未对王先生进行任何生活上或者经济上的扶助，反倒为其增加了更多的生活负担。因此，王二不仅不能多分财产，甚至应考虑对其少分或者不分财产。当然，更好的方案是三位继承人本着互谅互让、和睦团结的精神，协商一个合理的遗产分配方案。

《中华人民共和国民法典》第一千一百三十二条 继承人应当本着互谅互让、和睦团结的精神，协商处理继承问题。遗产分割的时间、办法和份额，由继承人协商确定；协商不成的，可以由人民调解委员会调解或者向人民法院提起诉讼。

典型案例

孙某与丈夫王二结婚 20 年，育有一女小王。王二还有一个姐姐王一。王二的父母一直与王二一家共同生活。五年前，王二不幸出车祸身亡，孙某依然携女儿与公婆居住，彼此照料。后二老相继辞世，留下遗产共计 60 万元。王一认为，自己是父母唯一在世的女儿，应当有权继承全部遗产。孙某对此表示反对，主张遗产应当分作三份，王一有权拿一份，自己和女儿小王也有权各分一份。

20年 月 日

星期

天气

法律分析

小王的代位继承权与其父的继承权有关，即小王"代"王二之"位"继承遗产。孙某作为尽到主要赡养义务的丧偶儿媳，被法律拟制为被继承人的另一个子女。正因如此，孙某的继承权和小王的继承权互不冲突、可以并存。针对此问题，最高人民法院《关于适用〈中华人民共和国民法典〉继承编的解释（一）》第 18 条也有明确规定："丧偶儿媳对公婆、丧偶女婿对岳父母，无论其是否再婚，依照民法典第一千一百二十九条规定作为第一顺序继承人时，不影响其子女代位继承。"此外，《中华人民共和国妇女权益保障法》第 59 条也有内容相同的规定。

《中华人民共和国妇女权益保障法》第五十九条 丧偶儿媳对公婆尽了主要赡养义务的，作为第一顺序继承人，其继承权不受子女代位继承的影响。

典型案例

李强与丁梅是令人羡慕的“金婚”夫妻，50 多年来相濡以沫，不分彼此。一日二人决定共同立下一份遗嘱，遗嘱的内容如下：“（1）若丁梅先去世，则李强继承丁梅的所有遗产，任何人不得干涉；（2）若李强先去世，则丁梅继承李强的所有遗产，任何人不得干涉；（3）丁梅与李强均去世后，二人的孩子继承二人的遗产。”这对老夫妻想知道，法律承认此种共同遗嘱吗？

20　　年

　　月　　日

星期

天气

法律分析

《中华人民共和国民法典》一般性地肯定了被继承人的遗嘱自由。在司法实践中，法院也普遍承认共同遗嘱的合法性，并且参照适用不同类型遗嘱的法定形式要件。具体而言，自书的共同遗嘱应满足自书遗嘱的法定形式要求，而无须满足代书遗嘱的形式要求；其他形式的共同遗嘱，也需要分别满足相关遗嘱的法定形式要求。李强和丁梅订立的共同遗嘱，只要满足普通遗嘱的法定形式要件，就是合法有效的遗嘱。立下共同遗嘱后，二人在过世之前原则上都有权撤回这份遗嘱，撤回遗嘱的后果是回复到法定继承。

中华人民共和国司法部《遗嘱公证细则》第十五条　两个以上的遗嘱人申请办理共同遗嘱公证的，公证处应当引导他们分别设立遗嘱。

遗嘱人坚持申请办理共同遗嘱公证的，共同遗嘱中应当明确遗嘱变更、撤销及生效的条件。

典型案例

老孙膝下有一儿一女。女儿孙甲常年在外打工，不仅定期向家里寄钱，逢年过节还会回家看望老人。儿子孙乙居住在离老孙不远的县城，但几乎不与老孙联系。一日，老孙因不慎摔倒骨折而住院，生活不便，所以联系了儿子和女儿。儿子听闻后急忙以各种理由拒绝回来看望老孙。女儿则二话不说，放下工作，不远千里赶回来照顾。儿子的不孝让老孙非常寒心，他下定决心，不让儿子继承自己的遗产。老孙的想法可以实现吗？

20　　年

　　月　　日

星期

天气

法律分析

老孙的想法可以实现。首先，老孙可以通过订立遗嘱，按照自己的意思分配遗产。譬如，老孙可以在遗嘱中载明，由女儿孙甲继承大部分甚至全部遗产。合法有效的遗嘱将优先于法定继承办理。其次，根据《中华人民共和国民法典》第 1130 条的规定，即使老孙未订立遗嘱，未尽扶养义务的儿子孙乙通过法定继承取得财产也会受到影响。

《中华人民共和国民法典》第一千一百三十条第四款　有扶养能力和有扶养条件的继承人，不尽扶养义务的，分配遗产时，应当不分或者少分。

典型案例

村里的几位大妈经常在村口晒太阳时，讨论村里姑娘小美为什么没有结婚。一天，马大妈说小美交过多个男朋友。自此以后，这种说法在村子里广为流传，人尽皆知，导致小美在村里受人指点，影响她的正常工作和生活，小美很是伤心。事实上，马大妈的话为其编造而来，小美是因为工作太忙而一直没有时间结婚，也只谈过一个男朋友，并且准备明年结婚。事后，小美要求马大妈赔偿自己的损失，并且恢复自己的名誉。

20　　年

　　月　　日

星期

天气

法律分析

公民的名誉权受到法律的保护，任何人不得以侮辱、诽谤等方式加以损害。马大妈应当赔偿小美的损失，并应当立即停止散布该谣言，在村里消除由此产生的不良影响，恢复小美的名誉，并且向小美赔礼道歉。理由在于：第一，马大妈实施了损害小美名誉权的侵害行为，编造谎言，诽谤小美，并在村里散布。第二，确有名誉权受到侵害的结果发生。村里人对小美的品德产生了不好的看法和评价，严重影响了小美的正常工作和生活，给小美带来了严重的精神痛苦。第三，马大妈对该损害结果的发生具有过错，其是故意编造谎言。第四，马大妈的侵害行为和损害后果之间具有因果关系。

《中华人民共和国民法典》第九百九十五条　人格权受到侵害的，受害人有权依照本法和其他法律的规定请求行为人承担民事责任。受害人的停止侵害、排除妨碍、消除危险、消除影响、恢复名誉、赔礼道歉请求权，不适用诉讼时效的规定。

典型案例

某日，小李骑车去镇上办事，在经过小张家附近时，突遇大风。小张家院墙外的一棵大树被吹倒。小李躲闪不及，被折断的大树砸到，身体多处骨折，住院多日，共花费医疗费 5 万余元。事后查明，这棵被吹倒的树正是小张种下的，归小张所有。此外，该树长期被黄斑星天牛危害，树干虫蛀严重，虫口密度达到 40 余个，这也是导致其被大风吹倒的主要原因。随后，小李要求小张赔偿其损失，小张却拒绝承担责任，认为这事与他无关，怪就怪这场大风和小李自己不走运。

20　　年

　　月　　日

星期

天气

法律分析

本案中，小张是该棵被大风吹倒树木的所有人，对其负有妥善管理和保护的责任，应定期修剪和驱虫，防止其因折断、倾倒而伤人。但从案情描述中可以看出，小张家的这棵树虫蛀已十分严重，小张显然没有尽到妥善管理和保护的责任，这直接导致该棵树轻易地被大风吹倒，进而砸伤小李。因此，小张无法证明自己对损害事实的发生不存在故意或过失，应当承担赔偿责任。

《中华人民共和国民法典》第一千二百五十七条　因林木折断、倾倒或者果实坠落等造成他人损害，林木的所有人或者管理人不能证明自己没有过错的，应当承担侵权责任。

典型案例

小李在镇上集市开了一家火锅店。一天晚上，一桌顾客消费后，陆陆续续借故离开火锅店，均未付钱。最后一人意欲离开时被服务员拦住，被要求支付餐费，但该顾客称无钱付款。情急之下，小李让服务员将最后这位顾客的皮夹暂时扣留，要求他打电话找人送钱结账，同时向公安机关报了案。后经警察调解处理，小李如数收到餐费。被扣留皮夹的顾客认为，小李的行为是违法的，要去起诉小李。小李感到困惑：如果不扣押皮夹，顾客就有可能会不付餐费直接离开火锅店，自己的损失又由谁来弥补呢？餐馆老板是否能自行扣押吃“霸王餐”顾客的财物呢？

20　　年

　　月　　日

星期

天气

法律分析

在本案中，火锅店向顾客提供了服务，顾客应当为此向火锅店付费。前往火锅店用餐的全是陌生人，如果小李不采取措施留住最后一位顾客的话，就会损失餐费，属于《中华人民共和国民法典》第 1177 条第 1 款中规定的“不立即采取措施将使其合法权益受到难以弥补的损害”的情况。在这种情况下，小李在保护自己合法权益的必要范围内扣留顾客的皮夹，并且及时向公安机关报案，是合法的，属于自助行为。但是，小李不能实施侵犯顾客人身权利的违法行为。

《中华人民共和国民法典》第一千一百七十七条第一款　合法权益受到侵害，情况紧迫且不能及时获得国家机关保护，不立即采取措施将使其合法权益受到难以弥补的损害的，受害人可以在保护自己合法权益的必要范围内采取扣留侵权人的财物等合理措施；但是，应当立即请求有关国家机关处理。

典型案例

严某被段某打伤后住院治疗，共花费 15 万元。严某要求段某进行赔偿，但段某因近期买种子花去了不少积蓄，无力全部赔偿。严某认为段某是想赖账，拒不同意。段某最终表示，自己最多能一次性拿出 8 万元，剩下的 7 万元需要分期支付。严某仍不信任段某，拒绝分期支付。段某是否可以分期支付赔偿费用？

20　　年

　　月　　日

星期

天气

法律分析

在确定了损害赔偿的数额后，段某和严某，即侵害人和受害人可以协商具体的支付方式。为了尽早了结侵权赔偿法律关系和利于对受害人的救济，一次性支付是最优选择。但如果双方协商一致同意分期支付，则应当尊重双方的意愿。但现实生活中，在受害人要求一次性支付时，可能会存在侵害人无力支付的情形，如果一次性赔偿确有困难，也可以采用分期支付的方法。但是，分期支付存在风险，可能会出现意外，使受害人无法得到全部赔偿。因此，受害人有权要求赔偿责任人在分期支付时提供担保。

《中华人民共和国民法典》第一千一百八十七条　损害发生后，当事人可以协商赔偿费用的支付方式。协商不一致的，赔偿费用应当一次性支付；一次性支付确有困难的，可以分期支付，但是被侵权人有权请求提供相应的担保。

典型案例

2020 年 3 月 3 日，张三务农回家后发现其妻子和 5 岁的儿子躺在卫生间的地板上，淋浴的热水还流着。张三见状，立即断开电源并拨打“120”，医生到场后确认两人均已死亡。经过警方的现场勘查及相关质检部门鉴定后得出结论：该热水器使用的器件存在质量问题。张三的妻子给儿子洗澡时，两人因接触带电的热水而不幸身亡。该热水器是张三在电器城购买，运输和安装人员均为电器城员工，在运输、安装过程中不存在过错。张三及其妻子使用热水器时也都是严格按照说明书进行操作。此时，张三应当向谁主张赔偿呢？

20　　年

　　月　　日

星期

天气

法律分析

张三购买的漏电热水器存在质量缺陷，导致其妻子和儿子在洗澡时触电身亡，侵害了其妻子和儿子的生命权，属于缺陷产品致人损害的情形。张三作为被侵权人的近亲属，既可以要求产品的生产者即生产厂家承担侵权损害赔偿责任，也可以要求产品的销售者即电器城经营者承担侵权损害赔偿责任。销售者在承担侵权责任后，如果能证明产品的缺陷是由生产者造成而自己对此不存在过错，则可以向生产者追偿。生产者在承担侵权责任后，如果能证明销售者对产品缺陷的产生存在过错，则可以在过错范围内向销售者追偿。

《中华人民共和国民法典》第一千二百零三条　因产品存在缺陷造成他人损害的，被侵权人可以向产品的生产者请求赔偿，也可以向产品的销售者请求赔偿。

产品缺陷由生产者造成的，销售者赔偿后，有权向生产者追偿。因销售者的过错使产品存在缺陷的，生产者赔偿后，有权向销售者追偿。

典型案例

为了丰富乡村生活和增强村民的健康水平，村里举行了一场篮球比赛。小李和小王平时酷爱体育运动，便积极报名参赛，并被分别分到了两个队伍中。然而在比赛过程中，小李和小王都十分渴望胜利，两人不断拼命地争抢和对抗。结果在一次抢篮板球的过程中，小李的手臂重重地撞击到小王，导致小王脚踝骨折。小王疼痛万分，立即被送往医院治疗。事后，小王要求小李赔偿自己遭受的损害。小李认为自己并不是故意的，一直拒绝赔偿。

20　　年

　　月　　日

星期

天气

法律分析

在正常情况下，无论侵害人是故意还是过失造成他人损害的，都应当承担相应的侵权责任。但《中华人民共和国民法典》第 1176 条第 1 款对参加具有一定风险的体育活动的情形作了例外规定。

本案中，篮球运动是典型的对抗性体育运动，身体碰撞是这项运动中的正常现象，属于具有一定风险的体育活动。小李抢篮板球也是常规的篮球动作，并且，在这种高强度的对抗中，受伤是时常会发生的风险。因此，小李对小王受伤的结果不存在重大过失，只是一般过失或意外事件。综合来看，小王的损失应当由小王自己承担。

◇◇◇

《中华人民共和国民法典》第一千一百七十六条第一款　自愿参加具有一定风险的文体活动，因其他参加者的行为受到损害的，受害人不得请求其他参加者承担侵权责任；但是，其他参加者对损害的发生有故意或者重大过失的除外。

典型案例

春节前夕，王二驾驶自己的小轿车去邻村接父母一起过年。在行驶途中，王二为躲避对向来车而紧急刹车，不料刹车失灵，使车辆撞向路边石墩，造成车辆严重损毁、王二受伤的交通事故。经交通管理部门认定，王二负事故的全部责任。事故发生时，王二及对向来车均正常行驶无违章行为，因为刹车失灵撞上石墩导致王二重伤。王二认为，其损伤正是由于该机动车的刹车制动系统质量不合格，便要求车辆生产公司承担赔偿责任。

20　　年

　　月　　日

星期

天气

法律分析

机动车交通事故责任，是指机动车的所有人或者使用人在机动车发生交通事故造成他人人身伤害或者财产损失时所应承担的侵权损害赔偿责任。产品责任，是指产品存在缺陷发生侵权，造成他人损害，生产者、销售者等所应当承担的侵权责任。根据最高人民法院《关于审理道路交通事故损害赔偿案件适用法律若干问题的解释》的规定，机动车存在产品缺陷导致交通事故造成损害的，当事人有权请求生产者或者销售者依照关于产品责任的规定承担赔偿责任。

依照法律规定，王二有权要求车辆生产公司承担产品侵权责任。

◇◇◇

最高人民法院《关于审理道路交通事故损害赔偿案件适用法律若干问题的解释》第九条　机动车存在产品缺陷导致交通事故造成损害，当事人请求生产者或者销售者依照民法典第七编第四章的规定承担赔偿责任的，人民法院应予支持。

典型案例

正值夏收时节，村民小王为了抢收，将一些不方便机器处理的小麦摊放到马路上，希望通过过往的车辆不断碾压小麦达到打谷收麦的效果。道路管理单位多次提醒小王不可以这样做，并让他把摊放的小麦都收起来，但小王都不以为然，拒绝改正。某天，邻村小郭骑着电动车去镇上办事，经过小王所摊放的小麦时，车子突然打滑，连人带车一起重重摔倒，小郭被诊断为轻度脑震荡和手臂骨折，花去医药费 2 万余元，并耽误小郭工作达数月。事后，小郭要求小王赔偿其所受损失。

20　　年

　　月　　日

星期

天气

法律分析

首先，小王在马路上摊放小麦的行为是有社会危害性的违法行为。车辆在上面行驶时，极易发生打滑甩尾现象。摊放的小麦在阳光的照射下很容易反光，扬起来的脱粒、糠絮等也会对机动车驾驶员的视线造成极大干扰。《中华人民共和国道路交通安全法》第 31 条明确规定，未经许可，任何人不得占用道路进行与交通无关的活动。其次，小王对损害的发生具有过失。在道路管理单位多次提醒后，其已经意识到了危险可能会发生却轻信能够避免，甚至放任损害结果的发生。因此，小王应当承担侵权责任。

◇◇◇

《中华人民共和国民法典》第一千二百五十六条　在公共道路上堆放、倾倒、遗撒妨碍通行的物品造成他人损害的，由行为人承担侵权责任。公共道路管理人不能证明已经尽到清理、防护、警示等义务的，应当承担相应的责任。

20　　年

　　月　　日

星期

天气

典型案例

小方在镇上的某驾校报名了机动车驾驶员考试培训班，每天早出晚归地去练车，很是辛苦，顺利通过了科目一和科目二的考试，进入了科目三的学习阶段。某日，小方在其教练员小李的陪同指导下，在马路上进行科目三的模拟考试练习。由于小方比较紧张，再加上操作不够熟练，与前车发生了追尾事故。虽然没有人员伤亡，但事后经过评估，仍给前车造成了 1 万余元维修费用的损失。随后，前车车主要求小方、小李以及某驾校赔偿其损失。

法律分析

在学习机动车驾驶过程中特别是在道路驾驶技能考试中，教练员必须在车内陪同。教练员不仅要指导学员如何驾驶，更关键的是要确保机动车的行驶安全。教练员负有确保学员妥善驾驶机动车以防止交通事故发生的义务。

本案中，小李是用人单位某驾校的工作人员，其也是在执行日常指导驾驶学习的工作任务，因此，应当由用人单位某驾校向前车车主承担赔偿责任。同时，该事故的发生是由于小方自身紧张而操作不当，教练员小李不存在故意或重大过失。某驾校在承担完责任后，不可以再向小李要求赔偿。

最高人民法院《关于审理道路交通事故损害赔偿案件适用法律若干问题的解释》第五条　接受机动车驾驶培训的人员，在培训活动中驾驶机动车发生交通事故造成损害，属于该机动车一方责任，当事人请求驾驶培训单位承担赔偿责任的，人民法院应予支持。

典型案例

某天，小孙开车去镇上购买种子。车刚出村口，小孙便看见同村的小李和他的孩子站在路边向他招手，于是小孙便靠边停车。小李说孩子发烧了，着急去镇上的医院看病，问是否可以搭乘小孙的“顺风车”。小孙一看情况紧急，便赶忙让小李上车。由于发烧，小李的孩子一直哭闹不停，让小孙开车很是分心；再加上着急赶往医院，车速有点快。在一个急转弯处，小孙反应不及，车辆侧翻到路边的水沟中。小李和小孙身体多处骨折，住院多日才出院。事后，小李向小孙主张赔偿。小孙感到十分委屈，不知如何是好。

20　　年

　　月　　日

星期

天气

法律分析

搭乘“顺风车”是日常生活中常见的行为，被搭乘一方往往出于乐于助人的美好品德而为之。因此，应当对机动车一方进行一定程度的倾斜保护，才符合维护社会公平正义的要求。《中华人民共和国民法典》第1217条特别规定，在搭乘“顺风车”时发生交通事故造成无偿搭乘人损害的，属于机动车一方责任的，应当减轻其赔偿责任，除非机动车一方对损害结果的发生有故意或者是重大过失。

本案中，小孙出于好心让小李和孩子无偿搭乘“顺风车”，对事故的发生不存在故意或者重大过失。因此，应当减轻其赔偿责任。

《中华人民共和国民法典》第一千二百一十七条　非营运机动车发生交通事故造成无偿搭乘人损害，属于该机动车一方责任的，应当减轻其赔偿责任，但是机动车使用人有故意或者重大过失的除外。

典型案例

丁某为生意所需，从李某处购买了一辆二手的小型轿车，付款当日李某即将轿车交付给丁某，由丁某一直驾驶，但双方并未前往车管所进行所有权变更登记。一日，丁某在甲镇道路上行驶时，为避让前方车辆，与魏某推行的电动自行车右侧相撞，造成魏某受伤，两车受损。事后经交警部门查明，丁某负事故全部责任，魏某无责任。而丁某所驾驶的肇事车辆行驶证登记所有人仍为李某，该车在保险公司已投保交强险。李某是否应当承担责任呢？

20　　年

　　月　　日

星期

天气

法律分析

《中华人民共和国民法典》将物分为动产和不动产两种，机动车属于动产。动产所有权的转移采用交付主义，即只要出卖人将出卖物交给买受人，该物的所有权就发生转移，机动车所有权的转移也不例外地属于交付转移。但是，机动车是一种特殊的动产，机动车登记人和机动车责任事故者之间就无法形成一一对应的关系。此外，当出卖人将机动车交付给买受人之后，他已经失去了对机动车运行的实际支配力。因此，发生事故时，如果机动车已经交付，即使没有登记，出卖人也无须再承担责任。

《中华人民共和国民法典》第一千二百一十条　当事人之间已经以买卖或者其他方式转让并交付机动车但是未办理登记，发生交通事故造成损害，属于该机动车一方责任的，由受让人承担赔偿责任。

典型案例

刘某身体疼痛难忍前往镇上的医院就医，医生告知其症状非常严重，建议其进行一系列检查。但刘某不以为然，拒绝进行检查，只要求给自己开点止痛药。医生无奈，拒绝开止痛药并向其说明情况。刘某回到家便睡下了，谁知这一睡再也没能醒来。刘某的儿子见父亲去世，悲痛难忍。随后，刘某的儿子要求镇医院赔偿。医生认为，其已经尽到了诊断和治疗的义务，病历上写得清清楚楚，其他医生也可以作证。

20__年

__月__日

星期

天气

法律分析

《中华人民共和国民法典》第1218条规定，患者在就诊活动中受到损害，医生或者其他医务人员有过错的，医疗机构应当承担赔偿责任。因此，让医疗机构承担赔偿责任，需要其具有过错。在一般情况下，我国采取“谁主张，谁举证”的证明原则。如果患者请求医院承担赔偿责任，需要自行证明医院存在过错。但是，看病是一门技术活，老百姓往往很难知道医生是否存在过错，病例、诊疗记录等文件也掌握在医疗机构手中，老百姓更难寻找证据证明医疗机构存在过错。因此，在一些特殊的情况下，推定医疗机构具有过错；医疗机构需要证明自己没有过错，否则就要承担责任。

《中华人民共和国民法典》第一千二百二十二条 患者在诊疗活动中受到损害，有下列情形之一的，推定医疗机构有过错：（一）违反法律、行政法规、规章以及其他有关诊疗规范的规定；（二）隐匿或者拒绝提供与纠纷有关的病历资料；（三）遗失、伪造、篡改或者违法销毁病历资料。

典型案例

小周是一个爱美的女孩子，她找到一家医院进行假体隆鼻手术。手术进行得很成功，小周终于如愿拥有了挺拔的鼻梁，对手术非常满意，觉得自己变得更漂亮了。几周后，小周去医院复查，竟然发现自己的手术成为医院的典型成功案例，相关照片被制作成展板进行展示。小周的病历资料也被详细地展示出来，虽然隐去了姓名，但根据病历中的图片和描述，完全可以认出是小周。小周很生气，立即找医院要说法，要求立即撤下展板。但医院认为，病历是医院在治疗过程中所形成的工作记录，医院有权将自己的工作对外展示。

20　　年

　　月　　日

星期

天气

法律分析

病历，不仅记载着患者的姓名、年龄等身份信息，而且记录了患者接受治疗的过程和内容，具有很强的私密性，患者往往不愿意让他人知晓。而医院无论是出于什么样的目的，均不能在不经患者同意的情况下公开其病历资料，否则将会对患者的情感和正常生活造成极大影响。

医院在不经小周同意的情况下，将小周隆鼻手术的病历资料进行展示，极大地侵害了小周的隐私。因此，医院应当立即停止侵害：撤下展板，并消除由此产生的不良影响，向小周赔礼道歉。如果因此造成了小周经济上的损失，医院还应当进行相应赔偿。

《中华人民共和国民法典》第一千二百二十六条　医疗机构及其医务人员应当对患者的隐私和个人信息保密。泄露患者的隐私和个人信息，或者未经患者同意公开其病历资料的，应当承担侵权责任。

典型案例

某日，村民叶某站在梯子上修整自家的围墙，此时，邻居家张某饲养的猪被白某饲养的黄狗追逐，猪因为受惊撞翻了叶某所站立的梯子，导致叶某从近两米高处跌落并撞在石头上，左腿骨折。在后续治疗中，叶某花费医疗费8000元。叶某住院期间曾找到白某和张某协商，要求白某和张某赔偿其损失。白某同意对叶某的损失进行赔偿，但张某认为，损害结果是白某的狗造成的，因而拒绝赔偿。白某和张某是否应当承担赔偿责任呢？

20　　年

　　月　　日

星期

天气

法律分析

饲养动物侵权遵循无过错原则，即使饲养人对于受害人的损害结果没有过错，也要承担赔偿责任。根据法律规定，必须是饲养的动物，因其自主行为使其自身固有危险得以实现，造成受害人遭受到人身或财产损害。动物的行为和受害人的受损结果之间需有因果关系。白某的狗和张某的猪都属于饲养的动物，动物自主行为使其固有危险实现，造成叶某受伤，因此，白某和张某饲养动物的行为都和叶某受损的结果之间存在因果关系，是两只动物的自主行为共同造成了叶某的损失。白某和张某作为动物的饲养人或管理人，都应当依法承担责任。

《中华人民共和国民法典》第一千二百四十五条　饲养的动物造成他人损害的，动物饲养人或者管理人应当承担侵权责任；但是，能够证明损害是因被侵权人故意或者重大过失造成的，可以不承担或者减轻责任。

典型案例

由于新农村建设，某村村民搬进了6层楼房中。一天，小郭从楼下经过，被楼上掉下来的一个水杯砸中，当场昏迷，被送往医院治疗，花费医疗费数万元。事后公安机关调查时，楼上的住户均否认水杯是从自家掉下去的，监控也没有拍到相关的画面。经过各种途径的调查，最终仍无法确定具体的侵害人。但除了住在5楼的小李、小刘和住在6楼的小张外，该楼内的其他住户都可以证明案发时间段内，家里没有人也没有饲养任何宠物，并且窗户都是关闭的。小郭便陷入了困惑，不知道该要求谁承担责任，赔偿自己所遭受的损害。

20　　年

　　月　　日

星期

天气

法律分析

“高空抛物”类案件近些年经常发生，给人民群众的生命财产安全造成了极大危害。如果能够确定具体的侵害人，就应当由该侵害人承担责任。但实践中，由于相关证据的缺乏，案发后往往难以确定砸伤人的物件是从哪个住户的家中掉落的，一栋楼中有很多高层住户，都具备实施侵害行为的条件，受害人容易面临维权难的困境。因此，《中华人民共和国民法典》第1254条特别规定，在无法确定侵害人的情形下，应当由具备实施侵害行为条件的所有住户共同补偿受害人的损失，但有确切证据能够证明自己不是侵害人的住户不用补偿。

《中华人民共和国民法典》第一千二百五十四条第一款　禁止从建筑物中抛掷物品。从建筑物中抛掷物品或者从建筑物上坠落的物品造成他人损害的，由侵权人依法承担侵权责任；经调查难以确定具体侵权人的，除能够证明自己不是侵权人的外，由可能加害的建筑物使用人给予补偿。可能加害的建筑物使用人补偿后，有权向侵权人追偿。

典型案例

小郝拉着新进的 6 万斤橘子从甲镇出发前往乙镇售卖，在运输途中不慎在村道的急弯道驾驶失误，导致货车侧翻，卡车货箱破损，大量橘子散落在道路上。周围的一些村民看到地上散落的橘子，一拥而上，开始哄抢。虽然小郝和朋友小王尽可能回收橘子，但是最终回到他们手中的橘子只剩下 2000 多斤。事后，小王要求村民还回橘子，但是有村民认为，橘子散落在地上就可以被自己捡走，而且众多村民都来捡橘子，自己不拿是吃亏，反正法不责众，自己不会承担法律责任。但是，事实是这样的吗？

20　　年

　　月　　日

星期

天气

法律分析

首先，不论橘子是否散落，前来哄抢橘子的行为都属于私占他人财产的违法行为，需要承担侵权责任。看到此类事件，个人坚决不能前去捡拾财物。

其次，不存在法不责众的情况，不能心存侥幸实施违法行为。参与抢夺的村民只存在违法行为程度轻重的区别。根据《中华人民共和国治安管理处罚法》第 49 条的规定，哄抢橘子已经属于违法行为，违法者会被拘留并且罚款。如果有村民主动前往抢夺并且招呼其他村民一起前来捡橘子，若最终损失橘子的金钱价值数额较大，那么这几个村民还有违反刑法、触犯聚众哄抢罪的风险。

◇◇◇

《中华人民共和国刑法》第二百六十八条　聚众哄抢公私财物，数额较大或者有其他严重情节的，对首要分子和积极参加的，处三年以下有期徒刑、拘役或者管制，并处罚金；数额巨大或者有其他特别严重情节的，处三年以上十年以下有期徒刑，并处罚金。

典型案例

某日，小李在村后水库中游泳时小腿抽筋，于是大声呼救。正好同村小王和小张经过。小王立即跳入河中，向小李游去。经过小王和岸上小张的共同努力，小李获救，小王却因体力不支没入水库中身亡。小王系独生子女，他的死亡给其父母带来了巨大的精神痛苦。此外，小王还是家里的经济支柱。虽然事后小李上门表示感谢和表达歉意，但小王的父母认为小李应当予以赔偿。而小李觉得自己没有过错，也是受害者。于是双方陷入了僵持局面。

20　　年

　　月　　日

星期

天气

法律分析

本案中的小李去河里游泳是正常的生活行为，并不是违法行为，因此无须承担侵权责任。但小王是因为救助小李，而失去了宝贵的生命，给其家人带来了无尽的悲伤，家人的经济也陷入困难。这样的损害后果对小王家人来说是十分严重的。基于公平正义、社会的一般道德观念和准则，小李应该分担小王家人的损失。同时，小李应予以小王父母一定的经济补偿。见义勇为是一种体现社会团结互助的高尚行为，应当大力提倡和鼓励。在见义勇为人受到损害而侵害人又无法对其赔偿时，由受助人对其适当补偿，可以避免英雄“流血又流泪”的现象发生。

《中华人民共和国民法典》第一百八十三条　因保护他人民事权益使自己受到损害的，由侵权人承担民事责任，受益人可以给予适当补偿。没有侵权人、侵权人逃逸或者无力承担民事责任，受害人请求补偿的，受益人应当给予适当补偿。

典型案例

村民小王热衷于拍摄短视频，其为了获得更多的关注量，经常在未经邻居小李同意的情况下，拍摄小李日常生活劳作的视频，上传至短视频平台。久而久之，小王有了不少粉丝，作品的评论数量也很多，但这也对小李的正常生活造成了一定干扰。随后，小李认为，小王所拍摄的涉及自己的短视频作品，事先未征得自己同意，侵害自己的肖像权，要求小王承担相应的侵权责任。但小王认为自己拍摄短视频，是为了记录乡村生活，没有营利目的，不构成侵权。

20　　年

　　月　　日

星期

天气

法律分析

肖像权是人格权的一种，是自然人对于肖像的制作权和使用权。肖像权人对自己的肖像享有专有权，有权禁止他人在未经其同意的情况下，擅自使用其肖像。即使侵害人使用他人肖像时不以营利为目的，也同样构成对他人肖像权的侵犯。因此，小王在未经小李同意的情况下，私自拍摄小李的短视频擅自使用，构成了对小李肖像权的侵犯，应当承担相应的侵权责任，立即删除涉及小李的视频，消除不良影响，向小李赔礼道歉。如果还给小李造成了经济损失，小王应当进行相应的赔偿。

《中华人民共和国民法典》第一千零一十九条　任何组织或者个人不得以丑化、污损，或者利用信息技术手段伪造等方式侵害他人的肖像权。未经肖像权人同意，不得制作、使用、公开肖像权人的肖像，但是法律另有规定的除外。

未经肖像权人同意，肖像作品权利人不得以发表、复制、发行、出租、展览等方式使用或者公开肖像权人的肖像。

典型案例

小丽因琐事与小曲发生口角，于是小丽在某短视频平台发布视频，公开小曲的隐私。小曲看到视频后，要求小丽删除，但小丽拒绝删除。随后，小曲拨打该视频平台的客服电话，要求采取相关措施，并提交了初步的证据和自己的身份信息。但该平台接到电话后，并未采取屏蔽、删除视频等必要措施。该视频给小曲的正常生活造成了严重影响，小丽因此经常受人指点。现小曲要求小丽和某短视频平台承担侵权责任。

20　　年

　　月　　日

星期

天气

法律分析

对于公民的隐私，他人不得私自公开，否则将会构成侵权。在网络侵权的情况下，网络服务提供者，即我们常说的网络平台，也有可能会承担一定责任，但互联网上存在海量的信息，网络平台不可能对每条信息都进行严格审查，因而《中华人民共和国民法典》第 1195 条规定，如果受害人发现自己权益受到侵害，可以将侵害事实以及初步的证据告知平台，平台接到通知后，应当及时采取断开链接、删除视频等必要措施，并把相关情况通知侵权人。如果没有采取必要措施，那么网络平台就需要承担侵权责任。

《中华人民共和国民法典》第一千一百九十五条第一款、第二款　网络用户利用网络服务实施侵权行为的，权利人有权通知网络服务提供者采取删除、屏蔽、断开链接等必要措施。通知应当包括构成侵权的初步证据及权利人的真实身份信息。

网络服务提供者接到通知后，应当及时将该通知转送相关网络用户，并根据构成侵权的初步证据和服务类型采取必要措施；未及时采取必要措施的，对损害的扩大部分与该网络用户承担连带责任。

典型案例

小美从某电商平台上的某店铺购买了一款由某明星代言的减肥茶，该明星在广告中信誓旦旦地说，该产品效果极佳且无任何副作用。小美使用该产品一段时间后，不仅没有减肥成功，反而患上胃病。经过调查，该减肥茶虽没有过保质期，但其有超标的农药残留，这是导致小美患上胃病的“罪魁祸首”。事后，在小美维权过程中，该电商平台竟无法提供减肥茶销售者和生产者的真实名称、联系方式、详细地址等信息。小美不知该向谁请求承担侵权责任。

20　　年

　　月　　日

星期

天气

法律分析

因产品存在缺陷致人损害时，受害人可以请求产品的生产者或销售者承担责任，也可以请求二者共同承担责任。受害人只需要证明存在侵害行为、损害结果以及两者之间存在因果关系，无须证明产品的生产者和销售者存在过错。电商平台作为交易行为的组织者，负有妥善管理平台入驻商家的职责。同时，代言人所作的虚假宣传，误导受害人购买缺陷产品，依据相关法律规定，应当承担连带责任。因此，小美可以请求该电商平台或代言人承担责任，也可以请求二者共同承担责任。

《中华人民共和国民法典》第一千二百零三条　因产品存在缺陷造成他人损害的，被侵权人可以向产品的生产者请求赔偿，也可以向产品的销售者请求赔偿。

产品缺陷由生产者造成的，销售者赔偿后，有权向生产者追偿。因销售者的过错使产品存在缺陷的，生产者赔偿后，有权向销售者追偿。

典型案例

罗某、范某二人结婚生育一子小罗后离婚。二人离婚后，平时由罗某抚养小罗。范某去探望小罗时会给其一些零花钱自用。过年期间，罗某带10岁的小罗去杨某家拜年，中途罗某去小卖铺买烟，让小罗在杨某家中玩，托杨某照看。杨某给小罗拿了打火机和一些爆竹后，自己去厨房做饭。小罗在杨某院中玩耍时不慎将点燃的爆竹丢进杨某邻居王某院中，点燃了王某屋后堆积的干草，火势蔓延开。王某和杨某发现后立刻前来灭火。经清点，王某家中烧毁物品共计2000元。王某应当找谁赔偿他的损失？

20　　年

　　月　　日

星期

天气

法律分析

罗某和范某离婚后，虽然儿子小罗由罗某一人照看，但未成年人小罗的监护人不会因为他只由一方抚养而改变。罗某和范某两人都是小罗的监护人。小罗不慎点燃王某家中物品造成损失，由于儿童往往没有承担责任的能力，故应当由监护人承担责任。所以，罗某和范某都应当为小罗造成的损失承担责任。同时，罗某将小罗托给杨某照看。杨某把易燃易爆物品交给小罗却没有妥善照顾，他对王某家的损失也有过错，应当按照他的过错大小承担一部分责任。所以，王某可以分别找罗某、范某和杨某赔偿。

《中华人民共和国民法典》第一千一百八十九条　无民事行为能力人、限制民事行为能力人造成他人损害，监护人将监护职责委托给他人的，监护人应当承担侵权责任；受托人有过错的，承担相应的责任。

典型案例

张某的儿子张某某（4 岁）在幼儿园磕掉了门牙，并花费了医疗费 1000 元。后张某经询问得知，张某某是和李某的儿子李某某在幼儿园打闹的过程中，被李某某推搡倒地，磕掉了门牙。张某便要求李某和幼儿园对其损失承担赔偿责任。在本案中，幼儿园是否需要承担赔偿责任呢？

20　　年

　　月　　日

星期

天气

法律分析

本案中的张某某只有 4 岁，为无民事行为能力人。问题的关键在于，甲镇的幼儿园能否举证证明其尽到了教育、管理职责，即在张某某和李某某的打闹过程中是否注意到了张某某和李某某的打闹情形并对两个未成年人进行了合理的劝阻和教育。如果学校无法证明，则要对张某某受到的人身损害承担侵权损害赔偿责任。若学校可以证明，则应当由李某某的监护人承担赔偿责任。

《中华人民共和国民法典》第一千一百九十九条　无民事行为能力人在幼儿园、学校或者其他教育机构学习、生活期间受到人身损害的，幼儿园、学校或者其他教育机构应当承担侵权责任；但是，能够证明尽到教育、管理职责的，不承担侵权责任。

典型案例

叶某的女儿（14岁）在甲镇的中学上初二。一日，叶某接到通知，称其女儿课间在操场运动时不慎跌倒，导致左臂骨折，叶某即送其女儿前往乡镇卫生院治疗。后叶某要求学校承担侵权责任，赔偿其损失，但学校认为叶某女儿受伤的结果并非其疏于管理造成，故不应承担侵权赔偿责任。在本案中，学校是否应当承担侵权责任呢？

20　　年

　　月　　日

星期

天气

法律分析

叶某的女儿14岁，属于限制民事行为能力人。根据《中华人民共和国民法典》第1200条的规定，限制民事行为能力人在学校或者其他教育机构学习、生活期间受到人身损害的，适用的是过错责任原则，只有学校或其他教育机构未尽到教育、管理职责的时候才承担侵权责任。因此，这就要求限制民事行为能力的未成年人一方要证明学校没有尽到教育、管理职责。如果无法证明，则无法要求学校承担赔偿责任。

《中华人民共和国民法典》第一千二百条　限制民事行为能力人在学校或者其他教育机构学习、生活期间受到人身损害，学校或者其他教育机构未尽到教育、管理职责的，应当承担侵权责任。

典型案例

某天，村民小王因收割机谷仓麦粒已满，便在驾驶舱进行麦粒倾倒操作，小孙不知道小王已经进行了操作，便立马爬进收割机谷仓用脚往外踢麦粒，结果左脚被旋转轴割伤。小王的这台收割机投保了机动车交通事故责任强制保险。对于小孙遭受的损害，小王要求保险公司承担赔偿责任。但保险公司认为，这不属于交通事故，不在交强险的赔偿范围之内，便拒绝赔偿。

法律分析

根据《机动车交通事故责任强制保险条例》第2条、第43条的规定，麦田不属于法律所规定的“道路以外”的地方。法律将“道路以外”的地方所发生的交通事故列入交强险的承保范围之内，是考虑这些“道路以外”的地方也经常会有机动车通行，承担一定的“交通”职责，类似于道路。本案中的收割机，即便可以认为其处于行驶过程中，但他人的损害是车上的收割装置所致，而并不是车辆的碰撞。因此，小王不可以要求保险公司在交强险的范围内进行赔偿。

《中华人民共和国道路交通安全法》第一百一十九条第一项、第五项　（一）“道路”，是指公路、城市道路和虽在单位管辖范围但允许社会机动车通行的地方，包括广场、公共停车场等用于公众通行的场所。

（五）“交通事故”，是指车辆在道路上因过错或者意外造成的人身伤亡或者财产损失的事件。

典型案例

李某驾车在乡村道路上正常行驶，张某在路旁行走。在李某行驶接近张某时，张某突发低血糖眩晕倒地，李某躲闪不及，轧伤张某的左手。张某在治疗过程中花费了较多医疗费。后经交警部门认定，李某和张某均无责任，本次事故属于意外事件。张某要求李某对其损害进行赔偿。李某主张自己无过错，不负赔偿责任，拒绝赔偿。应当如何判定赔偿责任呢？

20　　年

　　月　　日

星期

天气

法律分析

在通常情况下，当发生交通事故造成损害时，由有过错的一方承担侵权责任，无过错的一方无须承担责任。但是相较于机动车，非机动车、行人处于弱势地位，受伤往往也更严重。因此，立法规定即使机动车没有过错，有时也需要承担部分的赔偿责任，便于对受害人的充分救助。在本案中，双方都无过错，但是如果让受害人张某承担所有损失，显然不合理。因此，根据《中华人民共和国道路交通安全法》第 76 条第 1 款第 2 项的规定，李某需要在张某实际损失的范围内承担不超过 10% 的赔偿责任。

《中华人民共和国道路交通安全法》第七十六条第一款　……（二）机动车与非机动车驾驶人、行人之间发生交通事故，非机动车驾驶人、行人没有过错的，由机动车一方承担赔偿责任；有证据证明非机动车驾驶人、行人有过错的，根据过错程度适当减轻机动车一方的赔偿责任；机动车一方没有过错的，承担不超过百分之十的赔偿责任。……

典型案例

某日，王奶奶在家门口晒太阳时，突然昏厥。路过此处的小赵赶忙上前施救，对王奶奶进行心肺复苏，并将其送往医院救治。因为小赵采取措施及时，王奶奶平安脱险。后经检查，王奶奶双侧 8 根肋骨骨折，住院多日。事后，王奶奶认为是小赵实施心肺复苏操作不当，导致自己骨折，要求小赵赔偿自己的损失。但小赵深感委屈和难过，觉得自己救了王奶奶的性命，怎么反而要承担赔偿责任？

20 年

月 日

星期

天气

法律分析

为了保护和倡导见义勇为的行为，防止紧急救助人事后被受助人讹诈，同时考虑到，在紧急情况下，救助人往往没有时间进行全面、充分的思考，要求其承担过多的注意义务显然不合理，《中华人民共和国民法典》规定了“好人条款”，第 184 条规定，在紧急情况下，救助人自愿实施救助行为造成受助人损害的，救助人无须承担责任。因此，即便小赵实施心肺复苏时存在操作不当的问题，也无须承担责任。

《中华人民共和国民法典》第一百八十四条 因自愿实施紧急救助行为造成受助人损害的，救助人不承担民事责任。

典型案例

房某在金某家帮忙修塑料大棚，金某的邻居白某带着白酒来到塑料大棚，叫金某一起喝酒，金某推脱不喝，白某便让房某和他一起喝。下午 4 时许，二人喝完白酒以后，白某又将房某带到家中喝酒。在喝酒时，两人一言不合发生争吵、厮打。在厮打中，房某用白某家中的菜刀朝白某的头部、颈部连砍数刀，致使白某当场死亡。房某穿着沾有大量血迹的衣服在街上闲逛，被群众报警并抓获。市人民检察院以房某涉嫌犯故意杀人罪向市人民法院提起公诉。房某辩解说，自己当时喝醉“断片儿”了，干了什么不记得了。

20　　年

　　月　　日

星期

天气

法律分析

醉酒包括两种：一种是病理性醉酒，又称特发性酒中毒；另一种是生理性醉酒，即普通醉酒，大多发生于一次性大量饮酒之后。虽然在醉酒状态下，人的控制能力会下降，但在饮酒之前或者饮酒当时，行为人是处于清醒状态的。从正常人的认知出发，行为人应当知道大量饮酒会导致自己醉酒，从而降低行为的控制能力。由于其在清醒时放纵自己陷入醉酒状态，因而就应当对自己醉酒后实施的危害行为及其结果承担刑事责任。本案中，经鉴定，房某不属于病理性醉酒，而是生理性醉酒。因此，其虽然喝醉“断片儿”了，但仍然应为自己醉酒后实施的故意杀人罪承担刑事责任。

《中华人民共和国刑法》第十八条第四款　醉酒的人犯罪，应当负刑事责任。

典型案例

小李与朋友一起去夜市吃宵夜；夜市摊生意火爆，人很多。小李从江某等人的座位经过时碰到了江某的胳膊，为此双方发生了争吵并斗殴。因为江某一方人多，小李和朋友打不过，就跑到离夜市摊 10 多米以外站着。江某等人看到小李和他的朋友没有跑远，就拿着酒瓶、椅子朝小李追去。小李见状继续跑，最后躲闪不及被江某用酒瓶打到了脑袋。小李捡起酒瓶碎片扎伤了江某的大腿，导致江某受重伤，小李受轻伤。案发后，小李到公安机关投案自首。小李的行为是正当防卫吗？

20　　年

　　月　　日

星期

天气

法律分析

本案中，双方发生了互殴行为，双方都有加害对方的故意，此时不存在正当防卫问题；但是，小李一方先停止与江某等人的殴斗，停止了加害行为并且已经跑出斗殴范围，这时江某等人仍继续追打小李，继续实施加害行为。在这种情况下，行为性质已经发生了变化，从原先的互殴变成江某等人对小李的不法侵害，小李为了保护自己的人身安全而反击，从其防卫行为（扎伤大腿）与江某侵害行为（酒瓶砸脑袋）的强度对比来看，小李的防卫行为并未明显超过必要限度并造成重大损害，应认定为正当防卫。

《中华人民共和国刑法》第二十条　为了使国家、公共利益、本人或者他人的人身、财产和其他权利免受正在进行的不法侵害，而采取的制止不法侵害的行为，对不法侵害人造成损害的，属于正当防卫，不负刑事责任。

正当防卫明显超过必要限度造成重大损害的，应当负刑事责任，但是应当减轻或者免除处罚。

对正在进行行凶、杀人、抢劫、强奸、绑架以及其他严重危及人身安全的暴力犯罪，采取防卫行为，造成不法侵害人伤亡的，不属于防卫过当，不负刑事责任。

典型案例

刘某与薛某二人一起外出打工，刘某找到一份快递员的工作，薛某在一个工厂当保安。刘某想给女朋友买一个名牌包作为生日礼物，但是手头紧张，他想起来有一次去揽收快递时看到一家进门的鞋柜上放着两个名牌包，打算趁这家主人不在家时入室盗窃。刘某找到薛某商量此事，并说，自己已经踩好了点，开门后拿了包就走，薛某不好意思拒绝，便勉强答应下来。两人一起去批发市场买了改锥、小钢锯和铁丝以备用，约定第二天下午 1 时 30 分在某小区门口碰头。薛某总觉得心里不踏实，忍不住发消息给在大学学法律的表妹：刘某让我跟他一起去偷东西，我后悔了，还有回头的机会吗？

20____年

____月____日

星期

天气

法律分析

本案中，薛某纠结的是犯罪中止的问题。犯罪中止是在犯罪过程中，行为人自动放弃犯罪或者自动有效地防止犯罪结果发生的情形。薛某与刘某一起准备了犯罪工具，已经进入犯罪预备阶段，只是还没有着手实施盗窃行为，此时回头完全来得及。但由于他们两人是共同犯罪，薛某仅仅自己放弃还不足以成立犯罪中止，他还必须阻止刘某实施盗窃行为，才能成立犯罪中止；倘若薛某只是自己没去约定地点，但刘某仍然去了并盗窃得手，那么薛某也与刘某同属于犯罪既遂，而不是犯罪中止。

《中华人民共和国刑法》第二十四条　在犯罪过程中，自动放弃犯罪或者自动有效地防止犯罪结果发生的，是犯罪中止。对于中止犯，没有造成损害的，应当免除处罚；造成损害的，应当减轻处罚。

典型案例

小丁是某学校高三学生，他的朋友小陈初中毕业后就开始混社会，组织了一个小团伙，经常从事违法犯罪活动（二人均已年满 16 周岁）。某天，小陈来找小丁，约其一起去盗窃，被小丁拒绝。小陈说：“你以前找低年级同学要钱被我拍到了，你要是不去，我就把照片发到网上去！”小丁一听马上怂了，于是跟着小陈等人一起去实施了盗窃，后来案发被抓。小丁认为自己是被胁迫参加犯罪的，主观上并不愿意，所以不应负刑事责任。

20　　年

　　月　　日

星期

天气

法律分析

胁从犯是共同犯罪人的类型之一，就是被他人胁迫而参加共同犯罪的人。考虑到胁从犯虽然被胁迫但并没有完全丧失意志自由和身体自由，在有选择余地的情况下仍然选择了参与犯罪，因此刑法规定，胁从犯要承担刑事责任。本案中，小丁被小陈以揭露隐私相要挟而被迫参与盗窃犯罪，但这一胁迫尚没有达到能令其丧失意志自由和身体自由的程度，小丁在有选择余地的情况下选择了参与实施犯罪，属于胁从犯，要对其行为承担刑事责任，但在处罚上可以从宽。

《中华人民共和国刑法》第二十一条　为了使国家、公共利益、本人或者他人的人身、财产和其他权利免受正在发生的危险，不得已采取的紧急避险行为，造成损害的，不负刑事责任。

紧急避险超过必要限度造成不应有的损害的，应当负刑事责任，但是应当减轻或者免除处罚。

第一款中关于避免本人危险的规定，不适用于职务上、业务上负有特定责任的人。

典型案例

2002 年，张某与某农行守库员孙某密谋盗窃该行金库，二人盗得现金 150 万元后逃离现场。后张某未按约定分给孙某 70 万元，仅分给孙某 30 万元赃款。因张某使用赃款投资建厂亏损，已无力给付，又怕孙某将盗窃农行金库之事泄露，遂产生杀人灭口之念。2009 年 10 月 22 日下午，张某驾驶轿车搭载孙某外出，当行至某村附近时，张某用事先备好的绳索紧勒孙某颈部，致其机械性窒息死亡。几天后，公安机关以涉嫌故意杀人罪为由将张某刑事拘留；在审讯中，张某供认杀害孙某的犯罪事实，并交代了作案起因，由此牵出了 2002 年某农行金库被盗案。张某是自首还是坦白？

20　　年

　　月　　日

星期

天气

法律分析

犯罪人在犯罪以后的态度对量刑有一定的影响。自首与坦白都属于犯罪后态度较好的表现，都是如实供述自己的罪行，也都是法定的从宽处罚情节。本案中，张某因涉嫌故意杀人罪被抓获后，如实供述了自己杀人的事实，这属于坦白；并且他又交代了杀人的起因，即 7 年前的农行金库盗窃案，而在此之前，该案一直没有被侦破，这属于“司法机关还未掌握的本人其他罪行”，张某如实供述农行金库盗窃案的事实，属于自首的第二种情形。所以，张某既有坦白，又有自首。

《中华人民共和国刑法》第六十七条第一款、第二款　犯罪以后自动投案，如实供述自己的罪行的，是自首。对于自首的犯罪分子，可以从轻或者减轻处罚。其中，犯罪较轻的，可以免除处罚。

被采取强制措施的犯罪嫌疑人、被告人和正在服刑的罪犯，如实供述司法机关还未掌握的本人其他罪行的，以自首论。

典型案例

小赵因盗窃他人电动车被抓。在案件审理过程中，法院考虑到小赵系初犯，犯罪情节较轻，认罪态度较好，积极退赔了被害人，获得了被害人的谅解，因此对其适用认罪认罚从宽制度，判决小赵犯盗窃罪，判处其拘役 5 个月，缓刑 6 个月。小赵回到家以后，顿觉一身轻松，整天与一帮狐朋狗友混在一起，还经常夜不归宿。家人劝他注意自己的行为，毕竟还在缓刑考验期内，不要惹出事来。小赵不以为意：“缓刑不就是没事了吗！”

20　　年

　　月　　日

星期

天气

法律分析

缓刑是刑罚的暂缓执行，是指对被判处一定刑罚的犯罪人在一定期限内附条件地不执行所判刑罚的制度。缓刑通常是对监禁刑的暂缓执行。关于缓刑，需要了解以下几点：第一，缓刑的前提是有罪宣告。第二，缓刑一般适用于犯了轻罪且人身危险性较低的犯罪分子。第三，缓刑是附条件地暂缓执行原判刑罚，而不是绝对不执行原判刑罚。本案中，小赵被判处缓刑，并不意味着“没事了”，如果其在缓刑考验期内违反了有关规定，就有可能被撤销缓刑，执行原判决的拘役刑。

《中华人民共和国刑法》第七十二条第一款　对于被判处拘役、三年以下有期徒刑的犯罪分子，同时符合下列条件的，可以宣告缓刑，对其中不满十八周岁的人、怀孕的妇女和已满七十五周岁的人，应当宣告缓刑：（一）犯罪情节较轻；（二）有悔罪表现；（三）没有再犯罪的危险；（四）宣告缓刑对所居住社区没有重大不良影响。

典型案例

2019 年年底至 2020 年 10 月，王某在其打工所租住的房屋内，注册社交账号并在上面转发、传播淫秽视频，该账号关注者达 2 万人以上，其中多部淫秽视频观看次数达 2 万次以上。2020 年 10 月底，王某被公安机关抓获。法院判决被告人王某犯传播淫秽物品罪，判处其有期徒刑 8 个月。同时，王某的笔记本电脑一台、手机一部被依法没收。

20　　年

　　月　　日

星期

天气

法律分析

传播淫秽物品犯罪，是指传播淫秽的书刊、影片、音像、图片或者其他淫秽物品，扰乱社会管理秩序的行为。该罪侵犯了国家对文化市场的管理秩序和妨害社会风化，特别是不利于未成年人树立正常、健康的性观念，对其身心健康造成危害，并且极易诱发违法犯罪活动，因而为我国刑法所禁止。本案被告人王某不以牟利为目的，其通过互联网传播淫秽物品也没有获得物质利益，但其传播的淫秽视频实际被点击数远超过 2 万次，属于情节严重，因而被认定为传播淫秽物品罪。

《中华人民共和国刑法》第三百六十四条第一款、第四款　传播淫秽的书刊、影片、音像、图片或者其他淫秽物品，情节严重的，处二年以下有期徒刑、拘役或者管制。

向不满十八周岁的未成年人传播淫秽物品的，从重处罚。

典型案例

某天，胡某与周某聚会喝酒。周某欲借胡某的车去办事，便答应胡某开车将其送回家。周某开车行至某镇一个交叉路口时，将一位老太太撞倒，被撞老太太经抢救无效死亡。法院经审理认为，周某和胡某都构成交通肇事罪，判处周某有期徒刑 2 年，判处胡某有期徒刑 2 年，均缓刑 2 年。胡某想不通：“我的车借给别人开，出了事故为什么我要负责呀？”

20____年

____月____日

星期

天气

法律分析

本案中，周某违反交通法规，饮酒后驾驶机动车上路行驶，发生交通事故致人死亡，其行为已构成交通肇事罪；胡某作为车主，虽然没有亲自驾驶肇事车辆，但在明知周某饮酒的情形下，仍然指使他违反交通运输管理法规驾驶机动车上路，发生交通事故并致人死亡，根据相关司法解释的规定，其行为也构成交通肇事罪。

《中华人民共和国刑法》第一百三十三条 违反交通运输管理法规，因而发生重大事故，致人重伤、死亡或者使公私财产遭受重大损失的，处三年以下有期徒刑或者拘役；交通运输肇事后逃逸或者有其他特别恶劣情节的，处三年以上七年以下有期徒刑；因逃逸致人死亡的，处七年以上有期徒刑。

典型案例

某晚，某县交警队开展夜查酒驾醉驾行动。晚 9 时左右，交警在某村巡逻时发现一辆轿车见到警车突然减速，怀疑驾驶人很可能是酒驾。在示意该车停车后，交警对驾车男子李某进行了酒精呼气式检测，检测结果为 92mg/100ml，达到了醉酒驾驶机动车的标准。李某 2008 年就取得了 B2 证，从事开吊车工作，当晚和朋友在一家烧烤店吃烧烤，喝了几瓶啤酒。散席后，李某心存侥幸，以为在村内道路上不会有交警查酒驾，就载着两名朋友回家，结果被交警查获。李某认为，我就是在村道上开车，又没上国道，不是犯罪吧？

20　　年

　　月　　日

星期

天气

法律分析

危险驾驶行为不仅将驾驶者自己置于危险之中，也威胁道路上其他人的安全。虽然没有发生严重后果甚至没有发生任何交通事故，但该行为本身已经对公共安全造成了危险，刑法认为其已经具有了处罚的必要性，因此规定了危险驾驶罪。本案中，李某的酒精检测结果已超过醉酒标准（80mg/100ml），属于醉酒驾驶，虽然是在村道上开车，但村道也属于公共道路。因此，其行为对于公共安全具有危险性，构成危险驾驶罪。

《中华人民共和国刑法》第一百三十三条之一第一款　在道路上驾驶机动车，有下列情形之一的，处拘役，并处罚金：（一）追逐竞驶，情节恶劣的；（二）醉酒驾驶机动车的；（三）从事校车业务或者旅客运输，严重超过额定乘员载客，或者严重超过规定时速行驶的；（四）违反危险化学品安全管理规定运输危险化学品，危及公共安全的。

典型案例

邱某医保卡一直未续保，于是向其表哥王某借用医保卡看病。邱某持王某医保卡至某医院挂号就诊，并以此医保卡缴费拿药。其后，邱某又使用王某的医保卡做了手术。不久，国家医保局接到该医院举报，邱某冒用医保卡就医，随后当地医保局分别约谈邱某、王某。在证据面前，二人承认冒用医保卡骗取社保基金合计 7900 余元的事实。最终，法院以诈骗罪判处邱某 3 个月拘役，并处罚金 3000 元。考虑到王某因亲情关系将医保卡借出使用，已退赔涉案损失，亦未从中获益，且到案后主动认罪认罚，犯罪情节轻微，故对王某作不起诉处理。

20 年

月 日

星期

天气

法律分析

医保卡是医疗保险个人账户专用卡，只能由持卡人个人使用。冒用他人医保卡会有涉嫌“骗保”的嫌疑。刑法规定，以非法占有为目的，诈骗公私财物，数额较大的，构成诈骗罪。本案中，邱某为就医冒用自己表哥的医保卡，随后，继续冒用医保卡买药、做手术，以非法占有为目的，骗取 7900 元，达到数额较大的入罪标准，构成诈骗罪，依法应当承担刑事责任。

《中华人民共和国刑法》第二百六十六条 诈骗公私财物，数额较大的，处三年以下有期徒刑、拘役或者管制，并处或者单处罚金；数额巨大或者有其他严重情节的，处三年以上十年以下有期徒刑，并处罚金；数额特别巨大或者有其他特别严重情节的，处十年以上有期徒刑或者无期徒刑，并处罚金或者没收财产。本法另有规定的，依照规定。

典型案例

李某、张某等人以某公司名义申请注册“星火草原”微信公众号和微信支付账号，并在上述微信公众号上线运行所谓的“无卡 POS 机”分销系统。参与人通过微信扫描“星火草原”二维码链接关注该公众号成为“粉丝”，缴纳不同费用后可成为相应级别代理商，代理商转发二维码可发展“粉丝”加入，并根据扫描二维码的顺序组成层级。若“粉丝”缴费成为代理商，其“上线”可获得直接和间接推广提成，提成以微信红包形式发放。截至案发，关注“星火草原”微信公众号的“粉丝”达 1500 余万人，各级“代理商”150 余万人次，涉案金额 2 亿余元。

20　　年

　　月　　日

星期

天气

法律分析

传销的本质就是以后来者的钱作为前面人的收益。传销在我国是非法活动，不仅违反国家有关法律法规，严重破坏市场经济秩序，而且危害社会稳定，影响家庭和谐。本案中，所谓“缴纳费用后成为相应级别代理商”实际上就是入门费；“代理商”转发二维码发展“粉丝”加入，并根据扫描二维码的顺序组成层级，“粉丝”缴费成为代理商，其上线可获得直接和间接推广提成，以“拉人头”的方式计算报酬，牟取非法利益，是典型的依托微信平台实施的传销犯罪。

《中华人民共和国刑法》第二百二十四条之一　组织、领导以推销商品、提供服务等经营活动为名，要求参加者以缴纳费用或者购买商品、服务等方式获得加入资格，并按照一定顺序组成层级，直接或者间接以发展人员的数量作为计酬或者返利依据，引诱、胁迫参加者继续发展他人参加，骗取财物，扰乱经济社会秩序的传销活动的，处五年以下有期徒刑或者拘役，并处罚金；情节严重的，处五年以上有期徒刑，并处罚金。

典型案例

卫某是某县某银行的一名工作人员，通过单位内部网络，卫某可以查询公民个人的社会关系、房产信息、车辆牌号、宾馆刷卡记录等信息。卫某通过开设淘宝网店、QQ 聊天等方式，出售个人信息。短短几个月，非法获利 6 万余元。案发后，办案人员发现多起转账记录，仅从卫某的 QQ 邮箱已发出的涉案邮件中就提取出了公民个人信息 1.2 万余条。法院经审理认为，被告人卫某身为银行工作人员，将本单位在办理业务过程中获得的客户个人信息对外出售，构成侵犯公民个人信息罪，判处卫某有期徒刑 3 年，并处罚金 2 万元。

20　　年

　　月　　日

星期

天气

法律分析

侵犯公民个人信息罪，是指违反国家有关规定，向他人出售或者提供公民个人信息，情节严重，或者非法获取公民个人信息的行为。侵犯公民个人信息罪的行为包括两种：将自己所知晓或者掌握的公民个人信息向他人出售或者提供，情节严重；非法获取公民个人信息。对于那些因职责或业务原因而得以合法获取公民个人信息的单位和个人，因其负有一定的保密义务，如果违反国家有关规定，将在履行职责或者提供服务过程中获得的公民个人信息，出售或者提供给他人的，刑法规定要从重处罚。

◇◇◇

《中华人民共和国刑法》第二百五十三条之一第一款　违反国家有关规定，向他人出售或者提供公民个人信息，情节严重的，处三年以下有期徒刑或者拘役，并处或者单处罚金；情节特别严重的，处三年以上七年以下有期徒刑，并处罚金。

违反国家有关规定，将在履行职责或者提供服务过程中获得的公民个人信息，出售或者提供给他人的，依照前款的规定从重处罚。

典型案例

冯某在某超市购物时，利用自助收银台无人看守之机，采取对部分选购商品不扫码结账的方式盗窃了白酒、熟食等，后被超市工作人员发现并报警，冯某被当场查获。经评估，被盗商品的价格为 125.74 元。后经店方查看监控录像，发现冯某曾先后 5 次在该超市盗窃白酒、方便面、速冻饺子等商品，经评估，被盗商品的价格为 423.52 元。后冯某退赔超市上述全部经济损失。法院经审理后判决被告人冯某犯盗窃罪，判处拘役 4 个月，缓刑 4 个月，并处罚金 1000 元。冯某又后悔又困惑："我知道偷东西是违法的，但是，数额不大也是犯罪吗？"

20　　年

　　月　　日

星期

天气

法律分析

盗窃罪是现实生活中最常见多发的犯罪。我国刑法关于盗窃罪的规定几经修改，盗窃罪的范围不断扩大，概括来说，盗窃罪包括五种情形：（1）盗窃公私财物，数额较大；（2）多次盗窃；（3）入户盗窃；（4）携带凶器盗窃；（5）扒窃。根据 2013 年最高人民法院与最高人民检察院发布的《关于办理盗窃刑事案件适用法律若干问题的解释》，"多次盗窃"，是指 2 年内盗窃 3 次以上。本案中，冯某即属于多次盗窃的情形，虽然盗窃的财物未达到数额较大，但也已经构成盗窃罪。

《中华人民共和国刑法》第二百六十四条　盗窃公私财物，数额较大的，或者多次盗窃、入户盗窃、携带凶器盗窃、扒窃的，处三年以下有期徒刑、拘役或者管制，并处或者单处罚金；数额巨大或者有其他严重情节的，处三年以上十年以下有期徒刑，并处罚金；数额特别巨大或者有其他特别严重情节的，处十年以上有期徒刑或者无期徒刑，并处罚金或者没收财产。

典型案例

2019 年，刘某因生意周转 3 次向曾某高利借贷合计 30 万元，并约定按月归还利息，后因资金紧张，无力归还剩余本金及利息。2020 年 7 月 15 日，曾某要求刘某筹钱还款，因未筹到钱，曾某、肖某将刘某带至某住宅，继续要求刘某筹钱还款，直至第二天才让刘某离开，并让肖某 24 小时跟守刘某。此后，肖某不顾刘某妻子、儿女在家，24 小时与刘某同吃同住于刘某家中，并跟随刘某与朋友聚餐等，直至 2020 年 10 月刘某逃离老家，上述行为持续时间达 2 个多月。法院判决被告人曾某、肖某犯催收非法债务罪，判处有期徒刑 9 个月，并处罚金。

20　　年

　　月　　日

星期

天气

法律分析

2020 年《中华人民共和国刑法修正案（十一）》规定了催收非法债务罪，为此类行为的定性提供了统一的认定依据。催收非法债务罪的行为方式包括三种：使用暴力、胁迫方法的；限制他人人身自由或者侵入他人住宅的；恐吓、跟踪、骚扰他人的。恐吓与胁迫有所不同，胁迫是以实施暴力相威胁，恐吓则是以对被害人不利的事实（如曝光被害人的隐私）进行威吓。本案中，被告人采取限制他人人身自由、侵入他人住宅等方式催收非法债务，持续时间长，严重影响他人正常生活，属于情节严重，因此法院认定其成立催收非法债务罪。

《中华人民共和国刑法》第二百九十三条之一　有下列情形之一，催收高利放贷等产生的非法债务，情节严重的，处三年以下有期徒刑、拘役或者管制，并处或者单处罚金：（一）使用暴力、胁迫方法的；（二）限制他人人身自由或者侵入他人住宅的；（三）恐吓、跟踪、骚扰他人的。

典型案例

詹某、魏某创建专门赌博的微信群，并各出资 1000 元作为流动资金，把一些喜欢赌博的人拉进群，利用某 App 游戏软件，进行赌博活动，并以日工资 300 元雇用游某为赌博群财务。参赌人员通过微信先把赌资转给游某，游某再根据每局输赢扣除抽“水钱”部分后向“赢家”支付赌资。建群至案发短短 11 天，案涉赌资累计 19.5 万余元，一共抽“水钱”1.2 万余元。法院以开设赌场罪，分别判处詹某、魏某有期徒刑 8 个月，并处罚金 5000 元；判处游某拘役 5 个月，缓刑 6 个月，并处罚金 2000 元。

20　　年

　　月　　日

星期

天气

法律分析

针对赌博犯罪，我国刑法规定了三个罪名：赌博罪、开设赌场罪、组织参与国（境）外赌博罪。网络的普及使赌博犯罪活动表现出新特点，法律规定及其解释也随之更新，比如，“聚众赌博”的含义不再限于线下聚集，也包括线上聚集；对于“赌场”的理解与界定不再局限于传统意义上某个特定的物理空间，其含义也拓展到了虚拟空间；同样，组织中国公民参与国（境）外赌博的形式，既包括组织、招揽中国公民赴国（境）外实体赌场赌博，也包括利用信息网络、通信终端等传输赌博视频、数据，组织中国公民参与跨境网络赌博。

《中华人民共和国刑法》第三百零三条　以营利为目的，聚众赌博或者以赌博为业的，处三年以下有期徒刑、拘役或者管制，并处罚金。

开设赌场的，处五年以下有期徒刑、拘役或者管制，并处罚金；情节严重的，处五年以上十年以下有期徒刑，并处罚金。

组织中华人民共和国公民参与国（境）外赌博，数额巨大或者有其他严重情节的，依照前款的规定处罚。

典型案例

王某租用了某村 28 亩农用地，其未经任何部门批准，擅自将租用农用地部分填平，并先后付给某建筑公司丁某建房费 200 万元，要求丁某在租用农用地上建房。至案发时，王某在租来的农用地上非法建设 3 幢连体住宅楼。法院经审理后认为，王某违反土地管理法规，非法占用农用地，改变被占用土地用途，数量较大，且造成农用地大量毁坏，其行为已构成非法占用农用地罪，判处其拘役 6 个月，并处罚金 20 万元。

20　　年

　　月　　日

星期

天气

法律分析

我国坚持实行严格的耕地保护制度，耕地红线土地只能从事与农业相关的耕作和生产，坚决制止耕地“非农化”。我国刑法规定，违反土地管理法规，非法占用农用地，改变土地用途，数量较大，造成农用地大量损坏的，构成非法占用农用地罪，应依法追究刑事责任。本案中，王某为了获取个人利益，违反土地管理法规，未经有关部门批准同意，在租来的农用地上擅自建设住宅楼，达到数量较大的标准，使农用地的种植条件遭到破坏，构成非法占用农用地罪。

《中华人民共和国刑法》第三百四十二条 违反土地管理法规，非法占用耕地、林地等农用地，改变被占用土地用途，数量较大，造成耕地、林地等农用地大量毁坏的，处五年以下有期徒刑或者拘役，并处或者单处罚金。

典型案例

老赵承包了村子后山的大片土地，买了上千棵树苗，种在后山的山坡上。2021 年 4 月，老赵种的树基本都长成了参天大树。刚好当地某工厂缺少木料，需要购买大量木材，老赵听到消息后决定砍掉一些树拿去卖钱。老赵找来了村里年轻力壮的几个村民，用一个星期左右的时间砍了 600 棵树。老赵联系了工厂，将这 600 棵树卖掉，赚了 2.6 万元钱。但老赵万万没想到，没过几天，警察就上门找他，说他涉嫌犯罪了。法院经审理认为，老赵的行为已构成滥伐林木罪，但鉴于其认罪态度良好，判处其拘役 6 个月，缓刑 6 个月，并处罚金 1 万元。

20　　年

　　月　　日

星期

天气

法律分析

我国制定了系统的法律法规，对林业资源予以保护。未经有关部门批准，不得随意砍伐树木。本案中，老赵在未取得采伐许可证的前提下，故意砍伐树木 600 棵，达到数量较大的标准，构成滥伐林木罪。值得注意的是，未经批准，擅自修剪或者砍伐城市树木也是违法的，哪怕是自家房前屋后的零星树木也不例外。

《中华人民共和国刑法》第三百四十五条第二款　违反森林法的规定，滥伐森林或者其他林木，数量较大的，处三年以下有期徒刑、拘役或者管制，并处或者单处罚金；数量巨大的，处三年以上七年以下有期徒刑，并处罚金。

典型案例

2019 年 2~4 月，吉某伙同他人先后分 3 次在某公司房顶上方挖洞，进入该公司内进行盗窃，其于最后一次盗窃时被当场抓获。后经鉴定，吉某 3 次盗窃该公司物品总价值为 27, 271 元。检察机关提起公诉后，被盗公司提起了附带民事诉讼。当地人民法院于 2019 年 7 月 20 日作出判决：被告人吉某犯盗窃罪，判处有期徒刑 3 年，处罚金 5000 元；认定被告所盗财物既遂价值为 14, 910 元，对此被告应赔偿原告；被告人盗窃时破坏原告某公司房顶修复费用共计 3000 元，该部分费用属于被告人在盗窃时毁坏的财物，被告人吉某对此应承担赔偿责任。

20　　年

　　月　　日

星期

天气

法律分析

根据我国刑法与刑事诉讼法的规定，由于犯罪行为而使被害人遭受经济损失的，被害人有权提起附带民事诉讼，要求犯罪人赔偿损失。本案中，被盗公司房顶被破坏是因被告人的行为而遭受的物质损失，因此被害人可以提起刑事附带民事诉讼，要求被告人予以赔偿。但是，被害人的财物被盗未能追回的部分不属于“财物被犯罪分子毁坏而遭受物质损失”，故不能提起刑事附带民事诉讼，但被害人可以向法院民事审判庭另行提起民事诉讼。因此，在目前实践中刑事附带民事诉讼基本上限于对物质损失（经济损失）予以赔偿。

《中华人民共和国刑法》第三十六条　由于犯罪行为而使被害人遭受经济损失的，对犯罪分子除依法给予刑事处罚外，并应根据情况判处赔偿经济损失。

承担民事赔偿责任的犯罪分子，同时被判处罚金，其财产不足以全部支付的，或者被判处没收财产的，应当先承担对被害人的民事赔偿责任。

典型案例

2015 年 10 月至 2016 年 12 月，邹某为 16 岁高中生王某补课。补课期间，邹某多次趁无人之机，强行亲吻、抚摸王某，并强行与王某发生性关系。王某曾多次向父母提出不想继续补课，父母却认为这是王某逃避学习的借口，始终未同意王某的要求。2016 年 12 月 28 日，王某偷偷用手机录下邹某猥亵自己的过程。2017 年 1 月，经王某父亲报警，邹某被抓获归案。法院判决邹某犯强奸罪和强制猥亵罪，判处有期徒刑 12 年零 6 个月，剥夺政治权利 2 年，并禁止被告人邹某从事与未成年人相关的教育工作 5 年。

20　　年

　　月　　日

星期

天气

法律分析

因犯罪受过刑罚处罚，这在刑法上被称为有“前科”。“前科”对于犯罪人以后的工作、生活会产生很大的影响。刑法中规定了从业禁止制度，因利用职业便利实施犯罪，或者因实施违背职业要求的特定义务的犯罪被判处刑罚的，人民法院可以根据犯罪情况和预防再犯罪的需要，禁止犯罪人自刑罚执行完毕之日或者假释之日起一定期限内从事相关职业。本案中，邹某利用其教师职业的便利对未成年学生实施性侵犯罪，法官在对其判处刑罚之外，还作出了从业禁止的决定，这意味着，自其刑罚执行完毕之日或者假释之日起 5 年内都不得从事与未成年人相关的教育工作。

《中华人民共和国刑法》第一百条　依法受过刑事处罚的人，在入伍、就业的时候，应当如实向有关单位报告自己曾受过刑事处罚，不得隐瞒。

犯罪的时候不满十八周岁被判处五年有期徒刑以下刑罚的人，免除前款规定的报告义务。

典型案例

小沈接到了一个电话，对方自称是某市公安局民警，说小沈涉嫌参与了一起金额 280 万元的洗钱诈骗案件，要对她做一些调查，请她配合，否则下午 5 时前就要到镇上抓捕她。小沈听了又害怕又疑惑，于是按照对方的要求加了 QQ 好友，在 QQ 视频中，这位“警察”向小沈展示了其“警官证”以及带有小沈真实身份信息的某市公安局开具的“协查通知”。小沈不再怀疑，在这位“警察”的要求和指引下，将自己银行卡和支付宝账户中共计 9000 多元全都转到了所谓的“安全账户”。第二天小沈经朋友提醒才反应过来可能是遭遇了诈骗，于是赶紧报警。

20　　年

　　月　　日

星期

天气

法律分析

电信网络诈骗犯罪是近年来我国刑事司法的打击重点之一。在电信网络诈骗中，犯罪人采用的诈骗手段五花八门，编造各种说辞，但本质上都是虚构事实、隐瞒真相，骗取当事人的财物。实施电信网络诈骗活动，诈骗公私财物达到数额较大（3000 元以上）的，构成诈骗罪。本案中，犯罪人冒充警察实施电信网络诈骗犯罪，同时构成诈骗罪和招摇撞骗罪，而冒充警察无论在诈骗罪还是招摇撞骗罪中都是一个从重处罚情节。因此，对犯罪人应依照这两个罪名中处罚较重的犯罪定罪，并且从重处罚。

《中华人民共和国刑法》第二百六十六条　诈骗公私财物，数额较大的，处三年以下有期徒刑、拘役或者管制，并处或者单处罚金；数额巨大或者有其他严重情节的，处三年以上十年以下有期徒刑，并处罚金；数额特别巨大或者有其他特别严重情节的，处十年以上有期徒刑或者无期徒刑，并处罚金或者没收财产。本法另有规定的，依照规定。

典型案例

某村村民蒋某夫妇共生育子女两人，即蒋甲、蒋乙。1998 年土地第二轮承包时，蒋某作为户主代表其妻子及两位子女共分得 8 亩承包地。2010 年和 2015 年蒋某夫妇先后去世，蒋某夫妇的 4 亩承包地由蒋甲和蒋乙分别耕种。2019 年某村拟通过“村民大会”的方式，扣除死亡和户口迁出的原集体成员的土地。蒋甲、蒋乙不服，诉至法院。其认为，国家已经将 8 亩承包地登记为蒋家 4 口人所有，蒋某夫妇去世后，蒋某夫妇的 4 亩承包地应由作为子女的蒋甲和蒋乙继承，不能由集体直接收回。

20　　年

　　月　　日

星期

天气

法律分析

承包地的所有权人是农民集体经济组织，承包户不享有土地所有权，但拥有“用益物权”。用益物权是指非所有权人对他人之物享有的占有、使用、收益和进行特定处分的财产权。2007 年《中华人民共和国物权法》（现为《中华人民共和国民法典》“物权编”）规定承包户对承包地享有用益物权。《农村土地承包法》也有相关规定。家庭承包经营权归全体家庭成员共享，当该农户中的部分成员死亡时，该家庭中的其他成员可以继续承包。只有在家庭成员全部死亡时，该土地承包经营权才归于消灭。故蒋某夫妇去世后，其承包的 4 亩土地的承包经营权，不能由集体收回。

《中华人民共和国农村土地承包法》第十六条　家庭承包的承包方是本集体经济组织的农户。农户内家庭成员依法平等享有承包土地的各项权益。

第三十二条　承包人应得的承包收益，依照继承法的规定继承。

林地承包的承包人死亡，其继承人可以在承包期内继续承包。

典型案例

某村村民王某在2000年儿子出生后，曾找到村委会要求给儿子分2亩地。村主任面露难色地说："咱们村的机动地本来就少，去年第二轮承包时大部分可耕种的土地都发包出去了，没法再分了。"王某的儿子18岁后，王某再次向村里提出分一些承包地。村委会依然没有同意，王某便前往乡司法所咨询，寻求法律援助。司法所工作人员依据相关法律政策的规定作了解答：承包土地在第二轮承包后，不能随意调整，但如果村里有机动地，可以适量分给新增人口。后考虑王某仅靠原有承包地确实存在生活困难，村委会将1亩机动地分给了王某。

20　　年

　　月　　日

星期

天气

法律分析

在因自然灾害严重毁损承包地等特殊情形需要调整土地时，应当将这些土地用于调整承包地；在因出生、婚嫁、户口迁移等原因新增人口时，应当将这些土地承包给新增人口。给新增人口无偿分配承包地需要具备几个条件：首先，集体经济组织依然有预留的机动地或其他未承包地。其次，新增人口必须确实存在生活困难情形。最后，给新增人口分配的承包地，原则上不应适用"承包地30年不变政策"，而应当以3~5年为一期进行调整。如果新增人口已经不存在生活困难的情形，那么应当将相应的承包地交回集体，由集体重新分配给其他生活困难的成员。

《中华人民共和国农村土地承包法》第二十九条　下列土地应当用于调整承包土地或者承包给新增人口：（一）集体经济组织依法预留的机动地；（二）通过依法开垦等方式增加的；（三）发包方依法收回和承包方依法、自愿交回的。

典型案例

韩某属于A村的外嫁女性，但其婚后户口未迁出原籍且仍在原居住地生活，在嫁入地也未取得承包地。2015年，A村村两委、党员大会、村民代表大会一致通过，在收回2015年之前出嫁妇女的土地承包经营权。A村村委会认为，土地调整系村委会村民自治的权力，表决结果具有法律效力；韩某与丈夫长期在外务工，并在县城购有房产，不属于本村村民，不享有土地承包经营权；依照风俗习惯，出嫁女不应分得承包地。韩某将A村村委会诉至法院。法院判决A村村委会败诉，并要求A村村委会退还韩某的承包地，并赔偿韩某耕地承包费、直补款等损失。

20　　年

　　月　　日

星期

天气

法律分析

为了切实维护妇女的合法土地权益，2003年通过的《中华人民共和国农村土地承包法》规定，承包期内，妇女结婚，在新居住地未取得承包地的，发包方不得收回其原承包地；妇女离婚或者丧偶，仍在原居住地生活或者不在原居住地生活但在新居住地未取得承包地的，发包方不得收回其原承包地。2018年修正的《中华人民共和国农村土地承包法》进一步规定“农户内家庭成员依法平等享有承包土地的各项权益”。“土地承包经营权证或者林权证等证书应当将具有土地承包经营权的全部家庭成员列入。”

《中华人民共和国农村土地承包法[illegible]三十一条　承包期内，妇女结婚，在新居住地未取得承包地的，发包方不得收回其原承包地；妇女离婚或者丧偶，仍在[illegible]住地生活或者不在原居住地生活但在新居住地未取得承包地的，发包方不得收回其原承包地。

典型案例

某村村民王某夫妇共生育子女王甲和王乙两人。1998 年土地第二轮承包时，王某夫妇及两名子女共分得 8 亩承包地。2018 年时，王某夫妇及其子女王甲和王乙举家迁往某市，全家户口也转为非农业户口。2020 年，村委会认为，由于王某一家举家迁入城市，因此收回其 8 亩承包地。王某一家不服，向法院提出诉讼。法院经审理后认为，村委会收回王某一家 8 亩承包地的行为是违法的，应当撤销。

20　　年

　　月　　日

星期

天气

法律分析

承包农户即使全家都进城落户，无论其是否被纳入城镇住房和社会保障体系，也无论其是落户到大城市还是小城市抑或是县城，其进城落户前所取得的农村土地承包经营权仍然受法律保护，不得被收回。

当然，承包户进城落户之后，其可以按照自愿有偿的原则将承包地交回发包方，也可以将承包地转让给本集体经济组织的成员，还可以保留承包权将一定期限的经营权流转给其他农业经营主体。承包农户具体如何选择，是其应有的权利和自由，并应当获得相应的补偿或市场对价。因此，各地政府和村委会应充分尊重农民意愿，不能以农民已进城落户为由就剥夺其土地承包经营权。

《中华人民共和国农村土地承包法》第二十七条第一款、第二款、第三款　承包期内，发包方不得收回承包地。

国家保护进城农户的土地承包经营权。不得以退出土地承包经营权作为农户进城落户的条件。

承包期内，承包农户进城落户的，引导支持其按照自愿有偿原则依法在本集体经济组织内转让土地承包经营权或者将承包地交回发包方，也可以鼓励其流转土地经营权。

典型案例

崔某和刘某是同村村民，2001 年时，崔某和刘某达成了换地协议，崔某承包的 A 地块与刘某承包的 B 地块进行互换，并向村集体进行备案。2003 年时，刘某听说高速公路修路可能会占用 B 地块，预计会得到一定的征地补偿，与崔某协商取消换地协议。崔某不同意，刘某便强行耕种了 B 地块。崔某向法院提起诉讼，请求刘某继续履行换地合同，并确认 B 地块属于其所有。法院认为，双方为了耕种便利达成换地协议，系真实的意思表示，并且双方为同村村民，该协议未违反法律的效力性强制性规定，双方达成的换地协议合法有效，B 地块的承包经营权人是崔某而非刘某。

20　　年

　　月　　日

星期

天气

法律分析

由于土地承包经营权互换通常都是对等的，也未剥夺互换双方的土地承包经营权，因此，只要不违反法律，侵害他人的合法权益，发包方就应允许，并依法进行备案。但应当注意的是，土地承包经营权互换，表面上来看是地块的交换，但从法律性质上来看，是承包经营权权利本身的交换。合同签订之后，原有的发包方与承包方的关系，变为发包方与互换后的承包方的关系，双方的权利义务同时作出相应的调整，因此一旦双方签署了土地承包经营权互换协议，并在村集体备案，该互换协议是不能被单方废止的。

《中华人民共和国农村土地承包法》第三十三条　承包方之间为方便耕种或者各自需要，可以对属于同一集体经济组织的土地的土地承包经营权进行互换，并向发包方备案。

第三十五条　土地承包经营权互换、转让的，当事人可以向登记机构申请登记。未经登记，不得对抗善意第三人。

20　　年

　　月　　日

星期

天气

典型案例

2019 年 4 月 20 日，陈某与艾某签订了《土地经营权流转合同书》，合同约定艾某将 12 亩承包地的 10 年土地经营权流转给陈某，艾某所在村委会也在合同中签字盖章。2021 年 3 月 11 日，陈某与马某签订《土地经营权流转合同》，合同约定陈某将土地经营权转让给马某，期限为 9 年，但是签署该合同没有通知艾某。2021 年 3 月 23 日，艾某以陈某向第三方马某转包土地没有经其同意为由，要求解除与陈某签署的《土地经营权流转合同书》，陈某不同意，后各方发生争议，诉至法院。

法律分析

陈某取得土地经营权后，可以将土地经营权再次流转给马某，但需经过艾某的书面同意并向艾某所在的村委会备案，否则陈某所进行的二次流转将会因违反法律规定而被撤销。土地经营权的再次流转需要符合以下两个方面的条件：其一，需经土地承包方书面同意。其二，需向集体经济组织进行备案。另外，为了保障土地经营权有序流转，并支持土地经营权人进行融资，《中华人民共和国农村土地承包法》规定，土地经营权受让方可以以该项权利作为向金融机构融资的担保物，但是也需要符合经承包方书面同意并向发包方备案这一要件。

《中华人民共和国农村土地承包法》第四十六条　经承包方书面同意，并向本集体经济组织备案，受让方可以再流转土地经营权。

典型案例

2004 年，因朱某等 5 户村民进城打工，导致 10.5 亩承包地撂荒，某村将这些土地另行发包给王某，期限 5 年，由王某承担相应田亩的税费。合同到期后，2008 年 1 月 1 日村委会与王某续签《土地承包合同书》一份，期限为 20 年。2006 年国家取消农业税后，朱某等 5 户农户要求村委会和王某返还承包地。后经当地农村土地承包仲裁委员会仲裁，王某从 2010 年起每年向村委会缴纳 2000 元土地租金，村委会按每年每亩 100 元的标准补贴农户。自此，其他各方诉求得到了基本的平衡。

20　　年

　　月　　日

星期

天气

法律分析

关于土地承包经营纠纷的解决，首先，当事人双方应该本着真诚友好、互谅互让的态度自行和解，和解不成的，可以请求村民委员会、乡（镇）人民政府等调解。其次，可以向农村土地承包仲裁委员会申请仲裁。县级以上人民政府应当加强对农村土地承包经营纠纷调解和仲裁工作的指导，县级以上人民政府农村土地承包管理部门及其他有关部门应当依照职责分工，支持有关调解组织和农村土地承包仲裁委员会依法开展工作。最后，当事人有权向法院提起诉讼。

《中华人民共和国农村土地承包法》第五十五条　因土地承包经营发生纠纷的，双方当事人可以通过协商解决，也可以请求村民委员会、乡（镇）人民政府等调解解决。

当事人不愿协商、调解或者协商、调解不成的，可以向农村土地承包仲裁机构申请仲裁，也可以直接向人民法院起诉。

典型案例

1989年经当地国土所批准，谢某获得158.4平方米的宅基地使用权。1990年，谢某自建了一套建筑面积为158.47平方米的房屋。2007年，谢某认为现有的房屋面积较小，而且其子马上要结婚，因此准备在自家的自留地上另外修建一座占地面积200平方米的房屋。在房屋修建过程中，村委会不但要求谢某停工，而且要求其将已经建成的部分拆除，谢某认为在自家土地上修建房屋，村委会无权过问，由此引发纠纷。

20　　年

　　月　　日

星期

天气

法律分析

农村村民每户只能在本集体经济组织申请拥有一处宅基地。这主要是就新申请宅基地而言的，因房屋继承等合法原因形成的多处住宅原则上不作处理，农村村民可以通过出卖等方式进行处理，也可以维持现状，但房屋一般不得翻建，房屋损毁后宅基地应当退回村集体经济组织。户口本所登记的家庭就是一户。在实践中，户籍及经常居住地在集体经济组织内，符合法定结婚年龄、依法办理结婚登记手续的成年村民也可以通过申请分户来获得新的宅基地。其宅基地可以分开，但各宗宅基地的总面积应当累计计算，且不得超过本省规定的标准面积。

《中华人民共和国土地管理法》第六十二条第一款、第二款　农村村民一户只能拥有一处宅基地，其宅基地的面积不得超过省、自治区、直辖市规定的标准。

人均土地少、不能保障一户拥有一处宅基地的地区，县级人民政府在充分尊重农村村民意愿的基础上，可以采取措施，按照省、自治区、直辖市规定的标准保障农村村民实现户有所居。

典型案例

李某某系某村某组村民，1990 年从村集体处分得了一块面积为 156 平方米的宅基地。1992 年李某在该宅基地上建设了一座房屋。2006 年时，李某某又在自家宅基地的外围圈了一块地，修建了一处新的房屋。前后两次修建的宅基地面积为 180 平方米，超过了当地人民政府规定的宅基地面积标准。2017 年村委会在村内展开宅基地确权登记办证时核查发现，李某某已有宅基地面积不符合规定标准，对超出标准面积部分不予确权发证，由此引发纠纷。

20　　年

　　月　　日

星期

天气

法律分析

宅基地面积不得超过省（区、市）规定的标准。超过的，按下列情况处理：（1）1982 年《村镇建房用地管理条例》实施前，农村村民建房占用的宅基地，在该条例实施后至今未扩大用地面积的，可以按现有实际使用面积进行登记。（2）上述条例实施起至 1987 年《中华人民共和国土地管理法》实施时止，农村村民宅基地建房超过部分按当时国家和地方有关规定处理后，可以按实际使用面积进行登记。（3）1987 年《中华人民共和国土地管理法》实施后，是超标的，按实际批准面积进行登记并注明超标面积，待以后分户建房或现有房屋拆迁等时，按有关规定作出处理，并重新进行登记。

《中华人民共和国土地管理法》第六十二条第三款　农村村民建住宅，应当符合乡（镇）土地利用总体规划、村庄规划，不得占用永久基本农田，并尽量使用原有的宅基地和村内空闲地。编制乡（镇）土地利用总体规划、村庄规划应当统筹并合理安排宅基地用地，改善农村村民居住环境和条件。

典型案例

张某2003年从A村里分得一块宅基地用于建房。2005年王某嫁给张某，其户籍也迁入A村。2011年，张某与王某婚姻关系破裂协议离婚，但户口都没有迁移。后来，张某与邻村的李某结婚，因原来的宅基地上房屋由前妻王某和儿子共同居住，张某就打算在自家承包地上重新盖一栋房子。村委会知道后及时制止了张某的行为，告诉他未经批准建房是违法的。考虑张某离婚后又再婚确实需要一处新的宅基地，村委会协助张某将户口从原来的宅基地迁出，与其再婚的妻子共同组成一户在本村申请了新的宅基地。

20　　年

　　月　　日

星期

天气

法律分析

只有具备本集体经济组织成员身份，才有资格申请本集体经济组织的宅基地。可以批准的情形包括：符合法定结婚年龄的本村村民，因结婚等原因确需分户建设新房（包括男方到女方落户的）；因发生或者防御自然灾害、实施村庄和集镇规划以及进行乡（镇）村公共设施和公益事业建设或因国家建设征用土地等原因需要搬迁的；外来人口因婚嫁等原因依法落户本村，成为本集体经济组织成员，没有宅基地的；其他情形。不予批准的情形包括：原有宅基地的面积已经达到规定标准的；本村村民将原宅基地及其地上建筑物出卖、出租、赠与或改为经营场所的；其他情形。

《中华人民共和国土地管理法》第十一条　农民集体所有的土地依法属于村农民集体所有的，由村集体经济组织或者村民委员会经营、管理；已经分别属于村内两个以上农村集体经济组织的农民集体所有的，由村内各该农村集体经济组织或者村民小组经营、管理；已经属于乡（镇）农民集体所有的，由乡（镇）农村集体经济组织经营、管理。

典型案例

李某一家的宅基地是1988年申请的。近年来，因为两个儿子相继长大成人，并接连娶妻生子。李某的大儿子李甲见原本的住宅已经无法满足一家数口人的居住需求，向村委会申请单独立户，并申请新的宅基地。但其并不清楚具体的申请流程，所以到村委会进行咨询。

20　　年

　　月　　日

星期

天气

法律分析

经批准用地建房的农户，应当在开工前向乡（镇）人民政府或授权的牵头部门申请划定宅基地用地范围，乡（镇）人民政府及时组织农业农村、自然资源等部门到现场进行开工查验，实地丈量批放宅基地，确定建房位置。农户建房完工后，乡（镇）人民政府组织相关部门进行验收，实地检查农户是否按照批准面积、四至等要求使用宅基地，是否按照批准面积和规划要求建设住房，并出具《农村宅基地和建房（规划许可）验收意见表》。通过验收的农户，可以向不动产登记部门申请办理不动产登记。

《中华人民共和国土地管理法》第六十二条第四款　农村村民住宅用地，由乡（镇）人民政府审核批准；其中，涉及占用农用地的，依照本法第四十四条的规定办理审批手续。

典型案例

同村林甲、林乙两户人家经审批各获得一块宅基地。后林甲向林乙提出更换宅基地基建的要求，林乙表示同意。林甲于 2006 年自筹资金在林乙的宅基地上建造了一栋四层楼高的房屋。2017 年因公路建设需要，政府决定拆迁林甲建造的四层楼高房屋。林乙则认为，该房屋下的宅基地产权人是自己，林甲应当把部分拆迁款补偿给自己，但林甲认为双方宅基地已经互换，不同意。

20　　年

　　月　　日

星期

天气

法律分析

同村村民之间可以在自由自愿的基础上，进行宅基地互换，但是应当履行相应的不动产产权登记变更手续。涉及互换宅基地的，应当由当事人双方共同申请。林甲与林乙互换宅基地，并没有依法办理宅基地使用权变更登记手续。如果这个案件中林甲与林乙的互换行为发生在 2007 年 10 月 1 日之后，涉案宅基地的使用权人应当依然是林乙。不过，因为本案中的宅基地互换行为发生在 2007 年 10 月 1 日之前，所以不能适用 2007 年《中华人民共和国物权法》的规定。为此，某镇人民调解委员会适用调解程序解决双方的房屋宅基地纠纷，促成了双方签订《宅基地互换协议书》。

《中华人民共和国土地管理法》第六十二条第一款和第五款　农村村民一户只能拥有一处宅基地，其宅基地的面积不得超过省、自治区、直辖市规定的标准。

农村村民出卖、出租、赠与住宅后，再申请宅基地的，不予批准。

典型案例

某村李某在村内有一处宅基地并自建 3 间房屋。2008 年之后，李某常年到外地务工，所以将房子租给同村的王某，并约定租期为 10 年。2015 年时，李某打算回到村里发展规模农业，但因其住宅租给王某且尚在租赁期限内，没有其他住宅可供居住，所以李某打算向村里再申请一块宅基地，但没有获得村里的同意。

20　　年

　　月　　日

星期

天气

法律分析

农村村民在出租房屋时，应根据法律的规定签署相应的租赁合同。《中华人民共和国民法典》规定，房屋租赁期限不得超过 20 年。超过 20 年的，超过部分无效。租赁期限 6 个月以上的，应当采用书面形式。当事人未采用书面形式，无法确定租赁期限的，视为不定期租赁。经出租人同意，承租人可以对租赁房屋进行改善或者增设他物。如果未经出租人同意，对租赁物进行改善或者增设他物的，出租人可以请求承租人恢复原状或者赔偿损失。经出租人同意，承租人可以将租赁房屋转租给第三人。

《中华人民共和国民法典》第七百零四条　租赁合同的内容一般包括租赁物的名称、数量、用途、租赁期限、租金及其支付期限和方式、租赁物维修等条款。

第七百零五条　租赁期限不得超过二十年。超过二十年的，超过部分无效。

租赁期限届满，当事人可以续订租赁合同；但是，约定的租赁期限自续订之日起不得超过二十年。

典型案例

2003 年 4 月，张某将其位于某村的一处宅基地（土地性质为集体所有制土地），以 56, 900 元的价格转让给外村村民邹某，协议载明款项当面付清，张某的同村村民周某作为证明人在协议书上签字。之后该处宅基地一直闲置，邹某未在上面建设房屋。2013 年，因未能办理房屋建设手续，村委会将该宅基地收回，并向张某补偿安置房一处。邹某认为其已受让了宅基地，因此安置房应归其所有。但因与张某就安置房的归属问题协商不成，邹某到法院起诉，要求张某返还购买宅基地的款项 56, 900 元，并赔偿其因此所遭受的损失。

20□□年

□□月□□日

星期

天气

法律分析

宅基地的使用权不能单独转让给集体之外的人。违反上述规定并出现纠纷，法院通常会判决转让合同无效。在合同无效的情形下，当事人仍应负如下几种民事责任：（1）返还财产。这是指合同当事人在合同被确认无效或者被撤销以后，对已交付给对方的财产享有返还请求权，而已接受该财产的当事人不论是否有过错都有返还财产的义务。（2）折价补偿。在“法律上的不能返还”和“事实上的不能返还”的情况下，应当折价补偿对方当事人。（3）赔偿损失。凡是因合同的无效或者被撤销而给对方当事人造成的损失，主观上有故意或者过失的一方当事人应赔偿对方的财产损失。

《中华人民共和国土地管理法》第六十二条第一款和第五款 农村村民一户只能拥有一处宅基地，其宅基地的面积不得超过省、自治区、直辖市规定的标准。

农村村民出卖、出租、赠与住宅后，再申请宅基地的，不予批准。

典型案例

吉某原为某村集体经济组织的成员，18 岁考上大学之后，一直在 A 市学习和工作，后其户口也由老家迁移到了 A 市。但是其父母一直在老家务农，2018 年宅基地确权登记时，吉某的宅基地使用权被确权给吉某的父亲。2019 年之后，吉某的父母先后离世，吉某处理完两位老人的后事后，要求县不动产登记中心将宅基地使用权以及地上房屋所有权变更登记到其名下。县不动产登记中心审查发现吉某的户籍在 A 市而不在某村，因此犯难。

20　　年

　　月　　日

星期

天气

法律分析

如果农村宅基地上没有房屋，那么无论子女是否为本集体户籍，都不能继承该宅基地，该宅基地应由集体收回。如果宅基地上有房屋，根据“房地一体”原则，即使子女已经是城镇户籍，该宅基地的使用权也会随着地上房屋由子女一并继承，并依法办理不动产变更登记。如果涉及多个家庭成员继承时，继承的顺序和份额应当根据《中华人民共和国民法典》“继承编”的规定办理。

自然资源部在 2020 年 9 月 9 日对十三届全国人大三次会议第 3226 号建议的答复中指出：“农民的宅基地使用权可以依法由城镇户籍的子女继承并办理不动产登记。……被继承人的房屋作为其遗产由继承人继承，按照房地一体原则，继承人继承取得房屋所有权和宅基地使用权，农村宅基地不能被单独继承。……非本农村集体经济组织成员（含城镇居民），因继承房屋占用宅基地的，可按相关规定办理确权登记，在不动产登记簿及证书附记栏注记‘该权利人为本农民集体经济组织原成员住宅的合法继承人’。”

典型案例

2017 年，农村村民王某在城市里买房定居，张某系与王某同村的村民。2018 年，张某的住宅因村内修建公路被征收，村内又没有新增宅基地可以分配，所以张某和王某协商，想购买王某在农村的宅基地及其地上住宅。最终，双方经过友好协商，签订了宅基地及地上房屋转让协议，并办理了不动产产权变更登记手续。

20 年

月 日

星期

天气

法律分析

2019 年修正的《中华人民共和国土地管理法》原则性地规定，国家允许进城落户的农村村民依法自愿有偿退出宅基地，鼓励农村集体经济组织及其成员盘活利用闲置宅基地和闲置住宅。

所谓“进城落户的农村村民”应当是指农村村民一家人在城市中购买了房产，可以稳定地在城市中生活，不至于流离失所。凡是希望有偿退出宅基地的农村村民，需要提供其在城市中的房产证或不动产登记证书。另外，应当要求该户所有成年家庭成员都提供书面同意意见。

《中华人民共和国土地管理法》第六十二条第六款 国家允许进城落户的农村村民依法自愿有偿退出宅基地，鼓励农村集体经济组织及其成员盘活利用闲置宅基地和闲置住宅。

典型案例

张某系某村村民。2020 年 8 月，张某违法占用该村集体土地 0.22 亩修建住宅，其中，耕地面积 0.2 亩（均为永久基本农田）。当地农业农村、自然资源管理部门在联合执法过程中，发现张某违法建房的问题，要求其自行拆除违法建筑，并将土地恢复原状。张某没有执行该行政命令。2020 年 12 月，县农业农村、自然资源等部门依法拆除了违法建筑物，并对张某处以 1 万元罚款。

20　　年

　　月　　日

星期

天气

法律分析

（1）农村村民不按批准的用途使用耕地的，相关部门可收回土地。（2）违反法律规定，占用耕地建窑或者擅自在耕地上建房，破坏种植条件的，相关部门将责令其限期改正或者治理，可并处罚款；构成犯罪的，将依法被追究刑事责任。（3）未经批准或采取欺骗手段骗取批准，非法占用土地建住宅的，相关部门将责令其退还非法占用的土地，限期拆除在非法占用的土地上新建的房屋。（4）超标准多占土地建设住宅的，按照未经批准或者采取欺骗手段骗取批准非法占用土地的违法行为处罚。（5）对乱占耕地建房、违反生态保护红线管控建房的，不动产登记部门不得办理登记。

《中华人民共和国土地管理法》第七十五条　违反本法规定，占用耕地建窑、建坟或者擅自在耕地上建房、挖砂、采石、采矿、取土等，破坏种植条件的，或者因开发土地造成土地荒漠化、盐渍化的，由县级以上人民政府自然资源主管部门、农业农村主管部门等按照职责责令限期改正或者治理，可以并处罚款；构成犯罪的，依法追究刑事责任。

典型案例

2016年6月,某村部分土地被征收。某村村委会主任甲某作为政府土地征收工作组成员，利用职权便利，伪造与村委会土地租赁协议的方式虚构土地征收补偿项目，骗取土地征收补偿费用120万元。同时，其还利用职务之便贪污该村6名村民的青苗补偿费15万元、安置补偿费150万元。2019年，甲某担心自己的骗取和冒领行为被发现，欲携款外逃，结果被依法抓获。甲某被检察院提起公诉，依法被判处10年有期徒刑，并处没收全部违法所得。

20　　年

　　月　　日

星期

天气

法律分析

根据《中华人民共和国土地管理法实施条例》第64条对非法侵占征地补偿费的规定，甲某从事协助政府清查登记、核准征收土地等行政管理工作，属于国家工作人员，主观上又具有非法占有土地征收补偿费用、青苗补偿费和安置补偿费的故意，因此其行为构成贪污罪。

挪用征地补偿款行为和私分、截留征地补偿款行为分别适用《中华人民共和国刑法》第384条和第271条第1款的规定追究刑事责任。

《中华人民共和国刑法》第三百八十四条第一款　国家工作人员利用职务上的便利，挪用公款归个人使用，进行非法活动的，或者挪用公款数额较大、进行营利活动的，或者挪用公款数额较大、超过三个月未还的，是挪用公款罪，处五年以下有期徒刑或者拘役；情节严重的，处五年以上有期徒刑。挪用公款数额巨大不退还的，处十年以上有期徒刑或者无期徒刑。

典型案例

汪某长期在外地务工，一日得知老家的 3 间房子、猪圈、厕所及大树被挖掘机推倒。汪某认为，自己家与县人民政府没有签订任何征迁协议，因此政府对他家的土地和房屋进行征收是违法的，要求县人民政府对土地和房屋补偿 50 万元，并对其和家人因为违法征收造成的精神损害赔偿 10 万元。县人民政府认为，其征收行为是合法的，因为已经依法获得了省人民政府的批准，而且已经通知被征收人来领取补偿款，但是汪某一家不愿意签署补偿协议，也未领取政府核定的 30 万元补偿款。汪某向法院提起诉讼。

20　　年

　　月　　日

星期

天气

法律分析

由于汪某家的土地属于集体所有的土地，因此县人民政府应提供征收土地预公告等证据材料。本案中，县政府需要完成以下法律程序才能进行强制拆迁：（1）针对汪某一家作出征地补偿安置决定，并依法进行送达；（2）汪某一家拒不交出土地，同时在法定的期限内，既不申请行政复议或也不进行行政诉讼，那么人民政府可以依法申请人民法院强制执行，或者人民法院裁定准予执行后组织相关职能部门进行强制执行。

县人民政府应当提交其设定的补偿方案符合法定标准，且是按土地现状调查情况表上载明的事实进行补偿的证据。

◇◇◇

《中华人民共和国行政诉讼法》第三十四条　被告对作出的行政行为负有举证责任，应当提供作出该行政行为的证据和所依据的规范性文件。

被告不提供或者无正当理由逾期提供证据，视为没有相应证据。但是，被诉行政行为涉及第三人合法权益，第三人提供证据的除外。

典型案例

A 制药厂与李某签订了临时使用土地合同，双方一致同意 A 制药厂在基建期间使用李某的 6.036 亩承包地，时间预计为两年。在使用期满后，制药厂负责将土地恢复原状，交还李某使用。A 制药厂一次性给付李某土地使用补偿款 10 万元，并答应安排李某家中一名符合条件的劳动者入厂就业。协议签订当日，制药厂开始使用李某的承包地建设施工人员的临时生活用房。在建设过程中，县自然资源局在例行巡查中发现，A 制药厂对李某 6.036 亩承包地的临时使用没有经过自然资源主管部门批准，因此要求 A 制药厂停工，依法获得审批后再进行建设。

20□□年

□□月□□日

星期

天气

法律分析

临时使用土地的，需要满足以下条件：一是需经依法批准。二是应当签订临时用地合同，明确临时用地的地点、四至范围、面积和现状地类，以及临时使用土地的用途、使用期限、土地复垦标准、补偿费用和支付方式、违约责任等。三是临时用地不超过二年的，使用的具体期限可以在临时使用土地合同中由双方约定；临时用地确需超过二年的，需重新办理临时用地手续。四是临时使用土地者应当按照合同约定的用途使用土地，不得修建永久性的建筑物及其他设施。使用结束后，应当将临时建设的设施全部拆除，恢复土地原貌，并交还给原土地所有权人或使用权人。

《中华人民共和国土地管理法》第五十七条第一款 建设项目施工和地质勘查需要临时使用国有土地或者农民集体所有的土地的，由县级以上人民政府自然资源主管部门批准。其中，在城市规划区内的临时用地，在报批前，应当先经有关城市规划行政主管部门同意。土地使用者应当根据土地权属，与有关自然资源主管部门或者农村集体经济组织、村民委员会签订临时使用土地合同，并按照合同的约定支付临时使用土地补偿费。

典型案例

小花进城打工，在同村王婶开的饭店中当服务员。工作了半个月，饭店都没有与小花订立劳动合同。小花前去问王婶，王婶却说大家都是老乡，没必要签合同，并承诺自己一定会按事先约定的数额给小花发放工资，还会按时给她缴纳社保。碍于老乡情谊，小花也没再说什么，但想到工作这么重要的事居然没有白纸黑字的合同，她还是有些放心不下，想知道是不是老乡之间就可以不签劳动合同？劳动合同到底有什么作用呢？

20 年

月 日

星期

天气

法律分析

书面形式的劳动合同是确立劳动关系、明确劳动者与用人单位双方权利与义务的协议，发挥着预防纠纷以及在发生争议时确定劳资合意内容的重要功能。尽管在劳动关系成立阶段，用人单位可能为劳动者许下美好的承诺，但是“口说无凭”；一旦双方发生纠纷，这些口头承诺不仅难以作为法律上的证据使用，而且在缺乏书面劳动合同的情况下，证明二者间存在劳动关系都可能成为一件难事。也正因此，劳动法将订立书面劳动合同作为用人单位的一项重要义务，以此保障劳动者的合法权益。本案中，王婶以老乡为由不与小花签订劳动合同的做法显然违反劳动法的规定。

《中华人民共和国劳动合同法》第十条 建立劳动关系，应当订立书面劳动合同。
已建立劳动关系，未同时订立书面劳动合同的，应当自用工之日起一个月内订立书面劳动合同。
用人单位与劳动者在用工前订立劳动合同的，劳动关系自用工之日起建立。

典型案例

周某在应聘某岗位时，由于朋友提醒她有些单位为了避免女职工婚假、产假等带来的“旷工”情况，可能更倾向于录用已婚已育的员工。她便隐瞒了自身婚育状况，在职工登记表中填写了“已婚”“已育”。后来，当周某结婚，向公司提出休婚假时，公司不仅不给假，还指出周某在当初应聘时存在欺诈行为，并以此为由认定双方之间的劳动合同无效，要求周某从公司离职。对此，周某感到十分懊恼和困惑，她实在没想到隐瞒婚育情况竟使自己丢了工作，但她同时也想知道自己的行为是否真的违反法律规定，构成欺诈呢？

20　　年

　　月　　日

星期

天气

法律分析

在劳动合同的订立阶段，为增强劳资双方的信赖，并为双方双向选择提供基础性信息，劳动法明确规定用人单位与劳动者分别具有告知义务及说明义务。就劳动者的说明义务而言，法律仅要求其说明与劳动合同直接相关的基本情况，主要包括劳动者的学历、工作经历、所掌握的技能等内容。用人单位出于降低用工成本的考虑而询问女职工婚育状况的做法不仅超越了其知情权的范畴，也可能造成性别歧视等不良后果，与法不符。具体到本案，由于法律并未规定劳动者具有向用人单位如实告知婚育状况的义务，周某的隐瞒行为不构成欺诈，也不会带来劳动合同无效的法律后果。

人力资源社会保障部、教育部等九部门《关于进一步规范招聘行为促进妇女就业的通知》 二、依法禁止招聘环节中的就业性别歧视。各类用人单位、人力资源服务机构在拟定招聘计划、发布招聘信息、招用人员过程中……不得询问妇女婚育情况，不得将妊娠测试作为入职体检项目，不得将限制生育作为录用条件，不得差别化地提高对妇女的录用标准。……

典型案例

小何在某电器工厂工作，与工厂订立了为期 3 年的固定期限劳动合同。合同到期后，工厂负责人与小何商议续签劳动合同事宜时表示，工厂近期效益不佳，如小何想要续签合同，每月工资需下调 600 元；如不想续签，工厂也无法为其提供任何补偿。小何觉得工厂的做法有些强人所难，他想知道工厂不与自己协商，单方面限制劳动合同续约条件的做法是否合法？如果自己拒绝续约，是否真的不能得到任何补偿？

20　　年

　　月　　日

星期

天气

法律分析

续订劳动合同过程中，劳资双方同样需要遵循合法、公平、平等自愿、协商一致、诚实信用的基本原则。除此之外，为避免用人单位故意降低劳动条件迫使劳动者主动放弃续约的行为，劳动法还特别要求除用人单位维持或提高劳动合同约定条件续订合同，劳动者不同意续订的情形外，用人单位终止固定期限劳动合同须向劳动者支付经济补偿金。在本案中，某电器工厂不仅在确定劳动合同的续订条件时未与小何进行协商，单方面作出了下调工资的不合理决定，而且也无理地排除了小何在拒绝续约时所能享有的经济补偿，显然违背了劳动法的规定，侵害了劳动者的合法权益。

《中华人民共和国劳动合同法》第四十六条　有下列情形之一的，用人单位应当向劳动者支付经济补偿……（五）除用人单位维持或者提高劳动合同约定条件续订劳动合同，劳动者不同意续订的情形外，依照本法第四十四条第一项规定终止固定期限劳动合同的……

典型案例

周某在某连锁药房的市中心总店从事收银员的工作。因周某曾多次拒绝药房主任安排的加班工作，主任对其十分不满，在未与周某进行沟通的情况下，便联系公司人事部门将周某由总店调至郊区分店担任收银员。由于分店与周某所住小区距离很远，大大增加了周某上下班的通勤时间，对其日常生活工作带来了极大影响。周某表示抗议，人事部门却告诉他公司具有用工自主权，这一安排是公司根据正常营业需要进行的合理调整，希望周某理解并进行配合。周某依旧认为这一岗位变动非常不合理，想知道用人单位是否真的有权在未与自己进行协商的情况下随意变动工作岗位呢？

20　　年

　　月　　日

星期

天气

法律分析

通常情况下用人单位实施调整劳动者的工作岗位等变更劳动合同内容的行为时，需基于平等自愿原则与劳动者协商一致，这是对劳动者择业自主权的尊重与保障。与之相对应，用人单位也享有用工自主权，可以根据自身生产经营需要对劳动者的工作岗位进行适当调整。但单位对于劳动者工作岗位的调整必须具备合理性，其判断标准主要包括是否基于用人单位生产经营需要、是不是对劳动合同内容的较大变更、是否对劳动者的劳动报酬及劳动条件等产生重大影响等。本案原因显然并非基于用人单位生产经营所需，且对周某劳动条件产生了重大影响，因此有违法律规定。

《中华人民共和国劳动合同法》第三十五条　用人单位与劳动者协商一致，可以变更劳动合同约定的内容。变更劳动合同，应当采用书面形式。

变更后的劳动合同文本由用人单位和劳动者各执一份。

典型案例

白某与某银行订立了为期两年的固定期限劳动合同，从事业务经理工作。工作一段时间后，由于白某获得了更好的工作机会，便提前一个月向银行递交了辞职信。然而，银行以还有许多业务合同没有交接完毕、部分贷款尚未收回为由，始终扣着白某的档案不放。白某应聘的新单位表示，不将档案尽快转入公司，就没法依据档案为他定级定职，相应的待遇条件也无法确定。这让白某十分着急，他想知道他的情况到底该怎么办？

20　　年

　　月　　日

星期

天气

法律分析

劳动法要求用人单位在与劳动者解除或终止劳动合同时出具相应的证明，并在 15 日内为劳动者办理档案和社会保险关系转移手续。如用人单位违反法律规定，实施扣押劳动者档案的行为，需承担相应的民事责任和行政责任。本案中，银行以业务尚未交接完毕等为由拒绝为白某办理离职手续的做法便违反了劳动法的上述规定。对此，白某一方面可以向劳动行政部门投诉，由其责令用人单位改正违法行为、缴纳罚款并承担赔偿责任；另一方面也可诉诸劳动争议解决机制，将纠纷提交劳动争议仲裁机构处理，并在不服仲裁裁决时，依法向人民法院提起诉讼。

《中华人民共和国劳动合同法》第五十条第一款　用人单位应当在解除或者终止劳动合同时出具解除或者终止劳动合同的证明，并在十五日内为劳动者办理档案和社会保险关系转移手续。

典型案例

小旭自2021年8月1日起在A省某市一汽车零部件制造公司工作。在工作的第一个月中，为尽快完成公司重要客户委托的加工项目，小旭听从公司安排，利用一双休日的时间加班赶进度。随后，由于父亲突发疾病住院，小旭又请假5天回家照顾父亲。月底发放工资时，小旭共拿到2860元（基本工资2310元+加班工资550元）。由于当地的最低工资为2400元，小旭认为自己的基本工资低于这一数额是不合理的，公司负责人则表示由于小旭请假5天，基本工资扣除相应部分后只能拿到这么多，且加上加班费后这一数额已经高于最低工资标准，公司的做法并不违法。

20　　年

　　月　　日

星期

天气

法律分析

最低工资标准，是指劳动者在法定工作时间或依法签订的劳动合同约定的工作时间内提供了与合同约定的质与量相符合的正常劳动的前提下，用人单位依法应支付的最低劳动报酬。从内容上看，最低工资不包含延长工作时间工资、特殊工作环境与条件下的津贴以及劳动者依法依规享有的福利待遇等。本案中，小旭得到的基本工资是最低工资标准审查的对象。由于小旭曾请事假5天照顾父亲，实际上并未完成合同约定的工作任务，因此其基本工资低于最低工资标准的现象并不违反法律规定。然而，公司负责人将加班工资解释为最低工资一部分的做法却与法律规定不相符。

《中华人民共和国劳动法》第四十八条　国家实行最低工资保障制度。最低工资的具体标准由省、自治区、直辖市人民政府规定，报国务院备案。

用人单位支付劳动者的工资不得低于当地最低工资标准。

典型案例

老钱在一家电子设备制造公司工作。2021 年 6 月，为尽快完成某客户委托的重要项目，老钱听从公司安排，加班加点赶工。老钱既在每个工作日延长一小时工作时间（该月共有 21 个工作日），也牺牲了三个周六的休息时间，甚至在 6 月 14 日端午节这天他也依旧到岗工作。经过高强度的工作，项目得以如期高质量完成。尽管加班加点工作十分辛苦，但听说自己能够拿到较高的加班工资，老钱内心十分高兴。老钱的基本工资为 4350 元，他想知道自己 6 月总共能够拿到多少薪水。

20　　年

　　月　　日

星期

天气

法律分析

劳动法要求用人单位给予加班加点的劳动者相应的加班加点工资。计算标准依据为《中华人民共和国劳动法》第 44 条。本案中，老钱在 6 月的加班情况为：在工作日延长的劳动时间为 21 小时，共有 3 个休息日加班，并且还在端午节这一节假日加班。老钱的基本工资为 4350 元，劳动法规定劳动者的月计薪天数为 21.75 天（计算方式为 365 天减去 104 天休息日后再除以 12 个月），则老钱的日工资为 200 元，小时工资为 25 元。以这些数据为基础，能够计算出老钱本月能够得到的劳动报酬总数为 4350+25*21*150%+200*3*200%+200*1*300%=6937.5 元。

《中华人民共和国劳动法》第四十四条　有下列情形之一的，用人单位应当按照下列标准支付高于劳动者正常工作时间工资的工资报酬：（一）安排劳动者延长工作时间的，支付不低于工资的百分之一百五十的工资报酬；（二）休息日安排劳动者工作又不能安排补休的，支付不低于工资的百分之二百的工资报酬；（三）法定休假日安排劳动者工作的，支付不低于工资的百分之三百的工资报酬。

20□□年

□□月□□日

星期

天气

典型案例

孟大爷在某建筑公司工作。2021年8月初，公司负责人表示公司近期经济存在严重困难，这个月的工资可能需要9月才发放，希望大家理解，并与公司共渡难关。然而，到了2021年9月底，两个月的工资都未到账。孟大爷等人前去找负责人理论，负责人却表示公司有几笔项目款项一直没有到账，目前还是没钱给大家，他也没有办法。此后，工资仍旧一拖再拖，公司也不再回应员工们的抗议。孟大爷认为公司的做法侵犯了自己的合法权益，一定要讨个说法，他该如何维权？

法律分析

用人单位具有向劳动者及时足额支付劳动报酬的法定义务。当用人单位存在拖欠或未足额支付劳动报酬的行为时，劳动法主要赋予劳动者两种救济途径：（1）向人民法院申请支付令，由人民法院向用人单位依法发出支付令，督促其履行义务；（2）向劳动行政部门进行投诉，由劳动行政部门责令用人单位支付劳动报酬，此时单位还可能承担一定的赔偿金。此外，如用人单位拒不支付劳动报酬的数额较大，且经劳动行政部门责令支付仍不支付的，还可能承担相应的刑事责任。由此，孟大爷可以采取向法院申请支付令和向劳动行政部门进行投诉两种途径维护自身合法权益。

《中华人民共和国劳动合同法》第三十条 用人单位应当按照劳动合同约定和国家规定，向劳动者及时足额支付劳动报酬。

用人单位拖欠或者未足额支付劳动报酬的，劳动者可以依法向当地人民法院申请支付令，人民法院应当依法发出支付令。

典型案例

小莉经同村人介绍，前往外省一家纺织厂工作，工厂给的工资虽然不多，但是包吃包住，总体而言待遇不错。工作几天后，工厂开始要求小莉等人加班，工作的时间越来越长，还不给加班费。小莉觉得身体吃不消，向工厂提出了离职，工厂却不同意，担心小莉等人跑掉，还派保安时刻看守员工宿舍，每日“接送”小莉上下班，且在工作及加班期间，还将车间的大门锁住。最后，小莉偷偷给家里人打电话告知了情况，父母前来把她接回家才得以脱身。这段工作经历令小莉感到十分痛苦，她想知道工厂应就其一系列恶劣行为承担哪些责任？

20　　年

　　月　　日

星期

天气

法律分析

劳动法严格禁止用人单位强迫劳动者劳动、加班的行为。用人单位以非法限制人身自由等方式强迫劳动者劳动的，劳动者可以在未事先告知用人单位的情况下，立即解除劳动合同；根据违法行为的严重程度，用人单位还需要赔偿劳动者的损失，被处以15日以下拘留或罚款或警告，构成强迫劳动罪的，还应承担相应的刑事责任。本案中，纺织厂主要存在以下违法行为：（1）任意安排劳动者加班且不支付加班费；（2）以限制人身自由的方式强迫小莉等员工进行劳动和加班。对此，工厂需根据小莉的加班时长向其支付相应的加班费，并承担相应的行政责任乃至刑事责任。

《中华人民共和国劳动合同法》第三十一条　用人单位应当严格执行劳动定额标准，不得强迫或者变相强迫劳动者加班。用人单位安排加班的，应当按照国家有关规定向劳动者支付加班费。

第三十八条第二款　用人单位以暴力、威胁或者非法限制人身自由的手段强迫劳动者劳动的，或者用人单位违章指挥、强令冒险作业危及劳动者人身安全的，劳动者可以立即解除劳动合同，不需事先告知用人单位。

典型案例

老张在市水务公司工作。某天夜里，老张突然接到公司电话，称某接线处供水主管网突然受损，导致多区民众供水受到影响，要求老张立刻前往受损处加班加点进行抢修。在连续工作一天一夜后，老张感到十分疲惫，因现场还有其他维修人员工作，便向公司请假休息，不料却遭到拒绝。老张认为自己本身就是连夜加班工作，而且公司的加班时长也有些过分，自己要求休息无可厚非。然而公司却说这一安排是完全合法的，老张想知道这到底是怎么一回事？

20　　年

　　月　　日

星期

天气

法律分析

劳动法虽然严格限制用人单位要求劳动者延长工作时间的行为，这种限制却存在例外，即当发生自然灾害、事故或因其他原因，对劳动者生命健康和财产安全造成威胁，需要紧急处理的，或生产设备、交通运输线路、公共设施发生故障，影响生产和公众利益，必须及时抢修的，以及存在法律、行政法规规定的其他情形时，用人单位延长工作时间无须与工会、劳动者进行协商，且可以超过法定的时间限制。本案中，水务公司要求老张加班的原因为当地某供水主管网受损，导致许多民众供水受到影响，属于公共设施发生影响公众利益的故障，需要及时抢修的情形。

《中华人民共和国劳动法》第四十二条　有下列情形之一的，延长工作时间不受本法第四十一条规定的限制：（一）发生自然灾害、事故或者因其他原因，威胁劳动者生命健康和财产安全，需要紧急处理的；（二）生产设备、交通运输线路、公共设施发生故障，影响生产和公众利益，必须及时抢修的；（三）法律、行政法规规定的其他情形。

典型案例

小齐听说在春节期间加班可以拿到3倍工资，于是主动向经理要求初一至初三期间加班。但出乎小齐意料的是，节后发放工资时，她并未收到预想的加班费用。小齐前去询问经理，却被告知因酒店决定安排她补休，所以就不支付加班费了。小齐感到十分失望，她想知道酒店的做法是否符合法律规定？自己到底有没有权利拿到加班费用呢？

20　　年

　　月　　日

星期

天气

法律分析

用人单位在法定休假日安排劳动者工作的，应支付不低于工资300%的报酬。如用人单位在休息日安排劳动者工作，并能够为其安排补休，则无须支付加班费用。但由于法定节假日通常具有风俗习惯或纪念意义等特殊含义，关乎广大民众的切身利益，具有不可替代性，因此以补休代替支付加班费用的做法并不适用于法定节假日。结合本案情况，由于小齐在初一至初三曾加班，这三日为国家规定的全体公民放假的法定节假日，酒店应当依法向其支付3倍工资作为加班费，而不得以补休为由拒绝支付相应的加班费用。

《中华人民共和国劳动法》第四十四条　有下列情形之一的，用人单位应当按照下列标准支付高于劳动者正常工作时间工资的工资报酬：（一）安排劳动者延长工作时间的，支付不低于工资的百分之一百五十的工资报酬；（二）休息日安排劳动者工作又不能安排补休的，支付不低于工资的百分之二百的工资报酬；（三）法定休假日安排劳动者工作的，支付不低于工资的百分之三百的工资报酬。

典型案例

陈某在 A 公司工作 10 年后，跳槽到 B 公司。在 B 公司工作 1 年后，陈某认为近期工作状态不佳，想进行休整，遂向公司申请休年假。公司表示，由于陈某仅在本公司工作了 1 年多，只能享有 5 天年休假。鉴于公司最近业务繁忙，集中安排年假可能会耽误工作进度，只准许陈某在后续五周每周五休息。然而，陈某在休息期间曾在两个周五被叫到公司工作。休假结束后，陈某询问公司加班费事宜，却被告知周五本身就是法定工作日，况且公司在其年假期间也正常支付了工资，无须额外再向他支付加班费。陈某认为公司的做法并不合理，想知道法律上对于年假是如何规定的？

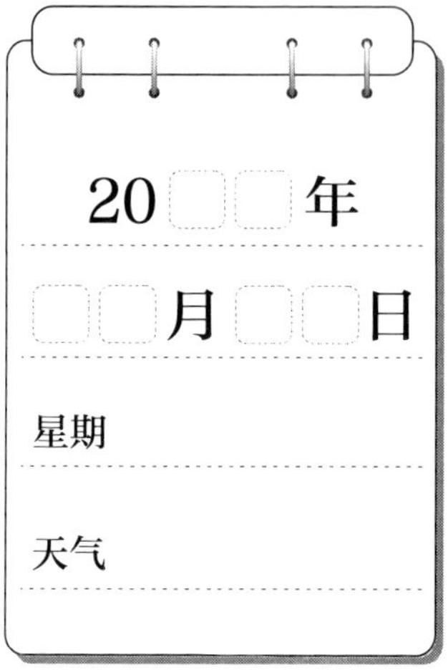

法律分析

职工带薪年休假的天数以职工在不同单位的累计工作年限作为计算基础，而非职工在本单位工作的年限。法律规定，职工累计工作满 10 年不满 20 年的，年休假 10 天。在年休假的具体安排上，公司具有用工自主权，可以决定在 1 个年度内集中安排或分段安排年假，也可以跨年度进行安排。如因工作需要无法安排职工休年假，可以在职工本人同意后不安排休假，但要按照职工日工资收入的 300% 支付年休假的加班工资。本案中，虽然公司以业务繁忙为由分段给陈某放假的行为属于对用工自主权的合理行使，但应当按照陈某日工资收入的 300% 向其支付加班费。

国务院《职工带薪年休假条例》第三条 职工累计工作已满 1 年不满 10 年的，年休假 5 天；已满 10 年不满 20 年的，年休假 10 天；已满 20 年的，年休假 15 天。

国家法定休假日、休息日不计入年休假的假期。

典型案例

蔡某自 2018 年 7 月大学毕业后便在一家食品公司工作。2021 年 7 月，因心脏不适，蔡某去医院检查，医生建议他卧床休息 2 个月。蔡某于是向公司提交了医嘱，并请病假 2 个月至 2021 年 9 月 10 日。然而，2021 年 8 月 10 日，公司突然将蔡某移出了工作群，并暂停为其缴纳社保。蔡某前去询问公司的负责人，负责人表示蔡某休病假的时间太长，影响了公司的工作进度，不如大家“好聚好散”，这样蔡某也能多休息一段时间。蔡某很困惑：公司明明准许自己休病假，为何又在病假期间解除了与自己的劳动合同？这种行为究竟合不合法呢？

20　　年

　　月　　日

星期

天气

法律分析

所谓医疗期，即企业职工因患病或非因工负伤停止工作治病休息不得解除劳动合同的时限。医疗期的长度并不受劳动者所患疾病或治疗期限影响，而是根据劳动者本身实际参加工作的年限和在本单位工作的年限，赋予劳动者 3 个月到 24 个月的医疗期。由于蔡某的实际工作年限和在本单位工作的年限都为 3 年，他能够享有 3 个月的医疗期。在 2021 年 8 月 10 日，蔡某的医疗期刚满 1 个月，尚未结束，此时公司无权以蔡某休病假影响了公司的工作进度为由解除其与蔡某间的劳动合同，也不应停止为蔡某缴纳社保费用，公司的做法存在明显的违法性。

《中华人民共和国劳动法》第二十九条　劳动者有下列情形之一的，用人单位不得依据本法第二十六条、第二十七条的规定解除劳动合同……（二）患病或者负伤，在规定的医疗期内的；……

典型案例

小范是某公司的运输司机。一日在开车外出送货途中，小范驾驶的车辆与一货车相撞，导致小范身受重伤。交警认定货车司机对事故负主要责任，小范负次要责任。在小范住院期间，公司虽然曾派人来看望他，却并未支付小范的医药费。因此，小范只得自掏腰包进行垫付。出院后，小范向饮料公司索要赔偿，却被告知小范和公司间只签订了劳务合同，而非劳动合同，这种情形无法进行工伤认定，所以公司无法向小范提供工伤待遇，但可以提供一些补偿。小范认为公司的做法是在推卸责任，想知道未签劳动合同公司就不应对自己的工伤负责吗？

20　　年

　　月　　日

星期

天气

法律分析

尽管法律规定劳动者与用人单位建立劳动关系需要订立书面形式的劳动合同，但这并不意味着未签劳动合同，劳动关系就不存在。只要用人单位存在事实上的用工行为，劳资双方自用工之日起即建立劳动关系。在工伤认定问题上，法律允许劳动者在劳动合同以外提交其他证据以证明其与用人单位间存在事实劳动关系。因此，即便本案中小范未与公司订立书面形式的劳动合同，也依旧可以向社会保险行政部门申请工伤认定，享受相应的工伤保险待遇。同时，由于饮料公司并未给小范缴纳工伤保险费用，则其需要按照相应的工伤保险待遇项目及标准向小范支付费用。

《中华人民共和国劳动合同法》第七条　用人单位自用工之日起即与劳动者建立劳动关系。用人单位应当建立职工名册备查。

国务院《工伤保险条例》第十八条　提出工伤认定申请应当提交下列材料……（二）与用人单位存在劳动关系（包括事实劳动关系）的证明材料……

典型案例

任某是某水泥厂的职工。由于长期工作在布满粉尘的环境中，他的身体健康受到了影响，出现了经常性的咳嗽、胸痛、呼吸困难等问题。任某就此多次向领导反映，要求更换工作岗位，但都没有得到回应。出于健康考虑，任某只得主动与工厂解除劳动合同。此后，任某一直待业在家。在一次健康体检中，医生告知任某可能患有尘肺，后经专业机构鉴定为职业病水泥尘肺一期，伤残四级。任某便向水泥厂提出自己应当享受职业病待遇，却被告知任某已经不是水泥厂的职工，工厂无须对他所患疾病负责。

20　　年

　　月　　日

星期

天气

法律分析

职业病，是指劳动者在职业活动中因接触粉尘、放射性物质和其他有毒、有害因素而引起的疾病。劳动者患职业病的，应当依法认定为工伤。由于用人单位有毒、有害的工作环境对于劳动者的影响往往是潜移默化的，可能会存在劳动者在职期间未发病，离职后被检查出患有职业病的情况。针对这一情况，法律规定如劳动者曾经从事接触职业病危害作业、当时没有发现罹患职业病、离开工作岗位后被诊断或鉴定为职业病，且在离职后未再从事接触职业病危害作业的，可以在诊断、鉴定为职业病之日起一年内申请工伤认定，享受相应的工伤待遇。

人力资源社会保障部《关于执行〈工伤保险条例〉若干问题的意见》　八、曾经从事接触职业病危害作业、当时没有发现罹患职业病、离开工作岗位后被诊断或鉴定为职业病的符合下列条件的人员，可以自诊断、鉴定为职业病之日起一年内申请工伤认定，社会保险行政部门应当受理……（二）劳动或聘用合同期满后或者本人提出而解除劳动或聘用合同后，未再从事接触职业病危害作业的人员。……

典型案例

胡大婶进城务工，自2011年7月起在某公司从事保洁工作。随着年龄的增长，胡大婶感到身体不如以前，开始担心退休后该如何取得生活来源的问题。公司的前台却让她不必担心，说公司都为员工缴纳了基本养老保险，退休后每月能够拿到一笔退休金。然而，胡大婶却记得自己在与公司订立劳动合同时，公司并未提到养老保险。她向经理询问却被告知，公司只具有给城镇职工上社保的义务，而胡大婶是农村户口，不能参与基本养老保险。胡大婶听了很生气，认为自己受到了歧视，她想知道自己到底能不能参与基本养老保险，并在退休后享受相应的待遇。

20 年

月 日

星期

天气

法律分析

我国法律明确规定，职工应当参加基本养老保险，由用人单位和职工共同缴纳基本养老保险费用，并明确指出进城务工的农村居民也应依照法律规定参加社会保险。这意味着无论劳动者的户口为城镇户口还是农村户口，只要其与用人单位建立了劳动关系，都应依法参加基本养老保险，在达到法定退休年龄并累计缴费满15年时，享有按月领取基本养老金的权益。显然，本案中公司以劳动者的户口类别为依据对其是否参加基本养老保险进行区别对待的行为违反法律规定。公司应当依法为胡大婶补办包括基本养老保险在内的社会保险，并补缴相应的费用。

《中华人民共和国社会保险法》第十条 职工应当参加基本养老保险，由用人单位和职工共同缴纳基本养老保险费。

无雇工的个体工商户、未在用人单位参加基本养老保险的非全日制从业人员以及其他灵活就业人员可以参加基本养老保险，由个人缴纳基本养老保险费。

公务员和参照公务员法管理的工作人员养老保险的办法由国务院规定。

典型案例

小魏大学毕业后入职一家公司。在与公司订立劳动合同时，公司负责人表示小魏如选择由公司为其缴纳社会保险费，每月工资为 8000 元；如选择自己去办理社会保险，缴纳相应的费用，每月工资可以达到 9500 元。小魏认为自己刚刚毕业，想趁着年轻多赚点钱，还是多拿一些工资比较合适，于是选择了后者。工作了一年后，小魏从朋友处了解到社会保险的重要性，还听说公司为其上社保是一项法定义务，于是去找公司负责人理论，却被其以自己曾同意放弃办理社会保险为由拒绝办理。小魏十分后悔当初的选择，想知道公司的做法是否符合法律规定？

20　　年

　　月　　日

星期

天气

法律分析

考虑到社会保险的重要性，我国法律明确规定，用人单位和劳动者必须依法参加社会保险，缴纳社会保险费用，非因不可抗力等法定事由不得缓缴、减免社会保险费。在此意义上，用人单位以向劳动者支付高薪替代缴纳社会保险费的做法无疑是违反法律规定的。即便存在劳动者的事先同意，也不能因此免除单位的法定义务。本案中，公司出于节约用工成本的目的，将社会保险费用折算为工资的做法严重违反法律规定，公司应当尽快为小魏补办保险并补缴费用，提高用工的合法性与规范性。

《中华人民共和国劳动法》第七十二条　社会保险基金按照保险类型确定资金来源，逐步实行社会统筹。用人单位和劳动者必须依法参加社会保险，缴纳社会保险费。

典型案例

小韩利用课余时间做服务员，约定每周三到周日来店里工作 4 个小时。在与老板协商相关福利待遇时，老板表示因为小韩是非全日制员工，店里不会为她办理社会保险，如果小韩有需要可以自行向社会保险行政部门申请办理并缴纳相应的费用。小韩认为这并不是很合理，虽然自己在店里工作的时间短，但也属于正式员工，应当享有相应的权益。老板却说法律就是这么规定的，小韩去其他店工作也是如此。小韩也不知道老板说得对不对，她想知道她这种非全日制工到底应当如何参与社会保险呢？

20　　年

　　月　　日

星期

天气

法律分析

法律在非全日制用工参与社会保险的问题上进行了特别规定：从事非全日制工作的劳动者可以参加基本养老保险和基本医疗保险，但需要自行向社会保险经办机构申请办理社会保险登记，并向社会保险费征收机构缴纳社会保险费；此外，用人单位应当依法为非全日制劳动者办理工伤保险，缴纳工伤保险费。这意味着用人单位在非全日制劳动者的社会保险问题上并非全无责任，仍需承担为劳动者办理工伤保险的法定义务。据此，本案中咖啡店老板的做法显然违反法律规定，其应当依法为小韩办理工伤保险并缴纳工伤保险费用，以维护小韩享有工伤保险待遇的法定权利。

《中华人民共和国社会保险法》第十条第二款　无雇工的个体工商户、未在用人单位参加基本养老保险的非全日制从业人员以及其他灵活就业人员可以参加基本养老保险，由个人缴纳基本养老保险费。

第二十三条第二款　无雇工的个体工商户、未在用人单位参加职工基本医疗保险的非全日制从业人员以及其他灵活就业人员可以参加职工基本医疗保险，由个人按照国家规定缴纳基本医疗保险费。

典型案例

小徐毕业后到某公司从事销售工作。在与公司订立劳动合同时，公司表示需要与小徐约定 1 个月的试用期，在试用期内她的工资待遇为 2500 元，除此之外将不享有包括社会保险在内的其他福利待遇。1 个月后如小徐能够很好地胜任工作，再提高她的工资，并为其办理社会保险等事宜。小徐询问其他正在找工作的同学，发现有的同学与她的情况相同，有的则在试用期内就参加了社会保险。小徐对此感到纳闷，她在试用期内到底应不应该参与社会保险呢？

20 年

月 日

星期

天气

法律分析

法律规定用人单位应当自用工之日起 30 日内为职工办理社会保险并缴纳相应的费用。虽然试用期为劳资双方提供了相互考察的过程，并且在此期间双方关系也受到劳动法专门规则调整，但这并不意味着试用期是独立于劳动关系之外的特殊关系，其本身包含于劳动合同期限内，其间，实质性用工事实已经展开。用人单位既然已与劳动者成立劳动关系，并开始进行用工，当然有义务在试用期内依法为劳动者办理社会保险。基于此，本案中公司在试用期内不为小徐办理社会保险的做法具有明显的违法性，其应当在小徐到岗之日起 30 日内尽快为其办理社会保险并缴纳社会保险费。

《中华人民共和国社会保险法》第五十八条第一款 用人单位应当自用工之日起三十日内为其职工向社会保险经办机构申请办理社会保险登记。未办理社会保险登记的，由社会保险经办机构核定其应当缴纳的社会保险费。

典型案例

小柳在某公司工作，与公司签订劳动合同约定从事某门店的销售经理工作。后因公司决定取消各门店的行政主管职位，要求小柳服从公司安排进行岗位调配，到公司的加盟管理中心担任营销专员。小柳不愿进行岗位调配，与公司协商未果决定采取法律途径解决争议。然而，公司却告诉他，根据公司规章规定，员工与公司发生纠纷必须先提交公司的劳动争议调解委员会进行调解，之后才能够走其他法律程序。小柳对此表示怀疑，他想知道公司的要求是否符合法律规定？

20　　年

　　月　　日

星期

天气

法律分析

劳动争议调解是劳资双方通过民主协商、互谅互让的方式解决纠纷的重要途径，具有处理及时、便利当事人等优势，可以被视作解决劳动争议的“第一道防线”。然而，当事人是否采取这一举措解决纠纷需要自愿，其并非劳动争议的必经程序。也正因此，法律规定在发生劳动争议后，当事人既可以向调解组织申请调解，也可以申请劳动仲裁以解决纠纷。在调解组织的选择上，法律赋予纠纷当事人三种选择，包括企业劳动争议调解委员会、基层人民调解组织以及在乡镇、街道设立的具有劳动争议调解职能的组织。

《中华人民共和国劳动法》第七十九条　劳动争议发生后，当事人可以向本单位劳动争议调解委员会申请调解；调解不成，当事人一方要求仲裁的，可以向劳动争议仲裁委员会申请仲裁。当事人一方也可以直接向劳动争议仲裁委员会申请仲裁。对仲裁裁决不服的，可以向人民法院提起诉讼。

典型案例

张某和李某均在某县城农产品批发市场从事销售工作。2020 年 8 月 3 日，张某从李某处“调剂”一批货物，约定价格为 1.2 万元。张某当场支付了 2000 元现金，尚欠 1 万元未支付。两日后，张某又临时向李某借款 1 万元，李某通过微信转账给张某 1 万元。2020 年 9 月 2 日，张某给李某写了一张欠条，载明：因向李某借一批货物，以及为进货需要向李某借款 1 万元，共欠款 1.8 万元。此后，李某因向张某多次索款未果，向人民法院起诉，要求张某还款 2 万元及利息。张某却主张 2000 元借款已用货抵消，只需偿还 1.8 万元本金。

20　　年

　　月　　日

星期

天气

法律分析

本案中，“调剂”货物欠款和借款 1 万元时，李某均没有取得书面字据，存在一定风险。但事后，张某出具欠条，弥补了前期形成的风险。只是，欠条上载明“共欠款 1.8 万元”，与李某主张的 2 万元不一致。张某对此的解释是，已经偿还 2000 元，但李某并不认可该说法。对此，双方都需要拿出证据证明该 2000 元是否偿还，以及证明偿还的目的是归还借款，还是支付货款。李某主张借款利息，张某只愿偿还本金，关键要看借款合同中的利息约定；如无约定，视为没有利息。

《中华人民共和国民法典》第六百八十条　禁止高利放贷，借款的利率不得违反国家有关规定。

借款合同对支付利息没有约定的，视为没有利息。

借款合同对支付利息约定不明确，当事人不能达成补充协议的，按照当地或者当事人的交易方式、交易习惯、市场利率等因素确定利息；自然人之间借款的，视为没有利息。

典型案例

2011 年，冯某起诉并提供 3 张借条，称朋友周某 3 次向其借款共计 3.2 万元，要求其归还借款。周某抗辩，两人此前系情人关系，分手算“经济账”时，冯某要求周某写了上述借条，并未发生实际借款关系；借条此前留在周某家中，冯某趁周某不备拿走了借条。法院查明：2008 年两人相识，2011 年两人分手。周某提交了两人分手时对经济往来事务协商处理的一份录音记录。此外，周某还提交了一份 2011 年 8 月 5 日冯某出具的一张收条，载明“今收到周某现金伍仟元整（5000 元）”。庭审中，冯某自述其曾为周某购买电视机等家电物品等。法院应该支持冯某的诉讼请求吗？

20 年

月 日

星期

天气

法律分析

在现实生活中，人际关系是复杂的，资金转账的理由也千差万别。一些欠条、借据表面呈现借款关系，但也可能隐藏着当事人之间“言不由衷”的具体情况。因此，人民法院审理案件时会查明欠条、借条出具的具体情况，予以分别处理。本案中，冯某只提供了 3 张借条；周某提供了录音证据以证明两人对交往期间经济往来进行协商处理，并且提供了约定中 5000 元的收据。冯某并不能证明前述 3 张借条是真实的借贷关系：既不能提供借款交付给周某的证据，也不能对周某提交的录音证据提出反驳证据。因此，其要承担举证不能的责任，即其诉讼请求无法获得法院的支持。

《中华人民共和国民法典》第一百五十三条第二款 违背公序良俗的民事法律行为无效。

典型案例

2020 年 9 月 1 日，周某请谢某帮忙向第三方借贷平台借钱 2 万元整。周某应在每次到期日前 3 天将当期应还本息交给谢某，由谢某向平台还款。谢某于 2020 年 9 月 3 日通过微信分两次转账 9000 元和 8000 元给周某。2020 年 9 月下旬，谢某将平台提示还款的信息转发给周某，显示第一期应偿还欠款 3510.5 元。当日，周某向谢某微信转账 3511 元，但此后，周某未再偿还后续 5 期欠款，谢某只能自己向借款平台偿还了剩余欠款。2021 年 3 月，谢某依据借条向周某主张：周某应偿还借款本金 2 万元及利息 885.41 元的剩余部分。但周某反驳，其实际只收到 1.7 万元本金。

20　　年

　　月　　日

星期

天气

法律分析

本案需要厘清两个借款关系：一个是谢某向某借贷平台的借款，借款平台实际支付了 2 万元本金；另一个是谢某与周某之间的借款关系，借条上写的金额为 2 万元，谢某实际上通过微信仅转账 1.7 万元。第一个借款关系中的借款金额为 2 万元。第二个借款关系中的借款金额应当按照 1.7 万元计算本金，因为自然人之间的借款合同为实践性合同，应当以实际支付的资金数额来确定借款数额。

《中华人民共和国民法典》第六百七十九条　自然人之间的借款合同，自贷款人提供借款时成立。

典型案例

李某起诉丁某要求返还2万元及利息。虽然李某没有借条，但其向法院提供了一段与丁某的电话录音："李某：我寻思和你说说家庭事。你家买房不还欠我2万元吗？你有的话赶紧给我啊。丁某：我现在没有，有了我马上给你。李某：啥时候能给？丁某：等我开工资吧。"

丁某抗辩，李某的借款已经以现金方式偿还了，双方都没有写借条和收条。电话录音是真的，但当时自己喝酒后神志不清。此外，李某要求逾期还款的利息也不成立，因为借款时未约定利息。

20　　年

　　月　　日

星期

天气

法律分析

首先，由于双方都认可并无借条、收据等书面凭据，电话录音便至关重要。录音中，双方表达通顺流利，内容清楚；丁某未否认2万元借款的事实，并且承诺开工资后偿还，可以认定借款关系存在。丁某事后抗辩，该电话是酒后神志不清所说的，但未能提供证据证明。丁某作为完全民事行为能力人，应对自己的言行负责。因此，人民法院认定借款关系存在。其次，双方于借款时未约定利息，李某主张自借款时起到其电话中约定的还款日期之间的利息，人民法院不予支持。但逾期还款之后，李某可以主张参照当时一年期贷款市场报价利率标准计算的利息，人民法院应予支持。

《中华人民共和国民法典》第六百八十条第二款　借款合同对支付利息没有约定的，视为没有利息。

典型案例

瑞康农产品公司（贷款方）是禾凯农产品公司（借款方）的控股股东。两公司于 2018 年 9 月 1 日、2019 年 1 月 1 日、2020 年 3 月签订 3 份借款协议。瑞康农产品公司陆续向禾凯农产品公司出借款项，其间禾凯农产品公司偿还了部分本息。2020 年 12 月 31 日，禾凯农产品公司尚欠 400 余万元本息未偿还。瑞康农产品公司起诉禾凯农产品公司要求还款。禾凯农产品公司认为 3 份借款协议无效：瑞康农产品公司事实上的借款本金系其从银行获取的信贷资金，其行为属于利用信贷资金高利转贷的行为，借款协议无效。本案借款协议是否有效？民间借贷中还有哪些导致借贷无效的情形？

20　　年

　　月　　日

星期

天气

法律分析

本案中，瑞康农产品公司和禾凯农产品公司借款协议的效力是争议焦点。《全国法院民商事审判工作会议纪要》第 52 条对“高利转贷”的认定中提出要审查出借人的资金来源：借款人能够举证证明在签订借款合同时出借人尚欠银行贷款未还的，一般可以推定为出借人套取信贷资金，但出借人能够举反证予以推翻的除外。2016 年至 2020 年，两公司几乎每个月都有借款往来，被告没有证据证明在上百笔借款往来中哪笔借款与贷款有关，难以认定瑞康农产品公司从金融机构套取资金转贷的行为。因此，本案借款协议有效，禾凯农产品公司应当按约定偿还各项本息。

最高人民法院《关于审理民间借贷案件适用法律若干问题的规定》第十条　法人之间、非法人组织之间以及它们相互之间为生产、经营需要订立的民间借贷合同，除存在民法典第一百四十六条、第一百五十三条、第一百五十四条以及本规定第十三条规定的情形外，当事人主张民间借贷合同有效的，人民法院应予支持。

典型案例

朱某妻子于某是某食用菌公司的职工，刘某是食用菌公司的法定代表人，朱某与刘某系朋友关系。2018 年 6 月，刘某因食用菌公司资金紧张向朱某借款 20 万元；7 月，为发工人工资，刘某再次向朱某借款 8 万元；12 月 12 日，刘某向朱某出具借条载明："刘某向朱某借款 28 万元整，用于食用菌公司的经营。借款利息 2 分，借期 6 个月。"该借条上由食用菌公司盖章，刘某签字。事后，朱某未按期收回借款，起诉至人民法院，要求刘某及食用菌公司清偿借款。刘某认为其是法定代表人，借款是其为履行公司职务所为的，应由公司承担清偿责任。

20 年

月 日

星期

天气

法律分析

公司法人是法律拟制的人，其行为需要由自然人代表或者代理从事。相关法律中规定了法定代表人制度，其代表公司的行为由法人承受相应的法律后果。但在实践中，法定代表人向他人借款，表现为不同形式。本案中，朱某知道刘某是食用菌公司的法定代表人，且借条上明确所借款项用于公司经营发展和发放工资，最后由食用菌公司盖章和刘某签字。尽管借条上并未写明刘某是法定代表人，但其为公司经营借款的事项，朱某应当是知晓的。因此，刘某作为法定代表人出具借条，是履行法定代表人职务的行为，所借款项应当由食用菌公司偿还。

《中华人民共和国民法典》第六十一条 依照法律或者法人章程的规定，代表法人从事民事活动的负责人，为法人的法定代表人。

法定代表人以法人名义从事的民事活动，其法律后果由法人承受。

法人章程或者法人权力机构对法定代表人代表权的限制，不得对抗善意相对人。

典型案例

张某在某银行办理贷款，约定还款日期为每月2日。2021年8月1日上午，张某操作手机银行时，因连续输错3次密码导致银行卡被锁定；当日下午，张某3次致电该银行客服电话均未接通。2021年8月2日，张某打通客服电话，客服回复该业务必须去银行柜台办理解锁。但当日受台风影响，某银行预先通知各网点暂停营业；同时，受天气、交通因素的影响，张某无法外出办理银行卡解锁，导致其征信出现违约记录。张某认为，其因台风影响未按时办理还款相关手续，银行不应认定其行为违约，也不应影响其征信记录。张某的主张能得到支持吗？

20　　年

　　月　　日

星期

天气

法律分析

按照法律规定，因不可抗力不能履行民事义务的，不承担民事责任。若要引用不可抗力条款免责，需注意：第一，应当证明发生的情况属于不可抗力，即“不能预见、不能避免且不能克服的客观情况”；第二，因不可抗力不能履行合同，应当及时通知对方，以减轻可能造成的损失，并在合理期限内提供证明。本案中，张某无法按期还款，是因为银行要求银行卡密码解锁需要到银行柜台办理，但因台风的影响，银行网点暂停营业。在此种情况下，张某未能按期还款是受到了不可抗力因素的影响，不应由其承担违约责任，也不应因此影响其征信记录。

《中华人民共和国民法典》第一百八十条　因不可抗力不能履行民事义务的，不承担民事责任。法律另有规定的，依照其规定。不可抗力是不能预见、不能避免且不能克服的客观情况。

典型案例

2010 年 4 月，胡某购买甲基金公司的基金产品，到期后赎回。2011 年 3 月，胡某在乙商业银行某支行再次购买甲基金公司的后续同类产品，并签订资产管理合同，而后胡某通过乙商业银行某支行认购 100 万元基金产品。乙商业银行支行对胡某进行了客户风险评估，评估结果为：胡某的风险承受能力评级及适合购买的产品为稳健型投资者。胡某提交的相关材料显示，其自愿认购前述基金产品。基金产品到期后，胡某收到扣除投资损失后的剩余资金近82万元。胡某主张，乙商业银行某支行未进行风险提示，向其推荐销售不适当的金融产品，因此要求赔偿亏损的 18 万余元。

20　　年

　　月　　日

星期

天气

法律分析

商业银行在销售理财产品时负有投资者适当性管理义务，并应对销售理财产品予以说明和风险提示。乙商业银行虽已履行了风险承受能力评估和风险提示义务，但披露手续不够完整，存在过错；胡某作为完全民事行为能力人，明知购买的理财产品可能发生亏损，并书面承诺自愿承担风险，应当按照“买者自负”的原则，承担理财产品损失的主要责任。最终，人民法院判决乙商业银行某支行承担胡某本金损失的 40%，即 7.2 万余元赔偿责任。

《中华人民共和国民法典》第一千一百七十三条　被侵权人对同一损害的发生或者扩大有过错的，可以减轻侵权人的责任。

典型案例

陈某是某农村商业银行的员工，其在甲支行工作时便与朱某的妻子付某相识；后陈某转至乙支行担任理财经理。朱某于2015年6月出资70万元，通过陈某购买该农村商业银行代销的“某节能基金”，至2016年8月赎回时取得赎回金额54.8万余元。朱某起诉该农村商业银行和陈某，认为陈某作为该农村商业银行工作人员建议其持有基金并作出最低年收益5万元的承诺，导致其产生损失。在诉讼中，朱某提交了陈某与其夫妻通话的录音，以证明朱某信任陈某的话而继续持有基金，并导致了损失。朱某投资基金的损失应由谁赔偿？赔偿多少？

20　　年

　　月　　日

星期

天气

法律分析

本案中，人民法院认为存在委托理财关系，关键理由是朱某夫妇不仅因为陈某是银行工作人员，更是因为对陈某业务能力和熟识关系的信任，才通过陈某购买基金产品。至于某农村商业银行，其在完成销售过程中的适当性审核等义务以及与客户签订、履行基金销售协议后，该农村商业银行就已经完成了其作为代销机构的义务了。因此，事实上陈某建议朱某继续持有基金的行为导致朱某产生损失，其应当承担相应的赔偿责任。另外，朱某具有购买基金的回赎权利，在发生亏损时本可及时止损，但轻信他人的保底承诺或继续持有建议，导致损失的发生和扩大，也应承担相应的损失。

《中华人民共和国民法典》第五百九十一条　当事人一方违约后，对方应当采取适当措施防止损失的扩大；没有采取适当措施致使损失扩大的，不得就扩大的损失请求赔偿。

当事人因防止损失扩大而支出的合理费用，由违约方负担。

典型案例

李某自称是甲投资公司的市场部总监。韩某在李某的带领下，到甲投资公司营业部签署盖有甲投资公司公章的资产管理协议和投资咨询合同，之后李某以及甲投资公司员工龚某为韩某办理了贵金属交易开户、入账等手续，韩某将账户交由李某操作。次月 9 日，韩某找李某要回账户密码，并修改了账户密码。4 日后，韩某自行平仓，扣除相关费用后，账户内共转出资金 17 万余元。韩某根据资产管理协议的约定，向甲投资公司讨要亏损的 10 万余元未果后，起诉到人民法院。本案委托理财发生的亏损，应当由谁承担？

20　　年

　　月　　日

星期

天气

法律分析

李某并非甲投资公司的员工，但在甲投资公司营业场所内招揽客户并开展销售理财业务等表明，韩某签订合同时有理由相信李某有权代理甲投资公司开展业务，构成表见代理；韩某与甲投资公司签订的合同有效，甲投资公司应当履行合同义务或承担合同责任。此外，甲投资公司放任他人冒称公司员工主动向客户销售贵金属投资理财产品并承诺保本和高回报，甲投资公司存在重大过错。同时，韩某未能认真阅读有关禁止代客理财的条款，在高回报及保收益诱惑下，签订协议欠缺必要的谨慎；且将资金交给李某操作，进一步造成损失的扩大，也应承担次要责任。

◇◇◇

《中华人民共和国民法典》第一百七十二条　行为人没有代理权、超越代理权或者代理权终止后，仍然实施代理行为，相对人有理由相信行为人有代理权的，代理行为有效。

典型案例

于某在甲商业银行购买了两款理财产品：6万元A款信托融资型人民币理财产品，7万元B款人民币结构性理财产品。A款产品到期后，于某获得本金及投资收益61，983.72元；B款产品到期后，于某获得本金及投资收益70，004.2元。于某与甲商业银行协商，甲商业银行基于13万元总额，按照中国人民银行2年存款利率，支付2530元利息；于某写承诺书，承诺不再到有关部门投诉。

事后，于某向法院起诉，请求银行按照约定的收益率，向其支付A、B两款理财产品的理财收益10，080元。最终，人民法院驳回了于某的诉讼请求。

20　　年

　　月　　日

星期

天气

法律分析

理财产品（预期）收益率既是影响客户决定是否购买理财产品的重要因素，也往往会成为销售人员误导性陈述的一项内容，并成为当事人争议的一个焦点。因此，一方面，需要由金融监管部门对产品收益的宣传方式进行规制；另一方面，也应提醒客户注意对预期收益的正确理解。另外，也要注意于某与甲商业银行的和解。和解是当事人在自愿互谅基础上就如何解决纠纷进行协商并达成协议的一种自行解决纠纷的方式。发生纠纷时，可以采用和解的方式解决纠纷，但对和解协议的达成，当事人应当慎重决断。

《中国人民银行金融消费者权益保护实施办法》第十七条　银行、支付机构对金融产品和服务进行信息披露时，应当使用有利于金融消费者接收、理解的方式。对利率、费用、收益及风险等与金融消费者切身利益相关的重要信息，应当根据金融产品或者服务的复杂程度及风险等级，对其中关键的专业术语进行解释说明，并以适当方式供金融消费者确认其已接收完整信息。

典型案例

2010 年起，客户任某与某商业银行甲支行员工吕某因业务关系相熟。为方便购买理财产品，任某将理财金账户银行卡交给吕某保管并代为购买，回赎理财产品。吕某使用任某的 U 盾、账户和密码申购丙、丁公司产品共计 160 万元。2015 年，因丙、丁公司涉嫌非法吸收公众存款被立案侦查，相关投资无法收回。任某报案，称吕某自主办理了两款投资产品的购买手续，导致其产生损失。吕某承认，其使用客户资金购买投资产品，并指示产品代理人赵某将“好处费”打至吕某亲戚账户以规避其账户被监控系统发现存在异常交易的情形。在这起银行理财“飞单”案件中，各方应当如何承担责任？

20　　年

　　月　　日

星期

天气

法律分析

本案中，任某缺乏对自身资金安全风险的基本防范，自身存在过错，是发生“飞单”损失产生的重要原因。吕某作为银行理财经理，明知不得向客户推介、销售非本行发行或代销的理财产品，但为获取个人利益，自行操作客户资金转入涉案投资产品，导致客户发生损失。但商业银行在内控和风险排查等方面的工作流于形式，未证明对“飞单”交易已采取有针对性、有实际效果的防范措施等。基于上述原因，某商业银行乙支行也对任某的损失存在一定的过错，应当承担一定比例的责任。

第一千一百七十三条　被侵权人对同一损害的发生或者扩大有过错的，可以减轻侵权人的责任。

典型案例

在农村，地膜是个“宝”，可以保温、保水、保土，提升农作物的产量。老王是村里的“菜王”，在春季育苗时，也给家里大面积的菜地铺上了地膜，可等到揭膜时，老王却犯了愁：家里劳力不够，大量的塑料薄膜如何处理成了难题。老王想：直接在地里一把火烧了，简单省事！于是等到傍晚，老王在地里开始焚烧废弃的地膜。这时，村干部小李来了，“王叔，赶紧把火灭了！在村里烧地膜是违法的，您不能这样做”。老王边扑火边说：“小李，我就是烧点地膜，怎么还违法了？”

20　　年

　　月　　日

星期

天气

法律分析

焚烧地膜会产生有毒有害气体，造成空气污染，危害人体健康。而且燃烧残留物会破坏土壤结构、影响土壤肥力，造成水污染和土壤污染，不利于农作物生长。在房前、屋后焚烧地膜还可能引发火灾，威胁群众的生命财产安全。因此，国家法律禁止在人口集中区焚烧地膜等塑料制品，鼓励村民按照政府规定的方式回收、无害化处理农用地膜。焚烧地膜是不理智的行为，同时也违反了国家法律的规定，不仅害处多，还增加了农业发展的污染风险，村民图一时方便焚烧地膜，实在是得不偿失。

《中华人民共和国大气污染防治法》第八十二条第一款　禁止在人口集中地区和其他依法需要特殊保护的区域内焚烧沥青、油毡、橡胶、塑料、皮革、垃圾以及其他产生有毒有害烟尘和恶臭气体的物质。

典型案例

天气转冷，天气预报还显示明天部分时段会有强降雪。由于自家房子还没改装“气代煤”，老王打算从明天开始就烧煤取暖，扛过这个冬天。但电视上恰好在播放某地区一村民因烧煤取暖被罚款批评的新闻。老王顿时陷入了两难：明天是烧煤还是不烧？

20　　年

　　月　　日

星期

天气

法律分析

随着“煤改气”的持续推进，蓝天越来越多，空气质量也越来越好，但有些地方为追求短期效果，盲目“一刀切”，推行了大量“禁煤”政策，在不计工程难度、工期的情况下，盲目开展“煤改气”活动，造成了“气荒”以及农民冬天受冻的现象。为此，国务院指出，“坚持从实际出发，宜电则电、宜气则气、宜煤则煤、宜热则热，确保北方地区群众安全取暖过冬”。但这也并不表示冬天可以随意用煤，虽然可以烧煤取暖，但是不能使用劣质散煤，而必须使用洁净型煤，这是对我们的生存环境负责，也是对我们的健康负责。

◇◇◇

《中华人民共和国大气污染防治法》第三十二条　国务院有关部门和地方各级人民政府应当采取措施，调整能源结构，推广清洁能源的生产和使用；优化煤炭使用方式，推广煤炭清洁高效利用，逐步降低煤炭在一次能源消费中的比重，减少煤炭生产、使用、转化过程中的大气污染物排放。

典型案例

老王是一家建筑工地的渣土车运输司机，平日里，为节省时间，争取更多的运输次数，在运输渣土前，他从不将带泥带沙的车辆清洗干净，也不会对运输的渣土采取严密的遮盖措施。这天上路时，他被执法大队截停，并被要求缴纳罚款，他心想，不就是撒了点渣土吗，至于处罚得这么严厉吗？

20　　年

　　月　　日

星期

天气

法律分析

扬尘不仅会污染空气，影响环境，而且对人体的危害极大，容易使人患肺癌、支气管炎等疾病，渣土车的“滴洒漏”现象正是造成扬尘污染的主要原因之一。因此，《中华人民共和国大气污染防治法》明确规定，运输渣土的车辆应当采取密闭或者其他措施，防止物料遗撒造成扬尘污染。

各地执法部门都会在对重要路段和在建工地开展运输工作的渣土车进行检查，专项治理活动不断增加。因此，渣土车司机切勿存有侥幸心理，将该做的防范行为都做全，既是帮助自己免受惩罚，也为防治大气污染贡献了一份力量。

《中华人民共和国大气污染防治法》第七十条第一款、第二款　运输煤炭、垃圾、渣土、砂石、土方、灰浆等散装、流体物料的车辆应当采取密闭或者其他措施防止物料遗撒造成扬尘污染，并按照规定路线行驶。

装卸物料应当采取密闭或者喷淋等方式防治扬尘污染。

典型案例

村里的几块农田一直在闹病虫害，村民苦不堪言。为了不影响今年村庄农作物的收成，老王买回来了许多农药，并挨家挨户进行分发。村民也立刻来到庄稼地里给农作物打药，但第二天，老王在去农田的路上，发现到处都是村民们随手丢弃的农药瓶、塑料包装袋。老王对此非常担忧，这要是哪家顽皮孩子不知道这是农药，恰巧捡了个还有剩余的瓶子，误食里面的农药可怎么办？于是，他决定赶紧召集村民，号召大家不要乱扔农药瓶，但在这之前，他得解决一个棘手的问题，不让大家扔在路边，那应该让大家扔去哪里呢？

20　　年

　　月　　日

星期

天气

法律分析

农药使用后，这些盛药的空瓶、空桶、空箱及其他包装品上，一般都沾上了农药，如果不对它们加强控制与管理，不仅会对村民的健康造成潜在的危害，同时也会造成地表水污染、土壤污染等环境污染。为此，在《中华人民共和国固体废物污染环境防治法》与国务院《农药管理条例》中，对农药生产经营者和农药使用者的行为规范作出了具体的规定。农药生产经营者负有对农药包装废弃物回收的处理义务，而农药使用者不得随意丢弃农药包装。一旦违反这些规定，轻者要承担行政、民事责任，重者则可能受到刑事制裁。

《中华人民共和国固体废物污染环境防治法》第六十五条第一款　产生秸秆、废弃农用薄膜、农药包装废弃物等农业固体废物的单位和其他生产经营者，应当采取回收利用和其他防止污染环境的措施。

典型案例

结束了一天的辛勤工作，老王准备放松一下好好睡个安稳觉，但没有想到，近日正在装修房子的邻居为了赶工期，让装修工人夜晚加班，晚上 12 时之后还在施工，装修的噪声直到清晨才停下。老王于是去和邻居协商装修的时间，但邻居表示，“这是我的房子，我想什么时候装修就什么时候装修，如果嫌吵，自己去买耳塞”，面对这样不讲理的邻居，老王陷入了窘境，难道就只能任由每天夜晚的噪声影响自己的休息吗？

20　　年

　　月　　日

星期

天气

法律分析

噪声不但会对听力造成损伤，还能诱发多种致癌致命的疾病，也对人们的生活、工作有所干扰。室内装修活动是社会生活噪声的重要来源之一，持续性强、干扰大的装修声音会对其他住户的生活产生干扰。为此，《中华人民共和国噪声污染防治法》特别强调，室内装修活动要限制时间，而且应当采取有效措施减轻或者避免环境噪声污染。各地区往往据此制定了相应的环境噪声污染防治办法，以北京为例，《北京市环境噪声污染防治办法》规定，法定休息日、节假日全天及工作日 12 时至 14 时、18 时至次日 8 时均被设置为禁止装修的时间。在这些时间段内装修，均可能受到行政处罚。

《中华人民共和国噪声污染防治法》第六十六条　对已竣工交付使用的住宅楼、商铺、办公楼等建筑物进行室内装修活动，应当按照规定限定作业时间，采取有效措施，防止、减轻噪声污染。

典型案例

老王家对面是一个大型广场，一到晚上，广场上就十分热闹，至少有四五个文艺团体聚集，交际舞、广场舞、水兵舞的音浪一波盖过一波。晚上 10 时后，咚咚的音乐仍然响个不停。除拉着音响来跳舞的团体外，广场上还有两拨人用车载电脑播放音乐录影带，唱歌唱戏，声音特别大，震耳欲聋。这让老王十分烦躁，因为平日里自己休息得比较早，所以经常会被音乐吵得睡不着觉。他想，这么大的声音，难道都不属于噪声污染吗？就没有什么部门来管管吗？

20　　年

　　月　　日

星期

天气

法律分析

跳广场舞、在公园广场齐声高歌是老百姓喜闻乐见的文化活动，但其带来的“噪声”问题也让许多周边居民不堪其扰。因此，《中华人民共和国噪声污染防治法》中特别作出规定，要求在噪声敏感建筑物集中区域禁止使用高音广播喇叭，在广场上使用音响时也需要注意音量大小。《中华人民共和国治安管理处罚法》更是对违反社会生活噪声污染防治法律规定的行为，制定了处罚规则。所以，虽然跳广场舞可以强身健体，却也不能为了自身的享受，将音响声音开得过大，影响周围住户的正常生活。

◇◇◇

《中华人民共和国噪声污染防治法》第六十四条第二款、第三款　在街道、广场、公园等公共场所组织或者开展娱乐、健身等活动，应当遵守公共场所管理者有关活动区域、时段、音量等规定，采取有效措施，防止噪声污染；不得违反规定使用音响器材产生过大音量。

公共场所管理者应当合理规定娱乐、健身等活动的区域、时段、音量，可以采取设置噪声自动监测和显示设施等措施加强管理。

典型案例

为方便照顾儿子，李阿姨从村里搬到了甲市的滨河小区居住。周末，李阿姨带着一家人换下的衣物和洗涤工具来到了河边洗衣服。不一会儿，甲市城市管理行政执法局执法队员小刘到附近巡逻，发现李阿姨在河边洗衣服，立刻上前制止，告诉李阿姨，这是饮用水水源一级保护区，不能在这里洗衣服。李阿姨仍然继续搓洗衣物。小刘提醒李阿姨，这旁边有饮用水水源地和禁止洗衣的标志。我们每天都在这边巡查，就担心有人偷偷来洗衣服、游泳、钓鱼。这下李阿姨犯了愁："怎么城里规定这么多？洗个衣服还违法？"

20　　年

　　月　　日

星期

天气

法律分析

饮用水水源地保护事关居民的用水安全，应该受到严格管理。《中华人民共和国水污染防治法》规定，在饮用水水源一级保护区，禁止使用含磷洗涤剂。洗涤剂只是将污垢从衣物上"拉下来"，并没有完全消除污垢，而是和污垢一起流入水中，成为水体污染物。而且在河边洗衣服，含磷的废水流入河中，会引起水体富营养化。长此以往，会导致河中藻类繁殖旺盛，造成鱼类及其他水生生物缺氧死亡，直至水质变坏甚至发臭。居民为了图方便或节省自家用水，在饮用水水源地一级保护区域内使用洗涤剂洗衣服，是违法行为，根据法律规定还可能会被处以500元以下的罚款。

《中华人民共和国水污染防治法》第六十五条第二款　禁止在饮用水水源一级保护区内从事网箱养殖、旅游、游泳、垂钓或者其他可能污染饮用水水体的活动。

第七十三条　国务院和省、自治区、直辖市人民政府根据水环境保护的需要，可以规定在饮用水水源保护区内，采取禁止或者限制使用含磷洗涤剂、化肥、农药以及限制种植养殖等措施。

典型案例

老王今年的收成非常惨淡，稻田减产，鱼塘死鱼，为了探寻其中的原因，他请人将鱼塘中的水抽干。结果发现抽干了水的鱼塘呈现一片“硫磺”色，四周的水草则像长了“铁锈”一样布满了斑斑点点。这让他开始怀疑始作俑者是上游的两家化工厂。经过老王的观察，这两家化工厂没有任何排污设施，每次经过它们附近都能闻到臭味，虽说现在没有证据证明自己的减产和化工厂的排污有直接关系，但老王觉得这样随意排污对村里的环境也会造成巨大的污染，于是他开始计划维权的方法。

20□□年

□□月□□日

星期

天气

法律分析

化工厂随意排污，将会造成严重的水污染，这不仅加剧了水资源的短缺，而且水质的恶化也会严重威胁人民群众的身心健康。化工厂随意排污，影响附近居民正常生活的，居民可以向环境保护执法部门反映举报，由环境保护部门根据《中华人民共和国环境保护法》，查封、扣押造成污染物排放的设施、设备，超过排放标准排污的，还可以要求限制生产、停产整治。如果给居民带来损失的，居民还可以直接向法院提起民事诉讼，要求赔偿损失。

《中华人民共和国环境保护法》第二十五条 企业事业单位和其他生产经营者违反法律法规规定排放污染物，造成或者可能造成严重污染的，县级以上人民政府环境保护主管部门和其他负有环境保护监督管理职责的部门，可以查封、扣押造成污染物排放的设施、设备。

典型案例

王明承包了作为村里水源地的水库养殖鱼类。肉质肥嫩、味道鲜美的水库鱼吸引了众多食客前来品尝，能卖上不错的价钱。为了提升水库鱼的产量，增加收入，王明把畜禽粪便等有机肥和化肥投入水库中，用来提高水的养分。不久，村里人便发现，自家水龙头流出的水水质变差了，颜色污浊，还有很多杂质。大家不敢喝水用水，并且向当地环保部门报告了水质问题。经查，王明不合理投饵、投肥的行为污染了水库中的水，影响当地生活用水安全。执法人员马上制止了王明的行为，并对他依法予以处罚。

20　　年

　　月　　日

星期

天气

法律分析

饵料、肥料中含有大量氮、磷等营养物质，还可能含有病原体。如果不合理投饵、投肥，会造成水体污染。特别是在作为水源地的水库中养鱼时，还需要遵循水源地保护的特殊规定。根据《中华人民共和国水污染防治法》《中华人民共和国渔业法》的规定，从事水产养殖应当保护水域生态环境，合理投饵、投肥，防止污染水环境。同时，《饮用水水源保护区污染防治管理规定》还要求，在水源地保护区和准保护区内禁止倾倒粪便、不得滥用化肥。在从事鱼类养殖活动时，需要注意相关法律规范的规定，做到科学、合理、合法，统筹兼顾生态环境保护和经济效益，防治水污染。

《中华人民共和国水污染防治法》第五十七条　从事水产养殖应当保护水域生态环境，科学确定养殖密度，合理投饵和使用药物，防止污染水环境。

典型案例

老张发现自己菜地里种植的豆角被虫啃食，喷了几种低毒农药仍然没有解决虫害问题。他听说甲拌磷毒性强，杀虫效果立竿见影，于是私下买了一些在菜地进行喷洒，果然喷一次就起作用了，老张心想，这真是太省力了，并用剩下的甲拌磷顺便给果园里的梨树也除了虫。很快老张使用高毒农药给菜地、果园除虫的行为被农业执法部门查处，随后移交给公安机关。法院经审理，以生产、销售有毒有害食品罪，判处老张有期徒刑 6 个月，并处罚金 5000 元。

20　　年

　　月　　日

星期

天气

法律分析

在菜地、果园、农田喷洒高毒农药杀虫，会污染大气环境，造成土壤污染、水污染，进而给群众的生命健康安全带来隐患。甲拌磷作为一种高毒农药，国家限制在蔬菜、果树、茶叶上使用。虽然杀虫效果显著，但是高毒农药在蔬菜、水果内残留高，直接危害食用者的健康，因此，《中华人民共和国环境保护法》《中华人民共和国食品安全法》《中华人民共和国刑法》等法律法规都对禁止使用高毒农药作了规定。在本案中，老张明知甲拌磷是高毒农药仍然购买，并对蔬菜、果树使用，已经涉嫌生产、销售有毒有害食品罪，依照《中华人民共和国刑法》的规定，被处以刑罚。

《中华人民共和国食品安全法》第四十九条第一款　食用农产品生产者应当按照食品安全标准和国家有关规定使用农药、肥料、兽药、饲料和饲料添加剂等农业投入品，严格执行农业投入品使用安全间隔期或者休药期的规定，不得使用国家明令禁止的农业投入品。禁止将剧毒、高毒农药用于蔬菜、瓜果、茶叶和中草药材等国家规定的农作物。

典型案例

小张大学毕业后选择返乡创业。村东头有块临水荒地无人照管，小张想：这块地面积不小，又依山傍水，建个养鸡场，发展林下养鸡正合适。他把这个提议告诉了在村委会工作的好友小王。小王听后，连连摇头：“小张，你说的林下养鸡挺新颖，但是这块地真不适合建养鸡场。”小张满脸疑惑地问：“怎么会？这地不是基本农田，而且面积不小可以搞规模养殖，距离水源地近，养殖用水也方便。”小王解释道：“就是因为离水太近了，村东头那块是咱们饮用水水源保护区，按照国家法律规定，不能建养殖场。咱们要注意环保！”小张恍然大悟：“原来如此，看来我得好好学学相关的法律法规！”

20　　年

　　月　　日

星期

天气

法律分析

畜禽养殖业存在养殖场的废水等多个方面的污染因素，对土壤、大气以及水资源都会产生不同程度的污染。若未进行合理规划选址，或养殖场缺乏处理污染物的设备，就会出现废物随意丢弃、污水直接排放等现象，对周边的生态环境以及群众的生命健康，都会造成一定程度上的负面影响。因此，《中华人民共和国环境保护法》规定，畜禽养殖场选址、建设必须符合法律规定；国务院《畜禽规模养殖污染防治条例》规定，禁止在饮用水水源保护区、风景名胜区等地方建设养殖场。本案中，小张看中的荒地位于该区域饮用水源保护区，依照法律法规，不能建设养鸡场。

《中华人民共和国环境保护法》第四十九条第三款　畜禽养殖场、养殖小区、定点屠宰企业等的选址、建设和管理应当符合有关法律法规规定。从事畜禽养殖和屠宰的单位和个人应当采取措施，对畜禽粪便、尸体和污水等废弃物进行科学处置，防止污染环境。

典型案例

老王最近为儿子盖房发愁。想给小儿子再盖一处房，但又没有宅基地了，不知如何是好。老王向邻居李老汉抱怨。李老汉说：“那怕啥，你们屋后不还有承包的几十亩地吗？你在旁边修一栋小楼，占不了多大地方。”老王心想：这也是个办法，盖几间房占不了多大地方，不过是少种点庄稼。于是老王便把自己的想法告诉了二儿子小李，小李哭笑不得：“爹，咱们那可是耕地，不能随便占用做其他用途，你要是真盖了房，政府也得给你拆了，事情严重，还可能把你抓紧去坐牢！”老王十分惊讶：“啊，这么严重吗？咱们自己承包的地，怎么用谁能管得着，盖几间房就违法了？”

20 年

月 日

星期

天气

法律分析

本案中，小李劝说老李不要占用耕地建房的做法是正确的，擅自占用耕地建房是违法行为，依照《中华人民共和国土地管理法》的规定，禁止占用耕地建房、建窑，违法建筑物将被拆除，违法者会被罚款；若占用的耕地面积较大，还可能触犯《中华人民共和国刑法》规定的非法占用农用地罪，将会面临刑事处罚。耕地事关国家粮食安全，国家法律给予严格保护，村民不能心存侥幸，逃避监管，擅自占用建房。

《中华人民共和国土地管理法》第三十七条 非农业建设必须节约使用土地，可以利用荒地的，不得占用耕地；可以利用劣地的，不得占用好地。

禁止占用耕地建窑、建坟或者擅自在耕地上建房、挖砂、采石、采矿、取土等。

禁止占用永久基本农田发展林果业和挖塘养鱼。

典型案例

在外地务工一年的小王没有攒下多少积蓄，又听其他同事说，“在外打工不如在家养猪”，便决心辞去城里的工作，回到老家，同自己的父亲老王，一同开展养殖业。为了省下额外的租地费用，老王与小王决定直接在自家的基本农田上进行养殖。这天，两人刚开始搭建养猪棚，邻居老李便前来阻止：“你们别搭了呀，去年我也是在自家农田上搞养殖，刚搭完就被拆了，说是违法呀，还要罚款！”老王与小王非常纳闷，在自家农田上养殖，不是私事吗，怎么还会被处罚？

20　　年

　　月　　日

星期

天气

法律分析

根据国务院《基本农田保护条例》的规定，基本农田，是指按照一定时期人口和社会经济发展对农产品的需求，依据土地利用总体规划确定的、不得占用的耕地；破坏基本农田，毁坏农田种植的行为均将受到处罚。《中华人民共和国土地管理法》中亦有相似规定，被划定确认的基本农田不得被任何单位或个人擅自改变用途。因此，对于基本农田的使用，应严格遵循国家及地方相关法律法规要求，杜绝搭棚养殖、挖塘养鱼、栽培果树等一系列占用基本农田的行为。

《中华人民共和国土地管理法》第三十五条　永久基本农田经依法划定后，任何单位和个人不得擅自占用或者改变其用途。

典型案例

河东村有一条污水沟穿村而过。这条水沟的上游是一座小镇，镇子上的生活污水和一些食品小作坊的废水都排入这条水沟。此外，河东村的乡亲们往往还把自家洗衣洗菜剩下的水倒入其中。河东村位于相对缺水的华北平原，村里人找不到灌溉水源，就想到了用污水沟里的水浇灌庄稼。一天，县里生态环境局的干部小李来到河东村走访，看见村民老赵正引污水浇自家的白薯地，连忙上前制止："大叔，这沟里的污水不符合灌溉标准，可不能用来浇地。"老赵却十分疑惑地说："不都是水吗，有啥区别？我们村棉花蔬菜也都是用这条沟里的水浇的啊！用这水浇庄稼还省化肥。"

20　　年

　　月　　日

星期

天气

法律分析

用于灌溉的污水必须符合《农田灌溉水质标准》等农用标准和环境保护标准的要求。使用水质不达标的污水灌溉农田，污水中超标的重金属和其他有毒有害物质会进入土地，造成严重的土壤污染，有些土地会变得寸草不生。对于一些看似因为污水灌溉而"增产"的耕地，上面的庄稼收获后，土壤中的污染物会由于被庄稼吸收进而进入人体，危害健康。因此，《中华人民共和国环境保护法》明确禁止将不符合农用标准和环境保护标准的废水用于农田灌溉，《中华人民共和国土壤污染防治法》《中华人民共和国水污染防治法》也要求农田灌溉用水应当符合相应的水质标准。

◇◇◇

《中华人民共和国水污染防治法》第五十八条　农田灌溉用水应当符合相应的水质标准，防止污染土壤、地下水和农产品。

禁止向农田灌溉渠道排放工业废水或者医疗污水。向农田灌溉渠道排放城镇污水以及未综合利用的畜禽养殖废水、农产品加工废水的，应当保证其下游最近的灌溉取水点的水质符合农田灌溉水质标准。

典型案例

张家村南边有一座山，山上大部分是村里的林地。村里张大妈非常喜欢养花，平时在院子里种了五彩缤纷的花草，还经常和村里其他“养花达人”交流经验。有一次，她听邻居说，养花选土必须得选养分足的，便想到村南树林里肥沃的黄土正好可以挖来养花。第二天一大早，张大妈便带着铲子和桶来到山上挖土，刚好碰上村中小李来巡视自家的林地。张大妈开心地和小李说起自己的打算，小李却阻止了她：“大妈，这山上的土可不能随便挖，这是违法的。”张大妈十分不解地问：“这不就是普通的黄土吗？怎么挖土还犯法了？”

20　　年

　　月　　日

星期

天气

法律分析

在林地采土，会影响林木的生长，危害生态环境，因此，《中华人民共和国森林法》明确禁止这种行为。案例中的山是村中的林地，张大妈如果在山上采挖黄土，是违反法律的。如果因为采土造成林木毁坏，还需要限期补种树木；造成林地毁坏，则需要限期恢复植被和林业生产条件。此外，《中华人民共和国森林法》也禁止在林地开垦、采石、采砂等毁林行为。除林地外，我国法律也强调对耕地的保护。因此，一定不能为了贪图便宜，便在附近林地、耕地挖土用于养殖花草，应当采用合法途径购买专门的营养土和肥料。

《中华人民共和国森林法》第三十九条第一款　禁止毁林开垦、采石、采砂、采土以及其他毁坏林木和林地的行为。

典型案例

老王家位于一个煤炭资源带，煤炭业为当地带来了大量经济收益。老王准备利用家乡的资源走出致富之路，于是设立矿山企业，通过合法程序取得了采矿权证，打算开采煤矿。他雇来工人，在矿区草原钻洞取煤。虽然他的采矿行为是合法的，但还是导致了草地破坏、土地裸露，一部分土地还因此塌陷，发生地质灾害的风险大大增加。没过几天，当地自然资源局的工作人员便来找老王，要求他采用合理措施修复受损的草原。老王有些纳闷了：虽然自己取得了采矿权，但草原还是属于村集体所有，理应由村集体负责草原的修复。可是，这修复责任为什么由自己承担？

20　　年

　　月　　日

星期

天气

法律分析

采矿过程中可能会造成地形破坏、环境污染、植被受损和地质灾害发生风险增加等生态问题。为了能有明确的责任主体负责修复因采矿受到损害的生态环境，及时恢复生态系统的良性循环和服务功能，《中华人民共和国矿产资源法》规定，如果因为采矿破坏了耕地、草原、林地，应当由矿山企业负责因地制宜采取复垦利用、植树种草或其他利用措施，修复当地生态。这可以归纳为“谁开采，谁修复”的原则，是企业环保责任在法律上的体现，有助于在矿产开采的全过程中落实生态保护工作。本案中，老王是矿山的开采者，应当由他的矿山企业承担生态修复责任。

《中华人民共和国矿产资源法》第三十二条　开采矿产资源，必须遵守有关环境保护的法律规定，防止污染环境。

开采矿产资源，应当节约用地。耕地、草原、林地因采矿受到破坏的，矿山企业应当因地制宜地采取复垦利用、植树种草或者其他利用措施。

开采矿产资源给他人生产、生活造成损失的，应当负责赔偿，并采取必要的补救措施。

典型案例

2015 年 3 月至 11 月，财经“网红”廖某通过控制其本人及他人的 13 个证券账户，操纵 39 只股票共 46 次。操纵方式包括在其个人微博、博客栏目视频中公开评价、推荐涉案股票，在推荐之前使用其控制的账户买入相关股票，并在公开推荐之后的一段时间内集中卖出相关股票，从中获取违法所得 4300 余万元。

廖某被中国证券监督管理委员会处罚后，有投资者咨询律师，称其因信任廖某的荐股信息，购买股票后受到损失，要求廖某赔偿其损失。该投资者的诉求能得到人民法院的支持吗？

20　　年

　　月　　日

星期

天气

法律分析

本案中，廖某通过网络、讲座等方式评价、推荐股票，在推荐之前买入被推荐股票，待推荐之后再行卖出，从中赚取收益，构成操纵市场行为，应当处以行政处罚并赔偿投资者损失。但根据目前的法律规定与司法实践，投资者请求廖某赔偿因荐股等操纵市场行为造成的损失，比较复杂。因为即使有监管部门认定廖某从事了操纵市场的证券违法行为，但还需证明投资者是因为相信廖某所荐股票而购买了相关股票，并且需证明其损失是因操纵市场行为造成的，而非证券市场、上市公司等其他因素造成。因此，防范风险的最根本方式是，切勿轻信非法荐股、场外配资等，以防止上当受骗。

《中华人民共和国证券法》第五十五条第二款　操纵证券市场行为给投资者造成损失的，应当依法承担赔偿责任。

第五十六条第四款　编造、传播虚假信息或者误导性信息，扰乱证券市场，给投资者造成损失的，应当依法承担赔偿责任。

典型案例

赵某经人介绍加入“纯资本运作”传销组织。该组织宣传“纯资本运作”系西部大开发项目、国家扶持定点，邀请亲友到项目地考察，以高额回报为吸引手段，通过申购虚拟份额加入“纯资本运作”项目，形成上下级传销网络关系。赵某加入该传销组织后发展了朱某、雷某、王某 3 人，并最终晋升为“老总”。由于其下线不断发展新成员，最终其下线发展人员达 120 人。至案发，公安机关冻结赵某名下两个银行账户内的违法所得资金达 90 余万元。经人民法院审判，赵某最终被判处组织、领导传销活动罪。

20　　年

　　月　　日

星期

天气

法律分析

违法传销行为与其他类型的非法集资活动的主要差别在于：传销行为存在发展下线人员、创设人员层级的现象，上线人员的报酬来源主要依靠下线人员缴纳的资金。传销行为不仅损害参与传销者的财产利益，而且会扰乱市场秩序和金融秩序，甚至影响社会稳定，具有严重的危害后果。因此，我国严格禁止传销行为，在国务院《禁止传销条例》中通过概括加列举的方式界定传销行为，主要包括“拉人头”传销、骗取入门费的传销和团队计酬式传销 3 种形式，以区别于合法的直销行为。此外，进行传销行为构成犯罪的，应当追究其组织、领导传销活动罪的刑事责任。

《中华人民共和国刑法》第二百二十四条之一　组织、领导以推销商品、提供服务等经营活动为名，要求参加者以缴纳费用或者购买商品、服务等方式获得加入资格，并按照一定顺序组成层级，直接或者间接以发展人员的数量作为计酬或者返利依据，引诱、胁迫参加者继续发展他人参加，骗取财物，扰乱经济社会秩序的传销活动的，处五年以下有期徒刑或者拘役，并处罚金；情节严重的，处五年以上有期徒刑，并处罚金。

典型案例

2020年1月，张某捡到詹某的银行卡一张，看到银行卡背面写有密码，张某尝试通过自动取款机取款，一次性取走卡内存款2万元。失主詹某发现后便立即报案。公安机关很快找到了张某。张某如实供述了自己的行为，其亲属退还了2万元，并取得被害人詹某的谅解。人民检察院以信用卡诈骗罪起诉张某。张某如实供述了自己的罪行，依法可以从轻处罚；自愿认罪认罚，依法可以从宽处理；张某亲属赔偿被害人的损失并取得了被害人的谅解，可以酌情从轻处罚。人民法院判处张某有期徒刑1年零6个月，缓刑2年，并处罚金3万元。

20　　年

　　月　　日

星期

天气

法律分析

本案中，张某的行为构成信用卡诈骗罪，而非盗窃罪。因为张某并未盗窃信用卡，而是拾得詹某的银行卡后使用了该银行卡。这种冒用行为不仅损害了詹某的财产权利，而且损害了金融管理秩序，比盗窃罪单纯侵犯公民财产权的情形具有更大的社会危害性。需要注意的是，如果是盗窃信用卡并使用信用卡进行盗刷、提现等的构成盗窃罪。如果采用非法方式获取他人信用卡信息，并在互联网、通信终端如电脑或手机上使用的，构成信用卡诈骗罪。

《中华人民共和国刑法》第一百九十六条第一款　有下列情形之一，进行信用卡诈骗活动，数额较大的，处五年以下有期徒刑或者拘役，并处二万元以上二十万元以下罚金；数额巨大或者有其他严重情节的，处五年以上十年以下有期徒刑，并处五万元以上五十万元以下罚金；数额特别巨大或者有其他特别严重情节的，处十年以上有期徒刑或者无期徒刑，并处五万元以上五十万元以下罚金或者没收财产……（三）冒用他人信用卡的……

典型案例

2018 年 5 月，张某告知田某一个赚钱的办法：收购亲友新办理的电话卡、银行卡及 U 盾网银，每套电话卡、银行卡及信息可售卖 500 元。2018 年 6 月起，田某开始收购按上述程序办理的银行卡及信息，每套 300 元，并要求办理银行卡时按照其指示设置银行密码。很快，田某收到其亲友在多家银行办理的银行卡 15 张。田某将上述 15 套银行卡、电话卡、U 盾一起寄给张某，非法获利 3000 元。此后，有 4 张银行卡被用于诈骗作案。公安机关找到田某，查清田某犯罪事实后，移送起诉。人民法院最终判决田某犯妨害信用卡管理罪。

20　　年

　　月　　日

星期

天气

法律分析

通过银行账户转账是资金流转和支付的重要方式，而银行账户实名制则是保障资金安全、维护金融秩序和公共利益的重要制度。同时，账户实名制在遏制腐败、打击诈骗、反洗钱、防范逃避税收征管等方面都发挥着重要作用。

田某非法持有他人的信用卡 15 张，并将信用卡及配套电话卡、U 盾等出售给他人，构成妨害信用卡管理罪。其行为不仅妨碍了金融监管秩序，而且这些违法出售的信用卡有可能被用于电信诈骗、网络赌博等其他违法犯罪活动，甚至可能用于危害国家安全等严重的犯罪活动。因此，切不可为贪图一时小利，为他人从事不法行为提供工具或机会。

《中华人民共和国刑法》第一百七十七条之一第一款　有下列情形之一，妨害信用卡管理的，处三年以下有期徒刑或者拘役，并处或者单处一万元以上十万元以下罚金；数量巨大或者有其他严重情节的，处三年以上十年以下有期徒刑，并处二万元以上二十万元以下罚金……（二）非法持有他人信用卡，数量较大的；（三）使用虚假的身份证明骗领信用卡的……

典型案例

2015 年 9 月 16 日，丁某账户在非本人操作的情况下于 7 时 29 分、31 分和 35 分使用短信验证码转账功能，分别向张某的银行卡转账 5 万元、5 万元和 4750 元。7 时 49 分，丁某口头挂失银行卡，银行系统也向丁某手机发送短信告知口头挂失操作成功。9 时 33 分，丁某将该卡中剩余款项取出，更换新卡并开通短信通知功能。10 时许，丁某向公安机关报案。公安机关事后查明，童某等犯罪分子采用“撞号”手法尝试登录他人网银账户，通过一系列操作修改短信助手业务功能，截取银行发送的转账验证码，将被害人银行卡中的存款转账后予以侵吞。

20□□年

□□月□□日

星期

天气

法律分析

本案中，丁某与甲商业银行存在储蓄合同关系；同时，丁某的损失是由童某等犯罪分子的侵权行为造成的。当违约责任与侵权责任竞合时，丁某可以选择请求承担违约责任或者侵权责任。本案中，甲商业银行提供的电子交易系统对丁某的账户及资金未尽到安全保障义务，应当承担违约责任。因此，甲商业银行应赔偿丁某的损失。

《中华人民共和国民法典》第一百八十六条　因当事人一方的违约行为，损害对方人身权益、财产权益的，受损害方有权选择请求其承担违约责任或者侵权责任。

第五百七十七条　当事人一方不履行合同义务或者履行合同义务不符合约定的，应当承担继续履行、采取补救措施或者赔偿损失等违约责任。

典型案例

2014 年 3 月 27 日 19 时 42 分，刘某在甲商业银行办理的银行卡通过乙市的一台自动取款机发生转汇款2万元、取现金 2 次的交易操作。刘某收到甲商业银行短信提醒后，先电话挂失银行卡，并于 20 时 25 分到所在地丙市某派出所报案。刘某向法院起诉，主张甲商业银行赔偿其银行卡被盗刷产生的损失。法庭调出涉案纠纷取款操作时的录像，无法看清操作者长相；刘某主张其不认识该人，自己的银行卡一直在身边，未曾出借给他人或遗失、泄露密码。商业银行应当承担银行卡被盗刷的损失吗？

20　　年

　　月　　日

星期

天气

法律分析

判断商业银行是否承担银行卡被盗刷的损失，既要考虑商业银行是否尽到安全保障义务，也要看持卡人是否存在过错，以及盗刷后是否及时采取有效措施以避免损失的进一步扩大。本案中，甲商业银行与刘某之间存在储蓄合同关系，商业银行负有保障账户及存款安全的保障义务。在收到交易短信后，刘某立即通知甲商业银行挂失银行卡，及时向公安机关报案，出示其随身携带的银行卡原件。上诉情况表明，刘某对银行卡有较高的安全意识，并且采取了妥当措施以避免损失扩大。甲商业银行没有证据证明刘某对银行卡被盗刷存在过错，应当承担银行卡被盗刷的责任。

《中华人民共和国民法典》第五百九十一条　当事人一方违约后，对方应当采取适当措施防止损失的扩大；没有采取适当措施致使损失扩大的，不得就扩大的损失请求赔偿。

当事人因防止损失扩大而支出的合理费用，由违约方负担。

典型案例

2014 年，严某加入某儿童教育集团运营连锁品牌，成立乙公司，向公众提供幼儿早教服务。2017 年 4 月，滕某与乙公司签订会员协议，购买早教课程，约定每课时 60 元，总价 5400 元，有效期为自合同签之日起 1 年。会员协议背面附有诸多格式条款。2017 年 11 月，乙公司在早教教室门口张贴公告：因经营状况变化，本中心暂停营业，会员家长我们会与您及时联系办理退款手续。由于滕某与乙公司对会员卡中剩余课时的确定存在争议，一直未能解决退费问题。滕某担心乙公司“跑路”，向律师咨询其应该如何处理纠纷。

20　　年

　　月　　日

星期

天气

法律分析

滕某办理乙公司会员卡的性质为单用途商业预付卡。我国目前采用多部门分工负责的方式管理单用途预付卡。因单用途预付卡消费产生纠纷，由市场监管部门负责查处侵害消费者利益的案件。滕某与乙公司就会员卡的退费问题，可经消费者保护部门进行调解，或向人民法院起诉。如果乙公司出现“跑路”的情况，可以选择报警。由于严某加入了某儿童教育集团运营连锁品牌，可依品牌运营协议的相关约定，尝试请求儿童教育集团对退还费用承担连带责任。

商务部《单用途商业预付卡管理办法（试行）》第二十二条　发卡企业终止兑付未到期单用途卡的，发卡企业和售卡企业应向持卡人提供免费退卡服务，并在终止兑付日前至少 30 日在备案机关指定的媒体上进行公示。

典型案例

甲公司在某网络商城注册旗舰店。2020 年 6 月，梁某在旗舰店购买翡翠原石 12 块，总价近 7 万元。旗舰店出售翡翠原石时，均向梁某发送了载有“代购原石、不退不换”字样的图片。应梁某请求，甲公司对其中 6 块翡翠原石进行了“开窗”等“赌石”行为，“开窗”前，旗舰店客服人员均特别声明，“开窗”等处理后无论何种结果都不退不换。梁某收到原石后，经过切割等操作后认为没有达到商家宣传承诺的品质，要求甲公司退回货款并赔偿损失。因协商未果，梁某诉至法院。

20　　年

　　月　　日

星期

天气

法律分析

有观点认为，“赌石”合同带有射幸性而无效，但我国目前未有法律禁止“赌石”行为，反而在部分地区“赌石”活动逐渐发展为规模不小的产业，在司法实践中直接宣告“赌石”合同无效的案件也不多见。因此，判断“赌石”合同的效力，在没有违反法律、行政法规的强制性规定或违背公序良俗的情况下，可以认定为有效。法律尊重当事人之间订立的合同，对双方当事人都具有拘束力。当然，基于“赌石”合同的特殊性，在缔约过程中销售方应当尽到高度提醒注意义务，并对“赌石”规则和产品情况等进行解释说明，否则可以追究其缔约过失责任。

《中华人民共和国民法典》第一百五十三条　违反法律、行政法规的强制性规定的民事法律行为无效。但是，该强制性规定不导致该民事法律行为无效的除外。

违背公序良俗的民事法律行为无效。

典型案例

村民王某将自留山上两棵野生红椿树以 2000 元的价格出售给好友李某，随后李某在未办理采伐许可证的情况下私自砍伐两棵红椿树并制作成材。两人被甲县人民检察院以危害国家重点保护植物罪提起公诉。经鉴定，被出售的两棵野生红椿是被列入国家林业和草原局、农业农村部《国家重点保护野生植物名录》中的国家二级重点保护野生植物。法院审理后认为，王某、李某违反国家规定，非法出售、砍伐两棵野生红椿的行为构成危害国家重点保护植物罪，均被判处有期徒刑 2 年，缓刑 3 年，并处罚金 1 万元。

20□□年

□□月□□日

星期

天气

法律分析

村民对自留山享有使用权，可以在自留山种植林木，但并非可以随意处置自留山上的林木。在本案中，王某的自留山上自然生长的野生红椿树是国家二级重点保护野生植物，国家限制对其进行出售、采伐。王某、李某在没有经省级野生植物主管部门或者其授权机构批准可以出售、采伐的情况下，擅自将生长在自家自留地的野生红椿树出售、采伐属于违法行为。违反国家规定，非法采伐、毁坏、出售珍贵树木或者国家重点保护的其他植物的，应予立案追诉。而至于非法采伐或者出售多少棵国家重点保护植物、获利多少，则是量刑时的考虑因素。

《中华人民共和国野生植物保护条例》第十八条 禁止出售、收购国家一级保护野生植物。

出售、收购国家二级保护野生植物的，必须经省、自治区、直辖市人民政府野生植物行政主管部门或者其授权的机构批准。

典型案例

一天，老赵头来到山上挖野菜，看到一株野花，叶片纤长，花朵雅致可人。老赵头有些好奇，一边欣赏一边想：这么好看的花，正好挖回去种在院子里，也让老婆子高兴高兴。他拿手中的铲子，将野花连根挖起，装在背篓里，连同野菜一起带回了家。这美丽的花果然引来家人连连赞叹，让老赵头十分骄傲。没过多久，周围邻里乡亲便闻讯都来赵家看这束“奇花”。但此时，人群中在村里中学教生物的邢老师，却赶紧同老赵头说：“这花是国家保护植物，绝对不能采！您这样做可是犯法的。”老赵头一听慌了神：“这不就是束野花吗？摘野花怎么还违法了？”

20____年

____月____日

星期

天气

法律分析

国家保护植物的自然生长对生态环境保护具有重要意义，因此法律给予它们特殊的保护。《中华人民共和国野生植物保护条例》明确规定，国家一级和二级保护野生植物是不能随意采摘的，如果由于特殊需要进行采集工作，要先向法律规定的行政机关申请采集证。生活中，常有老百姓因法律知识不足，随意采摘花草，导致误采国家保护野生植物；甚至有人为了售卖采摘珍稀野生植物。一旦在未取得采集证的情况下，采摘了国家重点保护野生植物名录中的“野草”“野花”，不仅可能被处以罚款，还可能触犯刑法，情节严重的会被判处3年以上7年以下有期徒刑。

◇◇◇

《中华人民共和国野生植物保护条例》第十六条第一款 禁止采集国家一级保护野生植物。因科学研究、人工培育、文化交流等特殊需要，采集国家一级保护野生植物的，应当按照管理权限向国务院林业行政主管部门或者其授权的机构申请采集证；或者向采集地的省、自治区、直辖市人民政府农业行政主管部门或者其授权的机构申请采集证。

典型案例

老王家住大山村，最近地里种的蔬菜、庄稼总是被山里来的野猪啃食，附近几户村民家也出现类似情况。于是老王和邻居一起来到村委会请村支书老李给想想办法。老王说：“现在野猪是越来越多了。我看最简单的办法就是，来一头宰一头，之后它们就不敢再来偷吃了！”老李说：“老王，你们不容易，咱们村野猪泛滥给大家造成的损失，我们村委会会替大家想想办法。但是宰猪可要不得，擅自捕杀野猪可能是违法的。”老王纳了闷：“这野猪一年比一年多，还祸害庄稼，怎么就值得保护了，捕杀怎么还违法了？”

20____年
____月____日
星期
天气

法律分析

2000年《国家保护的有益的或者有重要经济、科学研究价值的陆生野生动物名录》（“三有”动物名录）曾规定，野猪属于“三有”动物，即有重要生态、科学、社会价值的陆生野生动物。虽然2023年“三有”名录修改时删除了野猪，但公民个人依然不能在自然保护区、禁猎区、禁猎期捕杀野猪，或者使用电击装置、捕兽夹等禁用的工具、方法捕杀野猪，否则可能构成非法狩猎罪。本案中，野猪泛滥危害农田，村民可以向政府有关部门申请，开展捕猎行动，对其进行控制性捕杀。如果野猪造成了人员伤亡、农作物或者其他财产损失，村民可以向当地人民政府申请补偿，或找保险公司理赔。

《中华人民共和国野生动物保护法》第十九条第一款 因保护本法规定保护的野生动物，造成人员伤亡、农作物或者其他财产损失的，由当地人民政府给予补偿。具体办法由省、自治区、直辖市人民政府制定。有关地方人民政府可以推动保险机构开展野生动物致害赔偿保险业务。

第二十条第一款 在自然保护地和禁猎（渔）区、禁猎（渔）期内，禁止猎捕以及其他妨碍野生动物生息繁衍的活动，但法律法规另有规定的除外。

典型案例

老张今年春节假期和儿子一家一起出国旅行。回国前，他在机场的花店注意到一种奇特的当地鲜花。因为老张没有在国内见过这种花，觉得十分新奇，便买下一束准备带回家栽培观赏。一路上，老张小心翼翼，护送着自己的花回到国内，满心欢喜地准备一到家就把花种上，却在入境前被海关工作人员拦了下来。工作人员不许他将这束异国鲜花带入国境，称他的行为是违法的，会损害国家生物安全。这让老张十分困惑：这不就是束花吗？怎么还违法了？

20　　年

　　月　　日

星期

天气

法律分析

一些外来物种进入新的生态环境后，可能由于缺乏天敌迅速繁殖，挤压本土物种生存空间，严重破坏生态平衡。比如，原产于北美的“加拿大一枝黄花”，在作为观赏植物引进我国后成为一种恶性杂草，与其他物种争夺生存空间，危害本土植物生长，被称为“霸王花”。为了防止这种情形，2021 年实施的《中华人民共和国生物安全法》明令禁止任何单位和个人在未取得批准的情况下，擅自引进、释放或丢弃外来物种。本案中，老张擅自携带外国鲜花回国，花朵自身可能成为一种威胁我国生态环境的外来入侵物种，鲜花上可能带有的昆虫也会威胁我国生态平衡。

《中华人民共和国生物安全法》第六十条第三款　任何单位和个人未经批准，不得擅自引进、释放或者丢弃外来物种。

典型案例

王某进城务工，工厂老板承诺，每月工资 4000 元，次月月初发放。但实际上，老板以“工厂资金周转困难”为由，每月只发给王某 2000 元工资，欠付的工资由老板向王某出具欠条，承诺年底收到货款后一并支付。年关将至，王某仍未收到工资。王某曾多次找老板讨薪，但老板都避而不见。王某来到法院门口欲提起民事诉讼时，遇到一名“律师”。该律师称，其与法院的法官都是老熟人，若王某委托其承办案件并给付 5000 元，其保证王某赢得官司。王某是否应该相信他？

20　　年

　　月　　日

星期

天气

法律分析

律师，是指依法取得律师执业证书，接受委托或者指定，为当事人提供法律服务的执业人员。

判断一位“律师”是否正规，首先，确定其是否在正规的律师事务所工作、拥有律师执业证书。其次，参考该律师的简介，在律所的职位、执业年限、过往案例等。最后，在交流过程中，注意律师的分析是否透彻、思路是否清晰等，切不能相信暗示自己和法官有某种特殊关系、拍胸脯打包票的律师。本案中，王某在法院门口碰到的“律师”即属上述类型。王某应去正规律所寻求正规律师的法律服务，若无力支付律师费用，也可向法律援助机构申请法律援助。

《中华人民共和国律师法》第二十八条　律师可以从事下列业务：（一）接受自然人、法人或者其他组织的委托，担任法律顾问；（二）接受民事案件、行政案件当事人的委托，担任代理人，参加诉讼……（六）接受委托，提供非诉讼法律服务；（七）解答有关法律的询问、代写诉讼文书和有关法律事务的其他文书。

典型案例

晓霞计划开一家养殖场，但是资金不足，于是找到同村的张强借钱。二人订立借款合同，约定张强借给晓霞 20 万元，借期 3 年，年息 6%。养殖场开业没多久，因疫情累月亏损。张强担心本金无法收回，于是要求晓霞立刻还钱。晓霞认为，借款合同约定的 3 年借期未满，张强无权要求自己还钱。因晓霞未同意还钱，张强带领一帮人前往养殖场，抢夺禽畜、农产品与其他财物。晓霞欲将张强告上法院，其能否委托在清华大学法学院读书的弟弟小毛帮其打官司？

20 年

月 日

星期

天气

法律分析

诉讼代理人，是指依据法律规定或当事人的委托，以当事人的名义，代理当事人进行民事诉讼的人。诉讼代理人分为法定诉讼代理人与委托诉讼代理人。

法定诉讼代理人，是指根据法律规定而取得代理权，代理无诉讼行为能力的当事人进行诉讼的人。

委托诉讼代理人，是指根据当事人、法定代表人等的委托而代理当事人进行诉讼的人。

本案中，晓霞自身具有诉讼行为能力，但因为缺乏法律知识而希望获得他人的法律帮助。小毛是晓霞的弟弟，属于法律规定的近亲属，因此，晓霞可以委托小毛为自己的诉讼代理人参与诉讼。

《中华人民共和国民事诉讼法》第六十一条 当事人、法定代理人可以委托一至二人作为诉讼代理人。下列人员可以被委托为诉讼代理人：（一）律师、基层法律服务工作者；（二）当事人的近亲属或者工作人员；（三）当事人所在社区、单位以及有关社会团体推荐的公民。

典型案例

肖某原配妻子因病去世，肖某再婚。再婚后，肖某有亲生子女 3 人，继子女 2 人。肖某再婚前有单独所有的房产一套。为避免日后亲生子女与再婚妻子、继子女为遗产产生纠纷，肖某找邻居家在法学院读书的大学生小戴帮忙拟一份遗嘱。在小戴的帮助下，肖某写好了遗嘱。但肖某担心，如果自己过世后，家里人不承认遗嘱怎么办？小戴建议肖某去公证处办理公证，但肖某不知道公证是什么？公证需要花钱吗？

20　　年

　　月　　日

星期

天气

法律分析

公证是公证机构根据自然人、法人或者其他组织的申请，依照法定程序对民事法律行为、有法律意义的事实和文书的真实性、合法性予以证明的活动。

本案中，小戴建议肖某办理的是遗嘱公证，公证遗嘱是《中华人民共和国民法典》所规定的六种法定遗嘱形式之一。相比于其他遗嘱形式，公证遗嘱的显著优势体现在，公证员严格按照公证程序，可以保证遗嘱体现遗嘱人的真实想法，经公证的遗嘱极少被推翻或者不采纳，司法实践中对公证遗嘱的认可率也较高。同时，我国已有多个地区出台相关政策，对于首次办理遗嘱公证的高龄老人不收取任何费用。

《中华人民共和国公证法》第二条　公证是公证机构根据自然人、法人或者其他组织的申请，依照法定程序对民事法律行为、有法律意义的事实和文书的真实性、合法性予以证明的活动。

典型案例

甲村王某欲承包村里部分土地经营鱼塘，向乙村张某借款1万元。双方约定，两年内归还借款，年利息8%。两年后，借款期满，张某多次向王某讨要借款，王某表示无力还款。张某无奈，请求甲村村支书出面调解，但王某避而不见。村支书认为，应直接到法院去起诉。张某也考虑过诉讼，但担心打官司要花很多钱。究竟民事诉讼要交多少钱？

20　　年

　　月　　日

星期

天气

法律分析

一般而言，民事诉讼需要向法院预缴诉讼费用。根据不同的案件类型，案件受理费用有不同的收费标准：财产类案件根据诉讼请求的金额或者价额，按照比例分段累计交纳；非财产案件收取10元至1000元不等。调解结案、当事人撤诉或简易程序审理的案件，受理费减半。特别程序审理的案件，不收取案件受理费。本案中，借款合同纠纷属于财产案件，总诉讼请求金额为11,600元，应按照财产类案件按比例分段累计交纳：1万元交纳50元，1万元以上的部分按2.5%的比例交纳，即1600元交纳40元，共计90元。如果适用简易程序，则诉讼费减半，为45元。

◇◇◇

《中华人民共和国民事诉讼法》第一百二十一条　当事人进行民事诉讼，应当按照规定交纳案件受理费。财产案件除交纳案件受理费外，并按照规定交纳其他诉讼费用。

当事人交纳诉讼费用确有困难的，可以按照规定向人民法院申请缓交、减交或者免交。

收取诉讼费用的办法另行制定。

典型案例

2001 年，王某以家庭承包方式从甲村村委会承包土地 14.7 亩。2007 年，王某与李某达成口头约定，王某用其承包土地中的 9.2 亩与李某以家庭承包方式承包的土地进行互换。2009 年 11 月，甲村村委会向王某发放了农村土地承包经营权证。后因该地块被部分征用，王某领取了政府发放的土地补偿费。李某认为其已经与王某互换了承包经营权，相应的土地补偿费应当由其领取，于是向法院请求确认其对相应土地的承包经营权。李某听说民事诉讼一般到被告所在地的人民法院起诉，但是，王某已经迁入隔壁市的城镇，是到隔壁市的法院起诉吗？具体到哪级法院呢？

20　　年

　　月　　日

星期

天气

法律分析

我国人民法院分为四级，分别为基层人民法院、中级人民法院、高级人民法院和最高人民法院，除法律规定由中级人民法院、高级人民法院和最高人民法院管辖的一审民事案件外，一般的第一审民事案件均由基层人民法院管辖。

本案中，李某与王某的纠纷是农村土地承包经营权互换合同纠纷，根据有关法律规定，只能由相应土地所在地的人民法院管辖。本案并非法律特别规定由中级人民法院、高级人民法院、最高人民法院一审管辖的案件，故本案应由甲村所在地的基层人民法院管辖。李某应向甲村所在地的基层人民法院起诉。

《中华人民共和国民事诉讼法》第二十二条　对公民提起的民事诉讼，由被告住所地人民法院管辖；被告住所地与经常居住地不一致的，由经常居住地人民法院管辖。

对法人或者其他组织提起的民事诉讼，由被告住所地人民法院管辖。

同一诉讼的几个被告住所地、经常居住地在两个以上人民法院辖区的，各该人民法院都有管辖权。

典型案例

甲村王某决定举家迁至某沿海城市创业。为筹集前期资金，王某向乙村张某借款 10 万元，约定两年内归还，年利率 8%。王某表示，自己确定新住址后会向张某电话告知。张某考虑两人多年的交情，按照约定将 10 万元借给王某。王某全家走后不久，告知张某其新住址，但半年后没了音讯。张某给王某打电话发现其号码已经被注销，王某已经离开了新住址。借款期将届满，张某心急如焚，10 万元是自己很大的一笔积蓄，难道要不回来了？张某也想去法院起诉王某，可是对方人都找不到，能起诉吗？

20　　年

　　月　　日

星期

天气

法律分析

为保障当事人的合法权益，对于下落不明的人同样可以提起诉讼。此外，法律还特别规定，对于下落不明或者宣告失踪的人提起的有关身份关系的诉讼，由原告住所地人民法院管辖，原告住所地与经常居住地不一致的，由原告经常居住地人民法院管辖。本案中，张某可以向甲村所在地基层人民法院提起诉讼。

提起诉讼后，人民法院对于下落不明的人也可以采取公告送达的方式，自发出公告之日起，经过 30 日，即视为送达。送达生效后，法院可以继续推进程序，如始终无法找到被告，则可缺席裁判。

《中华人民共和国民事诉讼法》第九十五条　受送达人下落不明，或者用本节规定的其他方式无法送达的，公告送达。自发出公告之日起，经过三十日，即视为送达。

公告送达，应当在案卷中记明原因和经过。

典型案例

乙村张某向法院起诉甲村王某，请求法院判令王某返还5万元借款和逾期利息。一审审理中，王某提出，自己曾向张某转账10.2万元，其中5万元为归还借款，其余款项系用于支付合伙款及利息，并提供了转账凭证。张某则认为此笔款项是合伙的分红，并非归还借款。一审法院支持了张某的请求；王某不服，决定向法院提起上诉。于是，王某到一审法院立案庭提出上诉；立案庭法官告诉他，上诉要向案件原承办法官递交上诉状，并且有时间限制。于是王某询问：对一审判决不服提起上诉都有什么条件？

20　　年

　　月　　日

星期

天气

法律分析

当事人对一审裁判不服，提起上诉应当遵循法律规定的程序。

第一，必须有法定的上诉对象，即只能对依法可以上诉的判决和裁定提起上诉。

第二，必须在法定的上诉期内提出上诉。从裁判文书送达之日起计算，不服判决的上诉期间为15日，不服裁定的上诉期间为10日。

第三，必须提交上诉状。当事人提起上诉的，必须向作出一审裁判的人民法院提出书面上诉状，当事人口头提出的不能视为上诉。

《中华人民共和国民事诉讼法》第一百七十一条　当事人不服地方人民法院第一审判决的，有权在判决书送达之日起十五日内向上一级人民法院提起上诉。

当事人不服地方人民法院第一审裁定的，有权在裁定书送达之日起十日内向上一级人民法院提起上诉。

典型案例

小王开了一家餐馆，长期在小赵的超市采购烟酒及副食品，通过微信下单，由小赵送货上门。小王每次会在一个至两个月的时间内主动结算。后来，小王的餐馆经营出现困难，偶尔通过微信下单，小赵也都送货上门，但 4 个月后小王仍没有结清赊账。小赵在微信上向小王讨要尚未结清的货款 1 万余元，小王回复说要缓 1 个月。1 个月后，小赵发现小王的餐馆已关门，遂在微信上联系小王，发现小王已经不再是自己的微信好友。小赵打算起诉到人民法院讨要 1 万余元货款，最主要的证据就是自己和小王的微信聊天记录，但这能作为诉讼的证据吗？需要注意哪些事项？

20　　年

　　月　　日

星期

天气

法律分析

微信聊天记录、手机短信、微博、电子支付记录等均属于我国法律认可的电子证据。当事人以电子数据作为证据的，应当提供原件。本案中，小赵应当向人民法院提供本人和对方的个人信息界面截图，可以帮助判断当事人身份的真实性，并且提交完整的微信聊天记录而不能只截取对自己有利的部分，语音要转化成文字，视频要用光盘等存储设备予以保存。在庭审过程中，小赵还需要根据法官的要求，使用保存微信聊天记录的设备登录微信，展示双方个人信息界面以验证身份，展示聊天内容以证明证据的真实性。

最高人民法院《关于适用〈中华人民共和国民事诉讼法〉的解释》第一百一十六条第二款　电子数据是指通过电子邮件、电子数据交换、网上聊天记录、博客、微博客、手机短信、电子签名、域名等形成或者存储在电子介质中的信息。

典型案例

赵先生和邓女士结婚多年，育有一子。近年来，赵先生和邓女士经常为日常琐事吵架，感情渐淡。赵先生提出离婚，但邓女士认为双方的感情还未破裂，而且考虑到有小孩，不同意离婚。赵先生遂向法院提起离婚诉讼，并请求平分夫妻共同财产，小孩跟随自己生活。邓女士怀疑赵先生有外遇，想要通过跟踪赵先生，获取可证明赵先生有外遇的录像证据，与赵先生的谈话也通过录音进行记录。但是，邓女士有些担心，这样的录音录像能作为诉讼中的证据吗？

20　　年

　　月　　日

星期

天气

法律分析

录音录像能够通过记录当事人的对话、行为等直观、客观地反映当事人之间产生争议的事实，是我国法律允许的证据形式之一。但是，无论录音录像被作为视听资料还是电子数据证据，都具有容易被篡改的特点，因此在使用此类证据时也应注意保证录音录像的完整性，并保留相应的原始载体。在实际操作中，还有必要注意获得相关录音录像证据的合法性，不能严重侵犯他人的合法权益、违反法律禁止性规定或者严重违背公序良俗。

本案中，邓女士如果在公共场合对赵先生的行为进行拍摄，所获得的录像证据应该能作为合法证据在诉讼中使用。

◇◇◇

《中华人民共和国民事诉讼法》第七十四条　人民法院对视听资料，应当辨别真伪，并结合本案的其他证据，审查确定能否作为认定事实的根据。

典型案例

刘女士是刘大爷的女儿，其有一位哥哥和一位弟弟。刘大爷召开家庭会议立了一份书面遗嘱，两个儿子各分得遗产的 40%，刘女士分得遗产的 20%。刘大爷所立遗嘱只有一份原件，并交由刘女士保管。刘大爷去世后，刘女士不承认存在遗嘱，也不承认哥哥、弟弟所持有遗嘱复印件的真实性，要求平均继承刘大爷的遗产。在协商无果的情况下，刘女士的哥哥到人民法院提起诉讼，要求按照刘大爷所立遗嘱分配遗产。随后，刘女士收到人民法院签发的《民事裁定书》，要求刘女士在 15 日内提交遗嘱原件给人民法院。刘女士想，是否可以拒绝提交或者直接销毁遗嘱原件？

20　　年

　　月　　日

星期

天气

法律分析

在民事诉讼中，经常出现证据由不承担举证责任的一方当事人持有，使承担举证责任的一方当事人面临无法举证的困境。为避免前述问题，保障当事人的合法权益，最高人民法院《关于适用〈中华人民共和国民事诉讼法〉的解释》创设了“文书提出命令制度”，允许承担举证证明责任的当事人在举证期限届满前提出书面申请，请求人民法院责令对方当事人提交相关书证。本案中，人民法院要求刘女士提交刘大爷所立遗嘱的裁定满足法定条件，刘女士有义务按时提交，即使刘女士不提交，也将会面临人民法院认可刘女士哥哥所主张事实的结果，甚至有可能面临罚款和拘留的不利后果。

最高人民法院《关于适用〈中华人民共和国民事诉讼法〉的解释》第一百一十二条　书证在对方当事人控制之下的，承担举证证明责任的当事人可以在举证期限届满前书面申请人民法院责令对方当事人提交。

申请理由成立的，人民法院应当责令对方当事人提交，因提交书证所产生的费用，由申请人负担。对方当事人无正当理由拒不提交的，人民法院可以认定申请人所主张的书证内容为真实。